走出低迷

全球经济冰河期如何拯救私人资产

[德] 丹尼尔·施泰尔特◎著　　黄昆　夏柯◎译

EISZEIT IN DER
WELTWIRTSCHAFT

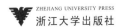
ZHEJIANG UNIVERSITY PRESS
浙江大学出版社

图书在版编目(CIP)数据

走出低迷：全球经济冰河期如何拯救私人资产/
（德）丹尼尔·施泰尔特著；黄昆，夏柯译. —杭州：
浙江大学出版社,2019.1
　　ISBN 978-7-308-18643-8

Ⅰ.①走… Ⅱ.①丹… ②黄… ③夏… Ⅲ.①经济危
机—研究—世界 Ⅳ.①F113.7

中国版本图书馆 CIP 数据核字（2018）第 218593 号

Eiszeit in der Weltwirtschaft by Daniel Stelter

Copyright ⓒ 2016 Campus Verlag GmbH，Frankfurt am Main

Published by arrangement with Flieder-Verlag GmbH

All RIGHTS RESERVED

浙江省版权局著作权合同登记图字： 11-2018-446 号

走出低迷：全球经济冰河期如何拯救私人资产

（德）丹尼尔·施泰尔特　著

黄　昆　夏　柯　译

策　　划	杭州蓝狮子文化创意股份有限公司	
责任编辑	黄兆宁	
责任校对	杨利军　沈　倩	
封面设计	张志凯	
出版发行	浙江大学出版社	
	（杭州市天目山路 148 号　邮政编码 310007）	
	（网址：http://www.zjupress.com）	
排　　版	杭州林智广告有限公司	
印　　刷	杭州钱江彩色印务有限公司	
开　　本	710mm×1000mm　1/16	
印　　张	17.5	
字　　数	238 千	
版 印 次	2019 年 1 月第 1 版　2019 年 1 月第 1 次印刷	
书　　号	ISBN 978-7-308-18643-8	
定　　价	49.00 元	

慢进的萧条

2008 年爆发的经济危机转眼已经 10 年了。对那场危机的解读，经济学界可以说是众说纷纭，莫衷一是。这场危机爆发的原因与实质是什么？和以前爆发的经济危机有什么不同？如果纵观全球经济发展，又该如何看待这场危机的爆发呢？这场危机对今后的全球经济又会有什么样的影响？针对这些问题，德国经济学家丹尼尔·施泰尔特先生在其新著《走出低迷：全球经济冰河期如何拯救私人资产》中做了非常独特的解读。该书将由蓝狮子财经出版中心和浙江大学出版社出版，作为译者，我们有责任在这里对该书做一下简要的介绍，以期有助于读者的理解，加深大家对经济危机的认识。同时这也是翻译本书的价值所在。

在具体介绍本书主要内容之前，我们首先来了解一下本书作者丹尼尔·施泰尔特博士（Dr. Daniel Stelter）。施泰尔特博士毕业于被誉为"欧洲的哈佛大学"的瑞士圣加仑大学的经济学专业，其博士论文题目是"通缩性萧条"（*Deflationäre Depression*）。1990—2013 年，施泰尔特博士就职于慕尼黑波士顿国际咨询公司，对经济问题有来自经济实践领域的洞察。2014 年，法国经济学家托马斯·皮凯蒂

（Thomas Piketty）出版《21 世纪资本论》后，施泰尔特博士针对此书随即出版了《21 世纪债务论》（*Die Schulden im 21. Jahrhundert*）*，强调高杠杆债务的风险。施泰尔特博士 2010 年出版的《加速走出大衰退》（*Accelerating out of the Great Recession*）获得了法兰克福书展中由浓缩书（getAbstract）集团颁发的"国际图书奖"（International Book Award），另外他还在德国主流媒体《经济周刊》（*WirtschaftsWoche*）、《经理人》（*Manager*）开设专栏，其对经济的研究成果也经常发表于德国《商报》（*Handelsblatt*）、德国《南德意志报》（*Süddeutsche Zeitung*）等主流媒体。施泰尔特博士可谓研究债务、经济萧条和经济衰退等问题的经济学理论领域的专家，又因其拥有投资咨询方面丰富的实践经验，以及对公众广泛而深远的影响力，所以他完全称得上是欧洲著名的经济学家。本书的出版获得了瑞士国际知名投资分析师与企业家、有着"末日博士"之称的麦·嘉华（Marc Faber）巨大的赞誉。

全书共有四个部分：第一部分主题是"通往冰期之路"，从货币内生理论、现代货币创造机制谈到非生产性信贷带来的债务攀升、人口结构危机以及生产率危机，从而清晰地阐述了全球经济步入经济冰期的过程；第二部分主题是"政治激化冰期"，分别谈欧洲、中国、日本等世界主要经济体降低利率、维持债务之塔不崩溃的政策会如何进一步激化冰期；第三部分主题是"30 年冰期？"，主要讨论世界经济在未来陷入经济冰期的时间或许是 30 年，冰期中我们将遭遇什么样的情景，并从债务削减、债务货币化、货币金融改革等维度探讨经济冰期的解决方案；第四部分主题是"在冰期中幸存"，谈在冰期中让资产保值增值的投资策略，比如独立思考判断、投资多样化、优先配置优质资产、注重价值投资、谨慎操作等。

针对该书的主要内容，接下来我们聚焦以下几个问题：

1. 什么是全球经济的冰期？是什么原因导致了全球经济的冰期？经济冰期将

---

* 《21 世纪债务论》一书已经由中国社会科学院欧洲研究所胡琨研究员译成中文，于 2015 年 7 月由北京时代华文书局出版。

会带来什么样的后果？

  本书的德文书名为"Eiszeit in der Weltwirtschaft"，翻译过来即是全球经济中的冰期，Eiszeit，英文即 iceage，原意指"具有强烈冰川作用的地史时期，又称冰川期。冰期是指地球上气候寒冷，极地冰盖增厚、广布，中、低纬度地区有时也有强烈冰川作用的地质时期"[①]。此时出现全球性大幅度气温变低，在中、高纬度（包括极地）及高山区广泛形成大面积的冰盖和山岳冰川。由于水分由海洋向冰盖区转移，大陆冰盖不断扩大增厚，引起海平面大幅度下降。有人根据统计资料认为，冰期的出现具有某种周期性。作者这里使用"冰期"是形象的比喻，意指全球范围内的经济将会出现如同冰期降临地球一样的萧条。而根据作者书中的描述，这种萧条不是指一下子就出现的经济崩溃，而是慢进的萧条。根据译者有限的阅读量，在国外经济学家对于世界经济形势的论断中，著名投资家瑞•达里欧（Ray Dalio）最新出版的英文著作《理解大型债务危机的模板》（*A Template for Understanding Big Debt Crises*）有与本书近似的表述，即"未来的债务危机和上一次有很大不同，可能不会是一次'大爆炸'似的危机，而是慢慢呈现的、更紧缩的债务危机，但会带来更加严重的社会和国际层面的问题"。[②] 我国著名经济学家、复旦大学韦森教授在《中国经济增长的真实逻辑》一书中《世界经济衰退与中国经济——从熊彼特的商业周期理论看目前的经济形势》一节的论述，可以说与施泰尔特博士的观点不谋而合，甚至两位经济学家的用词都是一致的，都是判断世界经济将会进入一场"慢进的萧条"[③]（德文用词是 Depression in Zeitlupe）。而且尤其巧合的是，两位经济学家都提到了著名经济史学家熊彼特的商业周期理论。施泰尔特博士甚至根据熊彼特的商业周期理论判断当前的世界经济或许正处于"康德拉季耶夫之冬"。所谓的"康德拉季耶夫之冬"，是根据康德拉季耶夫的长波理论，将经济发展过程划

---

  ① 此处关于冰期的定义参考了：中国大百科全书(简明版)［M］.北京：中国大百科全书出版社，2004：419.

  ② 关于达里欧最新英文著作的介绍引自国内知名自媒体"秦朔朋友圈"2018 年 9 月 28 日的文章。

  ③ 韦森.中国经济增长的真实逻辑［M］.北京：中信出版集团，2017：20.

分成"春天、夏天、秋天和冬天"4 个不同的周期发展阶段。康德拉季耶夫长波理论中的"冬天"，平均持续时间超过 18 年，"冬天"是以"秋天"中由于高负债引发的严重衰退开始的，这场严重衰退能够持续最多 3 年时间，紧接着的就是最多 15 年的经济低速增长时期，直到下一个春天到来。这里提到的严重衰退的 3 年时间和最近著名经济学家魏杰教授认为未来 3 年将会是中国经济最困难的 3 年的观点，似乎有某种程度的呼应。只是不知道在这最困难的 3 年过去后，迎接我们的是不是如作者所预测的那样有 30 年的冰期，直到下一个春天来临。

世界经济将面临经济冰期，是什么原因造成的呢？造成世界经济冰期的首要原因就是由债务的攀升引发的繁荣。在本书开篇作者援引了德国波恩大学一项对过去 140 年发生的 94 次经济和金融危机研究的结论，称金融和经济危机是家庭和企业信贷过快增长所导致的结果。当国家为了银行和私有经济的稳定而不得不插手干预时，危机才会蔓延到国家层面。根据波恩大学的这项研究，2008 年发生金融和经济危机绝非偶然。从 1980 年到 2010 年，我们事实上经历了一次史无前例的举债繁荣期，世界范围内的债务呈现戏剧性的急剧增长。国际清算银行给出的数据显示，工业国家的负债在国内生产总值中的占比已经从 160% 攀升到了 320%。排除价格因素，企业负债增长了 2 倍，国家负债的增长超过了 3 倍，家庭负债的增长则超过了 5 倍。放眼整个西方，哪个国家不是由债务所堆积起来的繁荣？2008 年美国爆发危机的原因主要就是房地产的繁荣带来的家庭负债过高以及随之而来的银行财力不足。在欧洲，欧元的推行助长了欧元区国家家庭、企业和政府的巨额负债，同时导致了欧元区内日益增长的不平衡。欧洲的家庭与企业负债水平比美国的还要高。英国、爱尔兰、西班牙、葡萄牙等国家庭与企业负债水平更是高得异常突出，而希腊和意大利政府在 2008 年就已经显示出支撑不住债务负担的迹象。而世界另一大经济体日本就一直没有成功地从 1990 年开始的萧条中解脱出来。即使日本出现了"安倍经济学"——以廉价资金和大量政府支出来刺激经济，但是基于此的所有尝试也均以失败告终。此刻日本再次回到原点，和西方国家一道陷入深深的衰退。而世界经济中的新兴国家——中国、印度、巴西、土耳其等国的情况也好不到哪里去，差不多都是西方债务经济模式的翻版。因此作者总结道："2008 年金融和经济危机绝非一场普通的危机，也绝非著名经济学家辜朝明所言的'资产负债表衰退'，其实质是依靠债务支持的繁荣难以为继。"

这种由债务支撑繁荣的经济发展模式之所以产生，首先一个原因在于布雷顿森林体系解体之后，政府们对金融市场监管的放松，使得商业银行在现代金融体系中所发挥的创生货币的作用得到了大规模放大，从而引发了信贷的膨胀。其次，西方世界的政府和中央银行似乎陷入某种恶性循环，一再地下调利率，过去的低利率要求今天更低的利率，而明天的利率甚至比今天还要低，以让资金越来越廉价和慷慨地被输送到经济中去，维持由信贷所带来的繁荣。

但是债务的增长不可能是无限制的，债务的增长总会有一个极限或者临界值。根据国际清算银行的一项研究，债务影响经济增长的神秘界限在国内生产总值的90％左右。一旦国民经济的某个部门（比如国家、企业和家庭）的债务达到或超过国内生产总值的90％，就足以抑制一国的实际经济增长。而且债务到了某个临界值之后，债务所带来的刺激作用也会受到限制。也就是说，新增债务对经济增长的作用会越来越小。作者在书中提到，20 世纪 60 年代，1 美元的新增债务能创造大约 80 美分的国内生产总值。而到了 20 世纪 90 年代，同样规模的债务所创造的价值降到了 30 美分，且从 2000 年之后最终降到了大约 10 美分。这其中蕴含着不断增加通货紧缩压力和高负债的国家及整个世界经济增长越来越弱的关键原因。

既然新增的负债不会继续带来经济增长，那么经济的增长就会受到就业人口和生产率增长的制约而接近其自然水平。而在西方主要发达国家，由于受老龄化以及生育率低带来的少子化问题困扰，就业人口事实上大多不是处于停滞就是处于萎缩的状态，而人口萎缩有着严重的经济后果，具体体现为更低的经济增长和更高的支出。于是仅存的希望便在生产率的提高上了。但在这个方面，情况也不怎么乐观。生产率增长的下滑就像人口发展状况一样，数年前就已经被人们所关注。美国智库"世界大型企业联合会"（Conference Board）甚至计算出 2013 年的生产率增长为负值。生产率增长是生产性投资的结果。非生产性投资如购置不动产或者其他资产都不会提高生产率。著名增长研究专家罗伯特·戈登（Robert Gordon）认为未来生产率的增长将会更加缓慢，他提到以下的原因：创新的收益下降，更加糟糕的教育培训，环保成本攀升，国际竞争更加激烈，收入与福利分配不平等。

过去这些年，世界经济之所以能够保持稳定，就在于中国和亚洲新兴国家成功找到了新的债务人。而现在这些国家的负债能力被榨干之后，这些债务国同样开始致力于削减债务，问题因此变得更大而不是更小了。在靠着负债增加实现了数年之久的超出自然潜力的经济增长之后，我们现在面临着经济增速降低和经济转折的威胁：增长低于正常的趋势，经济停滞，失业率在危机国家保持在高位，公司倒闭，人才逃离。因为对机器、设备、研发的投资进一步缩减，技术创新力继续降低。人均产值停滞或减少，西方危机国家进而渐渐陷入贫困。繁荣时期造成的债务和过剩产能负担、增多的僵尸企业、过去数十年大量的失败投资都在不断压低通胀率，我们将面临长期的价格停滞或下降。没有经济增长，社会共识度以及国家内、国家间的理解宽容度都会受到影响。分配矛盾将会大大增多，社会鉴于人口结构，会更重视财富的再分配而不是创造新财富。而这一趋势又会随着社会老龄化拒绝革新和改变的倾向得到进一步加强。于是作者设想未来若干年的世界经济冰期场景将会是这样的："政府和央行在过去数十年进行的是一场规模巨大的庞氏骗局。不断增高的债务将短期经济问题和全球化进程中的适应过程掩盖。愈演愈烈的放贷导致资产价值的飙升。因为银行越来越愿意为现有资产的购置行为提供资金支持，而资产价值的升高又使更多的举债具有可能性。在此，新债带来的收益不断减少，这意味着，为刺激实体经济，需要债务有越来越强的增长趋势。系统渐渐来到它的极限。新债仅能用于维持现有债务尚能得到支付的幻象，于是全世界各个地区事实上的增长率下降。微弱的增长又反过来对政府和个人的负债能力产生负面影响。通过储蓄和变卖资产来降低债务负担的所有尝试都将进一步抑制经济活力。结果便是更低的增长和趋于下降的价格水平，即我们所担心的通货紧缩。而这又加重了债务人摆脱债务的压力。于是经济冰期来临，并且由于萎缩的就业人口和降低的生产率增长而进一步加剧。央行和政府以更加激进的货币政策和进一步的举债来应对。然而它们只能暂时减轻压力，代价是更高的债务负担。它们无法结束冰期。因此，我们得对经济冰期还将持续经年有心理准备。"

如果说当前世界的经济衰退需要深层的经济理论予以解释的话，那么熊彼特的"商业周期理论"无疑是一个非常有价值的参考选项。当今世界经济依靠债务支撑的繁荣之路走到了尽头，依靠降低利率水平，实行量化宽松刺激经济增长的模式将难以奏效。低利率水平下的廉价资金无异于让人上瘾的海洛因，而指望使用这样的办法摆脱经济危机也无异于饮鸩止渴。这便是作者在本书中一再警告的。

2. 中国，西方债务经济模式的翻版？

作为中国读者，我们自然关心中国在这场全球经济冰期中会处于怎样的境地，又将有什么样的未来呢。在该书第二部分和第三部分，作者辟有专门的章节讨论这个问题。而且开篇就开门见山，直言中国可能就是欧债危机中的另一个希腊。中国的债务从 2000 年的 2 万亿美元飙升到 2014 年的 28 万亿美元。如果中国发生债务危机，将会对世界经济造成巨大的影响。作者甚至不讳言，中国一旦出现债务危机将会激化全球经济的冰期！中国经济中充斥着过度负债和产能过剩，这两者的结合将会导致巨大的通货紧缩。而且屋漏偏遭连夜雨，中国的人口结构自从2011 年以来就出现了巨大的变化，中国的劳动力供应已经开始出现短缺，作者预计，中国到 2030 年将会出现 1.4 亿的劳动力缺口。劳动力减少就意味着经济增长放缓，即使提高人均国内生产总值也无济于事。根据国际货币基金组织的研究，如果中国的改革得到顺利推进的话，中国的人均国内生产总值最晚到 2030 年可以达到美国人均国内生产总值的 40%；如果中国改革出现问题，则只能实现 25%。

这样中国就有陷入"中等收入陷阱"的危险。为了跨越"中等收入陷阱"，就需要发展具有创新和高附加值的产品和服务。资本就必须投入创新和创造性领域。但是前提必须是保障产权，完善国家法治和推动创新创造。而在中国，大量的贷款流向了国有企业；那些可能成为创新发动机的民营中小企业则很难从银行中借到钱。另外作者还将中国 2015 年的股市动荡与 1929 年的美国做了比较，并称这种比较是令人不安的。作者在本节的最后一部分甚至预测，中国可能会学习日本采取让人民币贬值的办法来解决经济滞胀，这样会造成原材料价格下跌和中国出口商品价格下降，从而强化通货紧缩的压力，让中国成为"通货紧缩的输出者"。如果中国政府除了学习日本和使人民币贬值外没有其他选择的话，那么中国就会激化世界经济的冰期，欧洲和美国也会因此再次陷入衰退。

这里必须说明的是，本书作者对于中国经济的判断仅仅代表其一家之言，而且仅仅是在 2016 年做出的判断，在过去的两年，世界经济形势和中国经济形势都发生了巨大的变化，当今的中国经济究竟是不是如同作者所预测的那样，作为本书的译者，我们期待本书的翻译出版能够抛砖引玉，引起国内的经济学者们的讨论。

3. 全球经济冰期中的幸存之道

既然未来全球经济处于这种慢进的萧条——所谓的"冰期"之中，一个自然而然的问题就是，面对全球经济冰期，我们该怎么办？针对这个问题，作者用了最后整整三大章专门加以讨论。作者开篇就引用了美国传奇的资本市场投资人比尔·格罗斯（Bill Gross）的比喻，格罗斯曾将金融市场的形势比作攀登一座高峰，过去 30 年货币持续贬值、债务增加、监管放松、经济全球化推进和人口出生率提高，共同把金融市场的价格推到了峰值。目前我们正处于临近高峰的位置，比起爬到峰顶尽享美景，跌落山崖的风险可能更大。盛宴已经走到了尾声，终结正在降临，我们将会进入下山的通道。在这种情况下，人们无法计划出一条"越过冰山"的道路，地上的陷阱无所不在。宏观经济学的推论彰示：保证灵活性和预警性是投资的首要因素，我们要做好准备，包括通货膨胀、通货紧缩、支付违约以及可能出现的欧元体系崩溃。面对这样的形势，我们往往需要专业人士给出意见和建议。但是作者在本书中专门给出的一条建议是：不要相信任何建议。他说，不要把希望完全寄托在银行和金融机构的咨询师身上，他们未必有能力帮你应对你提出的难题，另外，这些咨询师也未必有他们所宣称的那般独立。因此我们这些投资者别无选择，在投资中面临困境和选择时，重要的就是独立思考。同时，经济冰期中有一点是可以确定的，就是资本投资的收益会降低。根据宏观经济学理论，利率与资本收益的发展走势会趋同于市值增长趋势。因此冰期理财的第一步就是：降低成本！经济冰期中另一个重要的理财禁忌就是：操作过于频繁。所有投资的收益都会随着操作次数的增加而降低。因此，人们应当学习价值投资的理念，同时要有抵抗短暂困境的纪律与特质。面对金融市场，人们会产生错误的直觉，如果人们意识到了这一点，就可以大大抵御反弹期购入和下跌期卖出的冲动，那些跑赢市场的人往往只是因为他们比其他人坚持得更久而已。

经济冰期中还有一种重要的投资理财理念就是：不要把鸡蛋放在一个篮子里！投资应当尽可能多样化，投资组合所包含的业务项目应当广泛，同时配有相应的投资纪律。这里作者甚至给出了实践中多样化的投资组合：1.购买不同区域的绩优股；2.重点投资货币和不同区域的国债；3.使用现金作为管理外汇风险的手段，如瑞士法郎、挪威克朗、新加坡元和美元；4.黄金投资；5.人口发展趋势较好地区的不动产。限于篇幅，这里我不再过多列举作者给出的分析建议，请读者们阅读后自己做出分析判断。

最后，作者在本书最后一节《幸福并不仅仅是金钱》中总结道，在生命当中有比金钱重要得多的东西，而幸福并不取决于账户的状态。因此除了做好防备，谨守本书中提出的基本原则，我们每一个人都应该专注于生活中美好的方面，因为金钱并非一切，真的不是！

本书得以翻译出版，首先我想感谢吴晓波老师帮助我与蓝狮子财经出版中心取得联系。其次，非常感谢我国著名经济学家、复旦大学韦森教授在本书翻译过程中给我提供了非常宝贵的建议。无论是阅读韦森老师的著作，还是聆听他的讲座，均感获益匪浅。然后我想再次感谢我的翻译合作伙伴夏柯在该书翻译过程中给予的诸多校正性支持与帮助。同时我的研究生同学高轩、陈依慧，德国同学 Julian Conrad 在该书翻译过程中也给予了很大的支持与帮助，上海融孚律师事务所高级合伙人倪建林律师在该书翻译合同签订上给予了宝贵指导，中国社科院欧洲研究所的胡琨研究员，也是本书作者上一本著作《21 世纪债务论》的译者，在涉及本书的一个重要概念 Vollgeld 的翻译时给予了宝贵的建议，蓝狮子财经出版中心以及浙江大学出版社的编辑们在审稿过程中给予了耐心细致的帮助，在此一并深深致谢！由于译者学术水平和经济学专业知识有限，本书的翻译错漏之处在所难免，不足之处，恳请海内外专家学者批评指正！

参考文献

[1] Daniel Stelter. https：//de. wikipedia. org/wiki/Daniel _ Stelter

[2]（美）辜朝明. 大衰退 [M]. 北京：东方出版社，2008.

[3] 韦森. 中国经济增长的真实逻辑 [M]. 北京：中信出版社，2017.

[4] 刘海影. 中国巨债 [M]. 北京：中信出版社，2004.

[5]（美）理查德·邓肯. 萧条再袭——纸币经济的崩溃 [M]. 大连：东北财经大学出版社，2013.

2008 年的危机并非一场普通的危机，也并非"金融危机"，而是由我们越来越多地依赖廉价债务的经济体系接近崩溃所导致的。世界经济就像是一个毒瘾患者，需要越来越大剂量的廉价资金。假如债务不再增长，一切都将崩溃。

只要借贷方有意将其收入的相应部分用于偿还所借贷的资本，并履行其支付债务利息的义务，债务是不会产生问题的。我将这样的债务称为"生产性的"。这种称谓适用于投资和部分私人借贷。

但是另一方面还有非生产性债务。非生产性信贷的借债者希望其所购置的资产升值，以此来满足支付义务。这里提到的资产通常指的是不动产。

非生产性信贷份额越大，系统的抗风险性就越差。在过去 30 年里，生产性信贷在国内生产总值中的比例关系并没有显著的改变，而非生产性信贷在这期间却有了数倍的增长。越来越多的债务是服务于商务投机的。

西方世界的政府和中央银行大规模地推动了这种发展。廉价的信贷与高企的资产价值被掩盖了，实体经济并不像二战结束后的前数十年那么强劲地增长。而中国和东欧进入市场所带来的工资停滞不前，则更是通过资产的升值轻易就得到了补偿。

哪里存在危机，哪里就有干预：利率一次次降低，信贷标准一再宽松，2008年看起来是达到了极限。那些过去总是能够并且想要借贷的人，负债更多了。系统走到了它的极限。显而易见的是，债务之塔到了崩塌的边缘。

我们原本有选择：冷静地忍痛撤出，即放弃靠借贷而活；或是继续上"剂量"。可能只有少数人会对政府选择"再来一剂"感到惊奇。操控银行资产负债表、再一次降息以及对有价证券的直接购买，都激起了债务的增长。

政府的这些举措都取得了成功。政府、企业以及私人财务的总体债务与经济产值的比率都要高于2007年。靠着额外的举债，我们在2008年再次避免了劫难。但我们只是拖延了时间而已。新增债务中越来越大的部分被用于维持幻觉，即现存的债务模式可以维持。

欧洲和美国已经从危机和崩溃中恢复，但是经济境况却是战后最疲弱的。高失业率、疲弱的需求和低迷的投资是普遍的景象，通货膨胀率极其危险地低。更大范围与规模的（资产）价格回落近在咫尺。

一切都在表明，中央银行已经陷入一种恶性循环。廉价的资金将导致投机与消费所形成的债务攀升。因此，经济危机的风险就会增加，这会再次导致要求更低的利率。

过去过低的利率会要求今天有更低的利率，进而还会要求明天比今天有更低的利率。资金必须越来越廉价、越来越慷慨地被输入这个系统。

在这种情况下，债务负担就会造成通货紧缩的影响，进而埋下经济崩溃的种子。要是我们通过越来越多的债务追求繁荣并使得资产价值"膨胀"的话，那么只要资产价格下滑或者利率上升，一场严峻的危机转眼就将爆发。我们会很快到达那个临界点，在那时出售资产不再是自愿发生的，而是被迫的。

在一个债务过多的世界里，只有为数不多的调整改革之路：以破产、倒闭和萧条为代价的忍痛撤出，或是使用不那么剧烈的解决方案——征税或者货币贬值。

目光所及，人们也可以观察到凶兆在增加。世界在高企的债务、微弱的经济增长和严重的失业下呻吟。储蓄几乎不会产生利息。2015 年夏天，金融市场正在经历剧烈动荡。恐怖主义和难民危机正在葬送全球经济稳定和政治团结。要求中央银行采取更激进措施的呼声越来越强。我们不是在经历一场新的大萧条，而是在经历一场慢进的萧条。快速崩溃被排除了，取而代之的将是一场长期持续的停滞：冰期。

几乎没有人预见到 2008 年的危机，也几乎没有人预见到冰期。这并不奇怪——研究清楚地显示，政经学家们不会去预言经济衰退。[1]

当下这场危机早在 8 年前就开始了。按照《圣经》的说法，饥荒岁月之后我们就可以期待 7 年丰饶年景。但是之后的情况看起来却并非如此。相反，我们必须各自在资产配置中加以调整以应对这次冰期。格言教育我们：要自谋而有备无患。

第一部分
通往冰期之路

03　毫无计划的欧元拯救者

04　日本是欧洲的榜样？

第三部分

30 年冰期？

01　关于百年不遇停滞的论调

第四部分
在冰期中幸存

第一部分

通往冰期之路

01 一文不值的金钱

30 年债务繁荣

金融和经济危机是家庭和企业信贷增长过快所导致的结果。当国家为了银行和私有经济的稳定而不得不插手干预时，这些由私有领域所引发的危机才会蔓延到国家层面。这是波恩大学一项对过去 140 年间 94 次金融和经济危机的研究所得出的结论。单从数字已经可以看出：危机不是例外，危机才是规则。[2]

此外，研究还表明：国家在危机爆发前负债越少，危机来的势头则越平缓。这一联系明白易懂，因为只有负债较少的政府才有足够的举债空间以应对危机。若是政府这时无力在私有领域投入，随之而来的将是经济产值的严重倒退。

这样看来，2008 年的金融和经济危机并非偶然。它更多的是民间和个别政府过度举债而带来的无法避免的结果。

事实上，我们遇到的是一次史无前例的举债繁荣期。在 1980 年至 2010 年间，世界范围内的债务戏剧性地急剧增长。总部设在巴塞尔的、央行中的央行——国际清算银行（BIS）估算指出，工业国家的负债在每年经济产值中的占比从 160% 增长到了 320%。 实际看来，排除价格上涨的影响，企业的负债增长了两倍，国家的负债增长了超过三倍，家庭的负债更是增长了超过五倍。

图 1 展示了不同国家政府、家庭和企业负债在国内生产总值中占比的增长。 美国在 1990 年至 2000 年间负债率轻微的回落是由于当时的经济繁荣。 两德统一对德国同一时期的债务增长则有着直接的影响。 在所有国家中，债务明显比经济产值增长得更快。

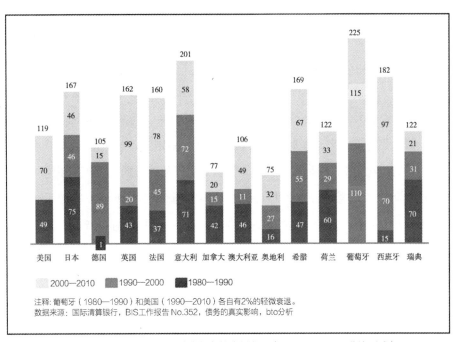

注释：葡萄牙（1980—1990）和美国（1990—2010）各自有 2% 的轻微衰退。
数据来源：国际清算银行，BIS 工作报告 No.352，债务的真实影响，bto 分析

图 1　不同国家国内生产总值中的负债比例发展（1980—2010，百分比形式）

市场的放开

在保持了数十年的相对稳定之后，负债自 1980 年起开始有了显著上升。 这不是偶然的，而是经济政策刻意为之的结果。 看一眼经济史就会明白，政

府在意的总是用简单的办法直接解决存在的问题，防止经济衰退。

20 世纪 70 年代，西方世界的经济增长明显减弱。 随着 1973 年第一次石油危机的到来，通货膨胀率和失业率上升，经济稳定增长和持续盈利的时代终于走到了尽头。 很多国家原本在二战后经济高增长的时间里致力于降低负债率，而在这段时间里，却开始采用英国经济学家约翰·梅纳德·凯恩斯（John Maynard Keynes）所建议的总体经济计划来推行经济政策。 私人的举债此时尚少。 人们小心翼翼地经营着。

二战末，西方的主要国家在美国小城布雷顿森林（Bretton Woods）确定建立和美元挂钩的固定汇率体系（美元在当时和金价挂钩）。 这一体系在头些年运转良好，但之后的摩擦日益增多。 国与国之间的经济发展过于不均。 此外，越南战争巨大的花费导致美国国内出现了明显的国家财政赤字。 当法国人要求以黄金代替美元来结算时，布雷顿森林这个固定汇率体系解体了。 美元和黄金的挂钩则在 1973 年取消。 从此，钞票的发行和央行的黄金储备脱钩。

随之而来的是通货膨胀率的明显上升。"滞胀"这一概念被专门用来说明发展乏力却又物价飞涨的一类经济现象。 央行——美国的央行"美国联邦储蓄委员会"（简称美联储，Fed）一马当先——只能靠着大力加息，才能将通货膨胀控制住。 物价在 20 世纪 80 年代初经历了一次剧烈的下降。

从美国和英国发端，政府以主要在银行和金融领域的日益放开管制为赌注，来刺激经济增长。 银行可以明目张胆地扩展业务。 通过贷款来为购置行为提供资金的做法也在更广泛的民众阶层变得普遍。

成功地抵制了通货膨胀之后，利率水平明显下降。 家庭和企业的需求上升，经济重新活跃起来。 其他国家以美国和英国为榜样，也放开了对金融市场的管制。

增长的贷款和好转的经济带来了资产价格的明显上升。 在利率下降的同时，债券行情看涨。 而股票市场开始了历史上最大的一次牛市，直到 2000 年年初才结束。

随着柏林墙倒塌，以及东欧和中国进入世界市场——即所谓的全球化，全世界范围内的竞争加剧。 8.2 亿人口新涌入全球劳动力市场[3]，他们带来了工资压力，物价仅能缓慢增长。 看来通货膨胀解除了，央行们甚至担心起通货紧缩，也即平均物价的下跌。 由于通货紧缩被视为如 20 世纪 30 年代那样严重衰退的前兆，央行们以低利率来应对，不惜任何代价也要阻止价格的崩塌。利率水平由此常年过低，同时激起了债券、股票和不动产价格的飞涨。 人们通过贷款，轻易就能发财。

债务——万试万灵的政策

每当金融市场遭遇动荡时，央行们都会出场。 1987 年 10 月股市狂跌时是这样，1997—1998 年亚洲金融危机时是这样，还有 1998—1999 年的俄罗斯危机和 1998 年的美国长期资本管理公司(LTCM)对冲基金风波时同样如此。 金融市场上的投机商和出资人因此开始坚信，不会真出什么事，一旦金融体系里出了岔子，央行们总会出手救市。

资产上升的价格为贷更多的款项提供了条件。 一栋房子上涨的价格可以用来继续贷款，用来买一栋更大、更漂亮的房子，或是买新车，又或是支付孩子培训班的费用。 资产的升值和增长的债务就是工资增长缺位的补偿。

不仅是美国央行推行着激进的货币政策，日本的央行也尝试通过货币贬值政策将日本一直饱受 1990 年投机和债务泡沫破灭影响的经济带上增长之路。日元的贷款无比有利，这吸引着全世界的投机者贷款日元用以在全球金融市场上投机——一个让人欣然接受的邀请。

在贷款增长和资产升值的背景下，互联网问世。 它离实现人们对出现许多新工业和商业模式的希望更进了一步。 尽管新业务的建立还需时日，但证交所里的人们真正地兴奋了。 人们信誓旦旦地说着新时代的到来，通认的评估企业的原则被视为老旧、过时。 高昂的情绪和低廉的利息激起或许是历史上最大的股票市场泡沫。 美国股票在顶峰时开出了超过基本合理估值三倍、明显超过上次大崩溃（1929 年）巅峰时的行情。 该来的还是来了：股票市场急剧下跌，人们对新一次大萧条的恐惧蔓延开来。

如此种种让美联储如临大敌。 在时任美联储主席艾伦·格林斯潘（Alan Greenspan）的主持下，利率被降到了历史新低。 2001 年"9·11"恐怖袭击后，面对衰退加剧的迹象，利率再次被调低。 美国汽车业打出了便宜贷款（购车）的广告。 当时的口号喊着："让美利坚继续转动。"美国政府为了让民众更容易置业而倾尽所能。 目的很明确：通过激起不动产价格的上涨来刺激国内的消费，并以此来带动经济发展。 这一方法取得了成功： 衰退迅速消除，经济又有了回升，失业率下降，股票行情和不动产价格一样明显上涨。

美联储的利率政策对他国的利率政策有着直接的影响。 如果其他国家的央行保持较高的利率，会造成本国货币的升值，由此对本国的出口和经济产生相应的消极影响。 全世界的央行们因此被迫与美国上了同一条船。 全球范围内本已够低的利率由此继续进一步下降。

欧元作为债务引擎

与此同时，欧洲开始了一次历史性的政治经济实验：在没有满足对货币同盟而言最重要的前提——共同的财政和经济政策——的情况下，引入了欧元。欧元首先产生的作用是：各国利率降到了明显较低的德国水平。 由于通货膨胀率下降的程度不同，许多国家的实际利率出现负值。 其结果就是，当时在这些后来的危机国家中，迅速出现了举债高峰。

而德国，这个以过高的汇率进入欧元区的国家，在当时经历了一场严重的适应危机。 失业率迅速攀升，工资停滞不前。 随之而来的是牵涉广泛的一系列就业市场改革。 内需大受影响，经济由此愈加地将注意力投向出口。

出口多过进口的国家获得的是贸易顺差。 但顺差不仅仅是顺差，它相应地意味着该国资产的流出大过流入。 靠着贸易顺差过活的国家，会将它的外汇转到国外。 资本的流出会导致他国（资本流入国）利率水平的进一步下降，由此刺激"举债"消费的发展。

来自国外的资本能够有好的安置，比如投向新工厂；但也会有不好的安置，比如用来放贷给不动产和消费。 如果贷款收不回利息，资本输出国就收不回款项。 实际上也就等于资本输出国在白送着与资本输出相对应的出口商品。 这一角度我们在之后涉及德国时还会谈及。

低廉的利息显示了它的作用：在美国、英国、西班牙、葡萄牙和爱尔兰，不动产价格明显上涨。 股票市场同样缓过劲来，部分市场再一次接近了2000年时的最高水平。 鉴于低廉的利息，银行和投资者寻觅着更有吸引力的投资机会。 由此美国人想出了主意：将已放出的抵押贷款和有价证券捆绑起来，再将这些证券卖给全世界的投资者。 出于不动产价格只升不跌的经验，投资者们有了一种相对保险的安置资金方式——至少人们是这么以为的。

这一风潮导致放贷越来越松。 买房对自有资产的要求越来越少，银行越来越不看重购买人的财力。 怎么会这样呢？ 因为银行可以转眼就把包装成有价证券的负担，转嫁给毫不知情的投资者。

泡沫破裂

不管如何对事实进行粉饰，该来的当然会来：这一波风潮愈演愈烈。 电视节目传授着通过"翻转不动产"致富（即快买快卖）的策略。 越来越多的人没有资产也在购买，因为他们寄希望于房子的升值足以填补融资的成本。 许多人靠现有的收入连利息都还不上。 建筑产业繁荣，越来越多的房子被投放到市场，造成不断增长的过度供应。

当房地产价格开始下跌时，很快变得清楚的事实是，许多债务人没有能力履行他们的义务，那些有价证券因此根本没有人们所以为的那样保值。 美国投行雷曼兄弟（Lehman Brothers）的破产让这些风险大白于天下。 面对高企的负债和银行越变越低的自有资产率，金融系统将世界经济拖入大萧条，经济崩溃一触即发。

同时，在欧洲，人们也发现，欧元不过是顺境中的产物。 它不仅助长了家庭、企业和政府的巨额负债，还导致了欧元区内日益增长的不平衡。 德国在新千年初的危机中稳定了工资成本，但在其他国家，工资却随着风潮不断升高，这些国家由此失去了竞争力，并在和德国的贸易中积下了高额的赤字。

"严重的金融危机往往是私有领域贷款强烈增长的结果"，这是之前提到过的波恩大学研究得出的结论。 2008 年开始的危机也是大同小异。 不过和波大研究者们所研究的过去 140 年中那 94 场危机不同，2008 年的危机不是一场只牵涉个别国家的危机，它几乎将整个西方世界卷入其中。

危机在美国产生的原因主要是房地产繁荣引起的家庭负债过高，以及与此同时银行财力的不足。 而在欧洲，企业和家庭的负债水平比美国还要高。 英国、爱尔兰、西班牙和葡萄牙的家庭负债更是高得明显。 爱尔兰、西班牙和葡萄牙的企业，尤其是建筑行业的企业负债累累。 同时，希腊和意大利的政府在 2008 年就已经显示出支撑不住债务负担的迹象。 欧洲的银行系统在自己的账目上也有着比美国同行明显更多的贷款以及明显更少的自有资本。

作为共同体货币的欧元还额外加大了应对的难度。 在以前，国家可以通过自身货币的贬值来迅速重获竞争力，由此刺激出口以最终带动整体经济。 而对欧元国家而言这不再可能。 要想变得有竞争力，只能走所谓的内部贬值之路。 然而，这条道路（其过程将在本书《2008 年经济衰退的本质》章节中进行说明）弊端重重。 它将挫伤经济，并且极其艰难，又旷日持久，让人痛苦万分。

日本此间一直就没能成功地从自 1990 年就已经开始的萧条当中解脱出来，以廉价资金和大量政府支出来刺激经济的所有尝试均以失败告终。 而此刻日本再次回到原点，和西方国家一道陷入深深的衰退。

这些事实说明了 2008 年的情况绝无仅有。 此前从未有过一次如此规模的全球金融危机。 入不敷出的不是个别国家，也非个别领域，而是几乎整个西方世界。 它们正面临着一个巨大的危险：整个系统的崩盘。

02 银行的角色

私有银行对货币的创造

银行放出一笔贷款，是不用以事先获得一笔储蓄为前提的。 也就是说，它在凭空创造货币——拉丁文叫 "fiat"（意为 "有"），由此人们对于银行有了 "无中生有"货币体系的说法。

本来这是没有问题的。 出于自身利益，银行只会在有比如房产或是厂房、设备之类的抵押物时才放贷。 而银行对消费贷款的审核就更为严格了，因为它只能靠负债人未来的收入来对还贷负责。 比其他贷款更高的利息，通常就是这种更高风险的体现。

借款被划入借款人的账户，由此借款人可以用这笔银行新创造的资金来消费和投资。 举例来说，如果他用来买房产，那么这笔钱就会被划到卖房者的账上，卖房者在银行的储蓄账上就会增长相应的数额。 在这里，这笔款项是落入放贷的同一家银行还是另一家银行，无关紧要。 银行互相之间和经由央行的再借款，使由贷款引起的支付往来始终能够相互抵消。

只有当负债人不能偿还利息，抵押物不再如以为的那样值价时，才会出现问题。 银行会承受放贷的损失，因为卖房者和所有其他储蓄者的存款都原封不动地还在那里。 放出贷款的银行面临着无力偿债的危险。 它自己创造出的货币如今要求它自己来兑现。 为了避免无力偿债的危险，规范的银行会注意不把"造钱"做得太过火。 充足的自有资金和小心地放贷，对一家银行来说是让生意之树长青的最好前提。

只要大部分发放的信贷用于投资融资，那么危机就会少见。 一般来说，企业只在有固定的商业预期的情况下才会投资，银行只在有足够的抵押物以及相应的风险缓冲时才会提供融资。 同时，运营良好的银行会将个别债务人的债权保持在一定框架之下，因此个别的信贷关系问题不至于引发银行的覆灭。 忽视这条基本原则会有什么样的后果，2009 年科隆传统银行萨尔奥本海姆银行（Sal. Oppenheim）的破产提供了前车之鉴：大客户卡尔施泰特万乐*（Arcandor）走向破产，从而连带着将这家银行推向深渊。 这家机构的剩余部分最终被德意志银行收入囊中。

由于银行运作所用的自有资本确实比例偏小，它们总是易于失去顾客方面的信任，不管这些是合理的还是不合理的。 丧失对一家银行支付能力的信任可能将导致顾客对这家银行的挤兑，他们要统统撤回对这家银行的投资。 这种臭名昭著的银行挤兑可能会波及其他银行并因此触发一场银行和金融危机。

阻止这样的危机发生曾是成立中央银行的主要动机。 中央银行的角色就是在危机情况下充当最终借款人。 中央银行能够有信誉地保证没人会损失其资金。 但是在危机情况下拯救一家银行却是一桩难事儿。 英国《经济学人》（the Economist）银行专家、出版人沃尔特·白芝浩（Walter Bagehot）早在1873 年就对此问题列出了清晰的规则。 按照他提的规则，中央银行在危机情

---

* 卡尔施泰特万乐，是德国最大的商店集团卡尔施泰特（Karstadt）和德国最大的邮购公司万乐（Quelle）合并的产物。——译者注

况下只应当帮助那些有支付能力的银行和有非常优良的抵押物做保证金交存的银行，并且有高额惩罚性利率。 通过这些规则，他意图确保银行谨慎行事并且不会滥用其创造资金的能力。

我们当今所使用的大约 90％的资金都是通过私人银行体系创造出来的。只有一小部分是由中央银行——即联邦央行、欧洲中央银行或者美国央行美联储所支配。 虽然全世界的中央银行给大家的印象千差万别，但它们影响货币数量发展的手段却非常间接和弱势：它们可以调整利率和最低储备金，即各个其他类别银行必须在央行缴纳的储备资金。 同时它们所发挥的是一种消极的作用：中央银行是跟在银行体系后面行事，而不是相反。

不过中央银行却可以通过提供廉价资金总体影响利率水平。 这种办法各国央行已经采用了数十年之久。[4]

没有人理解银行

汽车先锋亨利·福特（Herry Ford）认为："人们要是理解了货币系统的话，那么明天天还没亮我们就会遭遇一场革命。"

如此看来，这反倒成了好事。 在英国议员中展开的一项调查表明，十个人当中甚至有九个人认为，钱完全是由国家所创造的。 而我们可以放心地设想：德国议员以及广大公众的理解也不会好到哪里去。[5]

那么，或许你会认为，广大公众不理解货币系统倒也无伤大雅，只要它能正常运转，只要专家知道情况如何，以及为了避免危机需要采取什么措施就行。 但这恰恰不是事实，就像佐尔丹·雅卡布(Zoltan Jakab)和麦克尔·库姆霍夫（Michael Kumhof）在英格兰银行最新的一份调查中所指明的那样。[6]他们的中心观点是：在央行、国际货币基金组织(IMF)和国际清算银行里的专家们倒是理解这个系统，而在普通宏观经济学理论中和那些银行家的脑子里，就货币系统运行方式的理解而言，一直还是完全错误的观念占据上风。

要是不产生如此灾难性的影响，或许我们可以对宏观经济理论的失效一笑了之。 但两位作者发现，对银行运作方式正确的理解和错误的理解在宏观经济分析中会导向完全不同的结论。 而银行资产负债表的变动，即在放贷和造钱上松紧之间的切换，远比宏观经济学家们所设想的要进行得快，而且对实体经济具有的影响也明显较宏观经济学家所认为的要更大。

只有银行的债务人信贷能力下降，那时才真正棘手。 比如在不动产市场经历一场剧烈的价格下跌之后，产生的后果对经济而言是戏剧性的：银行会急剧限制信贷的发放。 这倒不意外，因为只有当债务人有足够的抵押物并完成其支付利息的义务，由银行创造出来的钱才是保值的。 如果债务人不能偿贷，那么银行会很快失去支付能力——平均大约3％的银行自有资本率实在是太低了。

假如我们不将银行仅仅视为储蓄与投资之间中立的中介者——很多教科书正是把银行视为中立者——我们会发现，银行对经济的短期发展有巨大的影响。 在收入稳定、资产价格高或是上涨的好时期，银行乐意发放信贷；而在经济糟糕时银行却会在信贷发放上谨慎起来。 换句话说，银行是顺着经济周期行事的，这就意味着，它们会强化整个经济活动的波动。 而宏观经济学家却在他们的中介者模型中期待银行做出相反的行动，因为在经济糟糕时期储蓄增加，他们就设想银行会提供更多的信贷，但是这种假设是完全错误的。

这一认识对经济政策具有戏剧性的影响。 只要带着对银行运行方式的错误理解去行事，我们就有开错药方的危险，对银行的管理就会置于错误的操纵杆上，货币政策就会奉行错误的策略。

非生产性信贷

国内生产总值中金融行业所占比重在过去几年不断地增长。 20 世纪 60 年代，这个比值还在 2％（德国）到 4％（美国）之间徘徊，现在它已经上升到了 6％（德国）到 12％（英国）。[7]

与此同时，银行周期性的行事方式不仅导致了繁荣与危机的规律性交替，还顺着趋势导向越来越大的危机。 如我们所见，西方世界的负债在过去 40 年里持续增长。 对此，我们可以这样来解释：先是银行给有偿付能力和优质抵押物的举债人发放信贷，由此货币量增长，经济向好，收入与资产价格上涨。

更高的资产价格意味着抵押物的价值增值，银行因此就能够发放更多贷款，债务人就可以贷更多款。 事实上这一模型在不动产上应验得最好。 银行贷款给不动产购置者，这些人被贷款武装起来，乐意为购房进行越来越多的投入。 系统在这个过程中变得愈发具有自相关性：与在别的国家已经支付的或是在本国可能即将支付的款项相比，不动产价格显得实惠。

来自英国的数据显示出这样的发展已经达到什么规模。 1990 年以来，英国给房地产与金融公司的抵押资金和贷款与国内生产总值的比值从 33％涨到了 98％，涨了两倍。 投向生产行业的贷款，即那些金融行业之外的、在机械和设备上投资或是开发新产品和新服务的企业的贷款，与国内生产总值之比，则死死地停留在 25％。[8]

这就意味着：英国银行借给其经济中非生产领域的资金数量是借给生产领域的资金数量的四倍。

现存的资产由于买家利用信贷购入而变得越来越贵。

在美国、澳大利亚、加拿大、荷兰和瑞典等国，情况看起来并没有什么不同。

这一认识对于我们思考财富与财富分配的讨论十分重要。 财富与财富分配的讨论在 2014 年因法国经济学家托马斯·皮凯蒂的《21 世纪资本论》一书而得到深入。 皮凯蒂在书中为 1980 年以来财富的明显增加而忧心忡忡，并担心我们出了大错。 我在《21 世纪的债务》一书中，也详细解释了财富的增长与攀升的负债有直接的关系。

美国经济学博士研究生马修·罗格利（Matthew Rognlie）2015 年春季的一篇分析表明，财富的增长几乎都可以追溯到不动产上去。[9]这是银行无限制放贷的明显后果。

附录：论资产与债务

媒体上充斥着关于世界资产不平等分配的报道。据悉,至少占世界人口 1％的人群拥有的资产相当于剩余 99％人群拥有的资产总和。人们正在提出对更多的重新分配、更宽泛的教育以及对金融市场更多的监管的要求。

法国经济学家托马斯·皮凯蒂在其著作《21 世纪资本论》中展示了资产的攀升与资产的集中,并预测这种趋势继续。与此同时他推测,由资产所赚得的红利(R)会一直高于经济增长率(G)。简短概括这一著名的猜测,用公式来表达是这样的:

$$R > G$$

对这种被强调的关联的持续存在,有着合理的质疑。R 大于 G 的时段只可能短时间存在。一个决定性的反面论据是,重要的资产部分本身就是被使用的不动产,其通过定义为收益的 R,即用于自有住宅或者自有公寓的假定租金,没有被储蓄,因为在实际中它没有被积累下来。

如果将实际资本收益从经济增长中分离,皮凯蒂预期的实际资本收益为 4％至 5％。但一个根本性的问题,即如何实现资产增长持续快于国民收入增长,皮凯蒂却并没有提出来。资产价值以及资产集中这样的增长,在没有世界范围内同时不断攀升的负债的情况下,完全就是不可能的。在这当中,债务以不同的方式和形式发挥影响:

● 债务随后导致更多的需求以及更多的经济增长和更高的企业盈利。就如同我们之前所见到的,这在美国正是必要的,其用以弥补中产阶层停滞的收入增长。

● 除此以外,债务助长了对资产价值的需求。假设一下,假如您可以以 100 欧元购买一只股票,每年赢利 10 欧元,利息率因此就是 10％。假如您现在以 5％的利息率在银行借贷 50 欧元,你仅须从您的自有资本中投入 50 欧元。由于股票公司一直以每股 10 欧元出售股票,您从中得拿出 2.5 欧元交给银行(50 欧元的 5％),在您这里还剩下 7.5 欧元。这相当于有一个了不起的 15％的利息率(7.5 欧元对于您投资的 50 欧元而言)。专业人士将此称为"杠杆效应"。假如银行还更慷慨的话,您或许甚至能够贷出相当于购买价格 80％的信贷。如果您有 100 欧元的自有资本,加上另外 400 欧元的信贷,您就可以购买价值 500 欧元的股票。20 欧元用于利息偿还给银行(400 欧元的 5％),30 欧元自己保留。您的收益率就攀升到 30％。

● 考虑到巨大的收益,股票的价格自然要上涨。但是即使它翻倍,也仍然值得投资。假如股票价格上涨 100％,您的自有资本也会增长到 200 欧元,而债务却固定在 400 欧元。银行将会乐意继续给您更多的信贷,此时您的抵押物变得更有价值了。您已经看到:资产增值那令人惊奇的循环正在全力开动。

● 另外,您当然可以消费更多,因为您明显变得更富有了。

上述描绘的过程显示，资产与债务同时增长不是偶然。而事实是：它们之间存在某种不可避免的联系。

没有甘愿借贷的银行与巨大的信贷繁荣，像皮凯蒂所痛斥的资产增长或许根本就不可能出现。

建立在信贷基础上的增长，过度降低了经济对危机的抵抗力。假如不动产价格下跌——就像我们知道的，这并非不可能而只是一个时间问题——银行会极速地陷入困境。它们会断定，过去在放贷上太慷慨了。它们将遭受首批损失和抵押物贬值，从而限制新信贷的发放。接下来，不动产价格会承受更强的压力，追加的贷款将不再保证足额到位。首批的恐慌抛售出现，于是开启了一个可以将整个金融和银行系统拖入深渊的恶性循环。

不动产泡沫在美国、爱尔兰、西班牙和葡萄牙破裂之时，金融危机中心的事态就是这样发展的。由于负债的规模和金融业务的全球结网，出现银行破产、实体经济崩溃和大规模失业的大萧条就不足为奇了。

如波恩大学的研究中所描述的那样，这时轮到政府和中央银行出马来阻止这场崩溃了。它们的确就是这么做的。政府给银行提供了新的资本，将银行国有化，或者减轻其坏账，并将之剥离到所谓的"坏账银行"。对银行而言，公布账目的规则对它们非常受用，以至于它们（反而）能够将损失转手和隐藏起来。在德国，联邦总理默克尔和当时的联邦财长佩尔-施泰因布吕克在电视讲话中甚至对德国储蓄者承诺，他们在银行里的钱是安全的。

和在 1987 年以来所有危机中的操作一样，央行们再次下调了利率，市场被流动性所淹没。

结果是成功的：资产价值稳定下来，股票价格回升，不动产价格上涨。银行的损失降低，危机暂时避免了。

跳出危机周期

自此以后，政府和中央银行很少再为防止危机重演做过些什么。 整顿丝毫没有改变银行以极少的自有资本运作并顺经济周期行事的事实。 全世界的负债继续无限制地增长。

何为必要，再明显不过：显著提高对银行自有资本的要求。 这是为防范银行真正的破产风险，促使中央银行回归到规范的货币政策得以制定的基本原则上来，以及一整套阻止银行顺周期行事的手段。 对于最后一条，或许可以通过比如在信贷增长强劲时期提高存款准备金率，在信贷增长较低时期降低存款准备金率来加以实现。

为此，决策者必须理解系统是如何运转的，而且也得愿意去对系统做出改变。 对所提到的两个前提的真实内涵有怀疑是再正常不过的。

在 2011 年那部特别值得观赏的电影《商海通牒》*[10]（*Margin Call*）中有关键的一幕：刚刚被炒鱿鱼的银行风险经理对生活大发牢骚，后来他发现，他对于改善世界的唯一真正贡献是修了一座桥，从而帮助成千上万的往来者缩短了 40 英里的路程。 相反，他在银行的工作对社会而言却是无益的。

这一幕还明确了另外一个问题：一个膨胀、过大的金融系统所造成的危害不仅在于治理危机的代价（危机的治理最终带来的是收益的个人化和损失的社会化），危害还在于，最优秀的人才不致力于提高国民经济的增长潜能，而是在金融市场上投机。

国际清算银行的一项研究得出了明确的结论[11]：如果一国的金融行业所占比重过高，实体领域的生产率就会下降。 金融行业的高增长——比如由于债

---

* 该电影中文名称翻译参考豆瓣电影提供的中文译名。——译者注

务繁荣，根据经验其主要有利于国民经济中非生产性领域（不动产）——会导致极低的生产增长率。 因此，整体经济极低生产率的原因便是：

- 对非生产性投资领域的偏爱，
- 高素质劳动力转向金融行业。

其造成的后果是：在金融行业快速增长的国家中密集型行业的发展速度，竟然比金融行业缓慢增长的国家中的低端行业的发展速度还要缓慢。 实体经济就这么被削弱了，因为其处境比别国最低端行业的还要糟糕！ 或许银行家不去做银行家，而是去做工程师，就宏观经济而言才是更理性的。

即使是英国的经济杂志《经济学人》[12]也批评银行的角色并质问：为什么金融行业重要性的增加是和极低的经济增长以及金融市场上不断增多的泡沫同时出现的。 我的解答很简单：

国民经济负债越高，金融行业挣的就越多。

与金融行业获利增加并行的是全世界国家的负债明显攀升。 从新创造的资金中牟利最多的总是那些首先支配这些新资金的人。 而这首先就是金融行业的人。

03 德国与欧元

"借"来的虚假繁荣

在欧元区后来的那些危机国家中，欧元的引入曾带来一场债务支撑下的繁荣。 在一直较高的通货膨胀率面前，利率明显过低，由此出现了一种自我强化的发展过程，这个过程我想以西班牙为例来说明。

廉价的信贷首先导致了人们对不动产的需求提高。 不动产价格上涨，让更多人发现，贷款购房是一门划得来的生意。 结果人们对不动产的需求继续增长，不动产的价格也随之上涨。 建造房屋变得越来越有利可图；市场明显活跃了；经济增长，收入提升。 由于建筑经济中对劳动力需求的增加，西班牙经历了国外新劳动力的涌入大潮。 而这些新劳动力也有自己和家庭的住房需要，从而再次推动了不动产的建造。

经济的繁荣带来酬金和工资的上涨；在税收增加的同时，社会支出降低。西班牙政府实现了盈余，并且能够明显降低国家负债与国内生产总值的比例。

需求继续上涨，并且进口也增加了，因为西班牙本国的工业完全提供不了足够的产能来满足巨大的需求。 几年下来，西班牙积累下巨大的外贸逆差。不过这不再妨碍到任何人，因为逆差主要是与欧元区其他国家之间的。 而当时普遍认为，在一个共同的货币区里的逆差就像巴伐利亚州与下萨克森州之间的贸易逆差一样，根本没有那么重要。 可后来人们发现，这是一个巨大的错误。

越来越快速攀升的个人负债没有引起任何人的担忧。 既然银行照例只针对优质抵押物才放贷，那还有什么可担忧的呢？ 有什么抵押品能够比众所周知不会贬值的不动产更好呢？ 于是，西班牙建筑行业的体量在此期间相当于法国、英国和德国的总和，就没什么让人再大惊小怪的了。

不只是西班牙的银行支持了这场繁荣。 德国由于国内经济疲弱，其国内信贷需求不旺。 在寻找有吸引力的投资渠道时，德国银行扩张到了国外。 它们热衷于给其他国家的银行和企业发放信贷，从而额外地推动着泡沫的增长。

危机猛烈地侵袭了西班牙，越来越多的不动产难以以预期的价格出售。事实表明，建造的不动产太多太多了。 建筑经济急转直下，开发商破产。 许多房屋购买者"靠房屋增值还贷"的算盘落空了。 银行手上的抵押物被证实是无价值的。 债务支持的繁荣崩溃瓦解了。

"要自救，没人能救你"是这时债权人和债务人的格言。 所有人都想降低风险。 房屋购置者试图卖房——这样的举动进一步加大了市场的压力。 银行则减少其对不动产的放贷——这又是一个自我强化的下降趋势。 假如说，过去在繁荣中攀升的不动产价格与追加的贷款相互强化了的话，那么在衰退中出现的就是相反的景象。 不动产价格下降得越来越快，而银行开始索回贷款，或者向房屋所有者要求更多的自有资本。 外国的银行停止放贷并同样试图尽可能多地索回资金。 积极给不动产贷款的西班牙银行——主要是 Caixas、Sparkassen——则濒临破产。

由于房地产危机和银行危机，西班牙经济崩溃了，失业率暴涨。 在繁荣过程中实现盈余的政府，此时面临更多的是显眼的赤字。 波恩大学研究人员对过往危机所造成结果的诊断，此时恰恰应验：国家债务攀升——为了遏制一场由过高个人债务而引发的危机，国家不得不出手干预。

2008 年经济衰退的本质

如此说来，2008 年在危机国家爆发的经济倒退绝非普通的衰退，而是过去靠债务支撑繁荣的直接后果。 此后的关键便是修复个人、企业和银行的资产负债表。 债务负担必须降低。 专业领域也在谈及"负债表衰退"。 这是日本投资银行野村证券（Nomura）辜朝明（Richard Koo）所创造的概念[13]：

- 债务人，即个人和企业，削减支出并出售资产，以减少债务。后果是：经济倒退并且资产继续丧失（市场）价值。

- 因为债务人不再有能力支付，并且抵押物贬值，银行发现，它们的债权不再像以前认为的那样保值。它们担心起——这样的担心不无道理——自己的存活，于是减少贷款并向债务人要求更多的抵押物和自有资本，由此加大了经济和资产价格的下降趋势。

- 假如所有人都储蓄，就会出现像美国 20 世纪 30 年代大萧条期间那样通缩漩涡的威胁。

债务人通过储蓄来降低负担的尝试，将导致经济如此剧烈地倒退，以致债务相对于国内生产总值而言越来越大。 靠着储蓄来摆脱破产是不可能的。

由此，鉴于个人需求的崩溃，辜朝明要求国家层面的支出计划。 只有国家对个人需求的失位进行了填补，才能阻止长期持续的危机。 于是，在那些有着个人债务问题的国家，如西班牙、爱尔兰和葡萄牙，政府赤字随着危机的到来明显上升了。

辜朝明批评说，这些赤字还不够大，他要求欧元区作为一个整体要创造明显更多的政府债务，以遏制危机。[14]这一点我们之后还会深入探讨。

还有一个或许能使经济活跃的方法，就是增加出口。事实上，另一些国家在类似的形势下，除了提高政府支出，还选择了让本国货币急剧贬值，比如在20世纪90年代银行危机中的瑞典。

一国的货币要是贬值，就意味着购买单位外国货币得支付更多的本国货币。贬值对经济的影响是加倍的。首先它会使进口变贵，消费者因此倾向于转而消费国内商品。其次，出口会增加，因为国内生产的商品在世界市场上明显更实惠，因此更具有竞争力。这样，经济通常会迅速恢复过来。

在过去的繁荣中，工资成本在这些后来危机国家里明显提升了，因此这些国家的经济最终在国际上失去了竞争力。这一点与德国相比尤为明显——在引入欧元后的头十年，单位工资成本在德国甚至轻微下降了。本来货币贬值还可以在这些危机国快速起到补救作用，但是自从引入欧元以来，这个手段就没法用了。

这就意味着，这些国家必须通过降低单位工资成本，费力地赢回竞争力。在原则上这既可以通过削减工资，也可以通过延长工作时间来实现。这种宏观经济学家所指的内部贬值需要时间，此外，这种内部贬值对高负债的国家来说不无问题，因为随着收入的下降，支付债务利息的能力也在降低。

等到个人领域修复好负债表，还会有好些年。在这段时间里，相关国家的经济或许只会有少量的增长，失业率可能会一直保持在高位。

这一判断也同样适用于那些政府负债过高的国家，如意大利和希腊。如果政府试图削减开支，减轻债务，那同时也就抑制了经济。对此，只有个人领域出现更多的消费和投资，或者外贸出口增加，才能够加以平衡。如果没有平衡效应，政府削减开支就会导致负债与国内生产总值之比继续上升——原因仅仅就是经济的不增长。这不仅适用于作为极端案例的希腊，也适用于意大利的情况。

虽然意大利数年来在利息支付前都显示有财政盈余——专业领域称之为初级盈余——但债务负担却一直在不断增加。 意大利经济增长得并不够。

直到今天，危机国家都还没有从衰退中恢复，经济产值还一直低于 2007 年的水平，失业率还一直处于高位。 不过最严重的还是，债务增长继续快于经济增长。

债务问题将不断变大，并越来越严重地拖累经济。

冰岛或者他途

冰岛也经历了一场由债务支持的大繁荣。 这个岛国三家最大的银行 Glitnir、 Landsbanki 与 Kaupthing，曾震撼整个世界金融市场。 它们的资产一时曾超过这个只有 33 万居民的岛国国内生产总值的 10 倍。 危机爆发时，这些银行与被其连累的整个国家都处于破产边缘。[15]

但冰岛有一个巨大的优势，它拥有自己的货币——冰岛克朗，因此能够自主行动。 正是利用了这一点，冰岛采取了许多和欧元区国家不同的举措：

- 冰岛政府没有去救助银行。国家只为国内账户提供了保障。国外的债权人——主要是英国的银行——失去了对自己资金的支配，因为冰岛政府下令,冻结外国(在冰岛的)投资和银行债务。
- 冰岛克朗被大幅度贬值。
- 推行资本管制,从冰岛撤资将不再可能。

总之，由那些之前轻率地向冰岛的银行贷款的人来承担代价。

危机过后七年，外国投资者才可以再拿到钱。 债权人可以出售破产银行的资产。 但如果他们想将钱从冰岛汇往国外，就得支付 39％ 的税。 冰岛采取这样的措施是可以理解的，因为外资有着大约 5000 亿冰岛克朗（约 34 亿欧元）的债权。 这大约相当于冰岛年经济产值的 1/4。 假如不这么做，不受限制的资本撤离会使这个岛国的经济陷入崩溃。[16]

冰岛的策略很成功。[17]冰岛克朗的贬值引起明显的通货膨胀，从而在很大程度上稀释了冰岛的债务，也减轻了为债务付息的压力。 与此同时，出口增加。 冰岛的经济产值在 2014 年就又达到了其危机前的水平——这是欧元区的危机国家远远没有做到的。

冰岛的国家负债也在增加，其中，2011 年的国家负债与国内生产总值之比达到 95％，但更高的经济增长和通货膨胀又迅速地使国家负债回落。 2015年，冰岛就已将 74％ 的债务产值比作为目标了。 这一切都凸显出较高的名义增长率对于克服债务危机有多重要。 和欧元区国家不同，与此同时，冰岛也没有在重要的社会福利和教育领域实行节约。 这确实没有必要。 失业率在经过短暂的、源于危机的显著攀升后，开始下降。

从另外的角度看，冰岛的做法也有所不同：相关责任的银行家被送上法庭并宣判。 对不动产购置者直接的债务减免得到了考虑，以稳定经济——就像我们之前看到的，这是解决"资产负债表衰退"的一个非常重要的手段。 并且冰岛还开始考虑系统问题，一方面非常较真地试行关于禁止银行造钱的禁令，一方面试验仅能由央行来提供货币的、所谓的"完全准备金体系"*。 在我们讲到债务危机的应对时，对此还会有更多的涉及。

冰岛不仅在危机中采取了正确的行动，而且也从危机中吸取了教训。 而欧元区却还在继续玩这场债务游戏。 爱尔兰或许是和冰岛最具可比性的国

---

　　* 原文为 Vollgeldsystem，其字面含义在原书中已有解释，但是限于水平目前尚未找到对应的中文词汇可以翻译它，暂且根据意思译为"完全准备金体系"。欢迎专家读者给予指正。——译者注

家，如果爱尔兰当时选择了冰岛之路，而不是"拯救"本国的银行，或许情况会好得多。 但在欧元区里其实并不存在这种可能。

至于德国和法国，2008年本应在更大的规模上"拯救"更多的本国银行。政治上虽然不希望看到这样，但这在经济上却非常有意义并且是更好的做法，尤其是当严肃的整顿和惩罚与之相结合的话。

将冰岛与爱尔兰和其他欧洲危机国家做对比，令人印象深刻，从而显示出在欧元区内要抵御危机会难上很多倍。 或许又有人会认为，以后人们就会越来越聪明的，欧元的后果在这之前并不能预测。 但这话不对。 早在引入欧元的数年之前，就有人提出过问题。 英国经济学家韦恩·戈德利（Wynne Godley）在1992年就已经清楚地表述过，为什么欧元的引入一定会导向危机：[18]

"加入欧洲货币联盟的国家，等于放弃了货币政策的主权。 它失去了确定利率水平、使货币贬值、将央行作为最终一级的贷款机构等事务上的自由。只有当该国成为一个更高一级的财政联合体之部分，而该联合体有着明确的转移支付权限用以缓和经济发展不平衡时，失去自由的损失才能得以弥补。"

而如果情况不是这样呢？

"假如一个国家或者一个地区没有可能使其货币贬值，也没有可以依靠的财政联盟，那就没有什么东西可供阻止经济的衰退了。 于是要想避免贫穷和饥饿，移民就会成为唯一的选择。"[19]

真是振聋发聩的话。 看看希腊和其他的欧洲危机国家，很遗憾，他一语成谶。

德国，欧元的赢家？

只要讨论欧元危机中德国的境地，迟早就会有人——主要是国外评论家们——指出，德国才是欧元的真正受益者。 是引入了统一货币，才为（德国的）出口和就业繁荣奠定了基础。 只有这样，德国企业才能赢得市场份额，而其他欧元国的制造业才会如此萎缩。 因此，现在我们显示得特别团结，还承担拯救欧元的费用，都是理所应当。

真是这样吗？ 要是我们用老生常谈的"路人"视角来看，会得出完全不同的结论。[20]

在德国马克时期，德国经济处于持续的升值压力之下。 德国主要贸易伙伴的货币——法国法郎、意大利里拉，也包括美元——都对德国马克做清一色的规律性贬值。 结果就是德国经济被迫变得愈加有生产力。 在引入欧元前的10 年里，德国每小时劳动生产率平均增长 20％，明显比引入欧元之后增长得快（＋16％）。 但 2000 年以来，德国的生产率却比美国或英国的生产率增长得慢，甚至比一些欧洲如今的危机国如希腊或爱尔兰都慢。[21]

强势货币对经济的作用有多好，从瑞士经济的发展中可见一斑。 尽管瑞士法郎数十年来持续地升值，但瑞士的富裕水平和经济能力却在不断增长。 剧烈升值的时期虽有问题——正如我们在当前危机进程中所观察到的，但这些不过是暂时的效应，在（货币升值带来的）长期积极作用上不会有任何改变。

由于生产率增长的退步，德国人均国内生产总值——这是衡量富裕发展的决定性指标——比之前增长得慢。 在 2000 年以前，凭着每年超过 1.5％的经济增长，德国的发展还明显好于瑞士（年增长在 0.5％以下）；而在引入欧元之后的 10 年里，德国退步明显（德国人均国内生产总值年增长低于 1％，而瑞士则是高于 1％）。[22]

> 我们更多地着力于更便宜的生产，而不是更好的生产。这将持续拖累德国经济的发展。

在引入欧元之前，德国消费者一直是其他国家货币贬值的受益者——进口商品以及去国外度假愈加便宜。 2000 年以来，这些也变了：进口商品变贵，去国外度假同样如此。 为了能继续便宜地度假，德国人必须到欧元区之外的国家去。 对消费者而言，这意味着购买力的损失以及实际收入的下降。

欧元引入之后的头几年，其他国家受益于明显较低的利率水平。 这要归功于由德国联邦银行让渡给欧洲央行的资信。 利率在当时对那些如今的危机国家来说过低，从而引发了我们已多次提到的"债务繁荣"。 而对当时在确定欧元汇率时困扰于估值过高的德国而言，利率却是太高了。

欧洲央行所走的折中路线，对所有国家来说，事实证明，都是错误的路线。 在德国发生的衰退比假若没有欧元来得更加严重并且持续时间更长。 政府被迫削减支出，推行就业市场改革。 这一改革导致德国的工资降低。 普通民众的收入停滞超过 10 年之久。[23]

德国成了欧洲的"病人"，而西班牙却被视为经济发展好的样板。 过后才知道，在西班牙出现的是一个由债务支撑的、巨大的不动产泡沫。

为了让经济再次快速发展，德国寄希望于通过压缩成本来再次赢得国际竞争力。 税收随着停滞的工资也下降了，出口（终于）增加。 因此，欧元不是"允许"德国去追求贸易盈余，更多的恰恰是将贸易盈余强加给了德国。 而经济以出口为导向，主要原因在于低迷的国内需求。

诚然，德国企业受益于国内停滞的工资水平和其他欧洲国家的债务繁荣，出口强劲。 但有必要加以强调的是，这一势头里有以下三个特别的方面：

● 在当今的危机国家里，曾经的债务和消费繁荣导致了对商品和资本的过度需求，而过度需求之所以被称作"过度"，是因为它只能靠国外的供给来满足——无论供给来自哪个国家。而德国企业从中获得了巨大的收益，则是多亏了它们通过降低成本而提升的竞争力。

- 出口导向型企业的所有者,从欧元的引入中受益最多。而对于上市企业而言,引入欧元的受益者大部分是外国投资者。根据安永咨询公司(Ernst & Young)一项最新的研究,在过去 10 年里,外国投资者所持有的份额甚至还在持续增加:在数据具有可比性的 23 家企业中,外国投资者所持股份的比重从 2005 财年的平均 45% 增长到 2014 财年的 59%。约 1/4 的股份(27%)由来自其他欧洲国家的投资者持有,1/5 的股份(21%)则由来自北美的投资者持有。[24]

- 出口企业的员工也是受益者。他们的工酬虽然不再增长,但他们因此有了保得住的饭碗。而据一份全面的观察显示,同时期许多以国内市场为导向的工作岗位都消失了。

欧元引入之后疲软的经济、税收增长的停滞以及在社会福利和东部建设上居高不下的支出,迫使德国政府限制开支。 这一点,除了体现在已提到的社会福利体系改革上之外,主要还体现在缩减基础设施、教育和技术进步领域急需的投资上。

于是,政府的投资率开始常年明显低于折旧率。[25]其后果就是,德国很多领域的基础设施状况比当今的危机国家还差,因为那些危机国家在繁荣时期进行过各种巨额的投资。

同时,政府的保守也加重了国内需求的疲软。 国内需求的疲软导致了过量的储蓄。 储蓄在德国无法以投资的形式得到充分利用,从而导致了巨量资本的外流。 外流的资本中——部分以直接投资的形式成为支持其他国家债务繁荣的贷款。(于是,)德国银行在美国不动产市场巨大的损失就不那么让人奇怪了。 而早在数年前,德国经济研究所(DIW)就估计,(德国)国外投资的损失至少达 4000 亿欧元。[26]

当危机在欧洲日渐公开时,德国银行开始从危机国家撤回资金。 在这个过程中它们要么由国家投资所接替——即希腊模式——要么就得是联邦银行去填平由于提供"泛欧实时全额自动清算系统"[27]（TARGET Ⅱ）* 贷款所产生的资金流失。 这样就等于私人银行所放出的贷款，由德国政府提供直接或者间接的贷款来替代。（债务人）无力支付的风险就这样被社会化，并将那些没有从这些年的出口繁荣中获益的德国纳税人也牵扯其中。 而在债务削减中要是不那么照顾私人投资者，德国纳税人也不至于受到如此的拖累。

从欧洲央行的种种努力中——通过大手笔地购买国债来压低欧元行情，刺激信贷发放，抗击令人忧心的通货紧缩，由此最终制造经济增长——"路人"也并没有获益。 诚然，根据基尔世界经济研究所（Kiel Institute for the World Economic）的测算，自危机之初以来，联邦财长沃尔夫冈·朔伊布勒（Wolfgang Schäuble）在利息支付上总共省下了 600 亿欧元。 诚然，弱势的欧元又帮了出口工业一把。 但对"路人"而言，弱势的欧元却意味着由进口价格上涨所带来的更高的成本开销；而这么一来，油价下降的效应也被削减了。

此外还要一提的是，资产价格诚然也在上涨。 但这是"劫贫济富"的重新分配。 股票和不动产价格攀升之时，小额储户不再拿得到利息了。 德国中央合作银行(DZ Bangk)估计，过去 5 年的利息损失高达 1900 亿欧元。[28]

对于普通德国人而言，历史是按照如下进程呈现的：欧元的引入导致了长期的低增长、高失业和工酬停滞。 在意大利和希腊的廉价度假时光不再。 国家削减社会福利支出——更糟糕的是削减基础设施和投资的支出。 因为国内需求疲弱，经济不得不专注于出口，储蓄被用于提供卖方信贷。 现在，由于这些信贷收不回来，德国的储户和纳税人又得再次为损失买单。 偏偏他们还

---

* TARGET Ⅱ 的全称为 The Trans-European Automated Realtime Gross Settlement Express Transfer，即泛欧实时全额自动清算系统，为欧盟国家提供实时全额清算服务。——译者注

要因为莫须有的"缺乏团结"而被其他国家批评。

因此，德国人真的是欧元的主要受益者吗？ 可能根本说不上。 没有欧元，就不会有欧洲南部的债务盛宴——也不会有高额的出口顺差，而因此，德国却可能会有更高的生活水准和更好的基础设施。

欧元区未解决的问题

即使是在 2008 年危机发生的 8 年之后，欧元区在基本问题上仍然没有任何改变：

- 债务在所有危机国家中继续增加。
- 银行系统一直苦于不良债务，不良债务据估计最高达 10 万亿欧元之多。
- 危机国家的竞争力尽管有了些许提高，但一直还明显低于德国水平。
- 货币联盟一直受制于其先天性问题，缺少能够进行相应转移支付的共同财政政策和共同的经济政策。
- 仍然缺乏在危机时快速反应的手段。

同时，基于民主原则的政策渐行渐远。 越来越多的决策由委员会做出，而这些委员会无须直接面对选民的投票——如果还存在选民选票的话。

政治上的紧张局势也正在加剧。 在涉及欧元的问题上，许多国家中对欧洲一体化持批评态度的政党风头正劲。 民众越来越不愿意走内部贬值之路。这将对未来欧洲的进一步发展产生持续的影响。

04 人口结构性危机

就业人口萎缩

人口发展对于一国经济发展的价值被大大地低估了。 一个简单的类比就能说清楚问题。 您认为谁会是更好的债务人？ 是负债只占国内生产总值约 70％并且有一个平衡的财政状况的德国政府，还是国家负债约占国内生产总值的 100％，且现存的赤字约为国内生产总值的 3％的美国政府呢？

本能的回答应该是：德国。

但是如果我们考虑到，德国在接下来的 40 年内将可能丧失约 2000 万人口，而美国却得益于外来移民，人口继续增长的话，那么这个回答就值得怀疑了。 从趋势上看，人口更多将会比人口更少更能应对债务。 因此，美国或许才是相对更好的债务国。

这个观点听起来新鲜。 过去 100 年的经济危机可全部都是在人口增长的背景下发生的，我们今天也面临着一次规模巨大的人口危机。

图 2 展示了我们将遭遇什么。

我们直接面临着就业人口剧烈减少的局面。 波士顿咨询集团（The Boston Consulting Group）的研究人员测算出，假如政府未能成功应对的话，

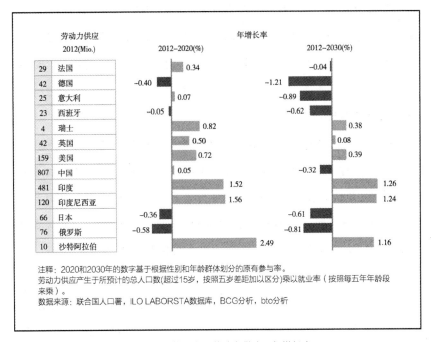

图2　各国就业人口劳动力供应、年增长率

我们会面临 100 万亿美元的国内生产总值损失。[29]

人口大规模地减少有着巨大的经济影响：

● 萎缩的就业人口会造成低速的经济增长。这里的原因在于国民经济中生产潜力不断降低。

● 紧接着而来的就是退休者人数的增加。而退休者的消费习惯与较年轻人群的消费习惯是不一样的。他们开始趋于依靠他们的储蓄生活，因此会耗光其资产。另外他们还会通过出售手头的资产来消费，比如，将城市郊区的独栋住宅出售后，关注起市中心的公寓价格，但对其他商品和服务的价格关注得较少。

● 经济学家们看到老龄化社会的各种影响。部分经济学家认为整体的经济需求会下降，因为老人消费更少从而引发供应过剩，因此使商品价格趋于下降。其他经济学家则从就业人口的减少中推断出某种需求过剩，这种需求过剩随后会导致明显的价格上涨，尤其是那些只能在当地获得的商品和服务。老龄化社会有相当大一部分消费支出应当就与这些商品和服务有关。

● 更严重的还是老龄化社会在退休金、养老金和健康服务方面花费的影响。对于它们的支出，过去并没有建立储备金。预期的过于巨大的花费，必须从当前运行的社会福利账户和国家财政收入中调取资金来承担。这将给后代造成巨大的负担，并且可能也会导致不仅在代际，而且在各个不同的老年人群体之间产生巨大的分配矛盾。

关于人口发展的预测当然应该受到持续、谨慎的关注。西班牙的案例令人印象深刻地展示出，假如过往的发展得到调整，会发生什么。2009 年我们还能推断，若是西班牙的就业人口继续增长的话，金融危机爆发以来的局面就将是另外一种样子。

人口的影响——以西班牙为例

到危机爆发之前，西班牙经历了超过 10 年之久的、由廉价信贷带来的繁荣。繁荣吸引了真正的移民潮，移民潮又继续刺激了繁荣。数年之内有超过 80 万人口涌入西班牙。运行良好的西班牙经济，主要在建筑领域给新移民创造了就业岗位。

自从危机爆发以来，形势逆转。移民又对西班牙背转过身去。仅仅在 2012 年和 2013 年就有约 40 万人离开。据最新估计，西班牙的人口在未来 10 年将减少 5%，这意味着人口数量将减少 270 万。其副作用是灾难性的[30]：

● 人口外流将进一步拖累不动产市场。据估计，2014 年空置的房屋数量将达到 60 万栋。人口减少加重了住房的过度供应。

● 到 2023 年，25～29 岁年龄段的年轻人口数将减少 28％，30～34 岁年龄段的人口将减少 40％，35～39 岁年龄段人口将减少 37％，40～44 岁年龄段人口将减少 16％。

● 离开西班牙的主要是受过良好教育的西班牙人，因为他们看不到前途。这对西班牙未来的生产力以及经济增长而言都是坏消息。

● 退休金系统面临崩溃。当前的趋势若是继续下去，那么 40 年后，西班牙每 1.6 个就业人口就得供养一个退休者。在此，人口减少的影响尤为明显地体现出来。2009 年西班牙未兑付债务据估计还只是其国内生产总值的 200％。而在人口萎缩的情况下，这一比例还将明显恶化。

英国《金融时报》（*Financial Times*）曾将西班牙的人口减少与650 年前大瘟疫后的情况相提并论。 自那次大瘟疫之后，西班牙的人口从未像现在这样急剧萎缩过。 不存在一国人口萎缩而出现经济繁荣的先例。 也的的确确没有一国在人口萎缩的情况下，却有能力负担其债务的先例。

西班牙目前正试图通过改革和鼓励移民来扭转局势，比如鼓励 1942 年被驱逐犹太人的后代移民西班牙。 不过，西班牙远不是唯一有上述症结的国家。 上述问题在欧洲大部分国家都存在——也包括德国。 尽管由于移民涌入和表面良好的经济形势，德国到目前还勉强是安全的。

德国需要有素质的移民

从下一个 10 年开始，德国社会的老龄化将急剧加速。 到 2060 年，德国大于 67 岁的人口数量与有工作能力的人口数量之比将是现在比值的两倍。 与此同时，总人口将缩减 1/7，这意味着 1200 万人口的减少。

当前，实实在在的移民入境潮能让我们感到欢欣。 2012 年以来，人口的大规模流入几乎足以使就业人口数保持稳定。 为此，德国每年的人口净流入必须要在 35 万到 53 万之间。 这样到 21 世纪中叶，才会有 1250 万到 1850 万的人口净流入。[31]

一部分移民来自欧盟其他国家。 在这些国家，受到更好教育的人由于其国内糟糕的经济形势，被迫到别处谋求幸福。 然而大部分移民却来自人口增长强劲的地区，特别是来自撒哈拉以南的非洲国家，以及阿拉伯世界。

没有移民，要维持我们的富足是不可能的。 但在此，我们指望的是有良好素质的移民入境。 同时，我们只能在有把控程序的框架下去吸引他们。

如果对移民潮不加以控制，我们会吸引到那些在其他地区不符合要求的移民。 比如在教育和职业技能上有着高要求的加拿大，大部分移民不易进入；反之，那些移民入境要求低的国家则吸收了大量剩下的移民。 不是每个人都能被培养成工程师。 德国学校里移民的成绩明显低于本地人口，这并非偶然。 而在加拿大，移民受到严格控制，因此移民在学校的成绩实际上和当地人相当。

这对于 2014 年已经居住在德国的移民有据可考。 在他们当中，高中毕业的人的比重比德国本地人要高，不过这依移民来源地的不同而差异巨大。 土耳其裔（以 220 万的移民数量构成了德国移民中的最大群体）中只有 14％是高中或职业学校毕业，而这一比例在西班牙裔那里是 43％。

更为重要的是另外一组数据：据联邦统计局称，46.5％的移民没有职业教育毕业证书；而在没有移民背景的德国人那里[32]，这一数据是 21.2％。 此外，12.5％带移民背景的人口甚至初中都没有毕业；而在无移民背景的人口中这一数字是 1.6％。[33]这些人终其一生将无法确保为我们的富足做贡献，或者只能做非常有限的贡献。

2015 年 11 月，我曾在《明镜周刊》[34]中的一次辩论以及若干文章中阐述过移民的经济后果。[35]

首先在此可以确定的是，我们既不知道有多少移民进入了德国，也不知道他们拥有什么培训技能。 遗憾的是，初期显示出的情况无法让人乐观。 德国慕尼黑经济研究所（ifo）基于 2013 年土耳其难民营中难民的数据计算出："16％的叙利亚难民是文盲，8％的人没有任何毕业证书，25％的叙利亚难民被归入'未经培训'一类，剩余的受访者称拥有毕业证书。 照他们的说法，他们中35％的人完成了小学学业，22％的上完了初中。"[36]在 2015 年秋季的一次调查中，来自德国西部的 40％受访制造业企业称，难民在他们看来只有作为辅助工才有潜在的上岗可能。[37]

初期针对难民的技能培训进展同样令人失望。 巴伐利亚州手工业行会报告称，2013 年开始在巴伐利亚处于学徒期的叙利亚、阿富汗和伊拉克难民中，有 70％不到一年就中断了他们的学徒生涯。[38]

我们不知道这在绝对数字上意味着什么，但数字可以说明的是，让尽可能多的难民进入工作状态并不容易。 而恰恰这一点有决定性的意义。 让难民工作，以使他们能够靠自己立足，这既符合难民的利益，也符合我们自身的利益。 我们先假设，100 万移民当中未来有 50 万能够完全自足，并为我们的税收和社会系统出力；而另外的 50 万人由于不同的教育、积极性和融入意愿等的因素，需要长期依赖补贴和救济。 假设专业工人年收入人均 6 万欧元，那么这 50 万就业人员就将多创造 300 亿欧元的国内生产总值；而这 300 亿欧元中，约 120 亿欧元会用于税收和社保费用的缴纳。 而假如另外 50 万的补贴和救济领取者人均需要 2.5 万欧元[39]，他们带给国家的支出负担总计就为 125 亿欧元。 综合起来，移民的影响为中性。

因此，让工作的人保持高比例而让不工作的人保持低比例具有决定性意义。不过，根据目前掌握的移民数据，50：50 的比例和年收入 6 万欧元的假设都太过乐观。事实上，德国的移民就业比例在 42%[40] 左右，而男性移民的平均年收入约在 2.4 万欧元。[41] 在了解这两项数据的同时，我们还得注意，移民来自包括欧盟的全世界所有地区；另外，他们在德国已有较长时间了。

在占多数的来自伊斯兰国家的移民群体中，就业和收入水平都明显更低。[42] 因此，我们必须告别那种难民会为我们共同的福祉尤其是为退休金账户带来巨大资金贡献的希望。

现在可能有人会对这份账单提出反对意见，认为数字很小，以至于在一个富裕国家如德国起不到什么作用。诚然如此。不过假如移民速度像 2015 年那样继续，数字规模就会明显大得多。如果是 500 万移民和 30：70 的比例，我们国民经济每年的净花费总计会达到 500 亿欧元。以 30 年的时间跨度为基础，花费将远远大于 1 万亿欧元。这几乎与 1990 年至 2010 年德国重新统一后所带来的费用相当。

现在德国该清楚的是，得聪明地利用其财政手段，在考虑难民潮时也当如此。

德国无法承受不受控的移民入境。因此，我们必须对移民入境所带来的机会好好地加以利用。在难民群体中，德国尤其得去吸引那些能够并且愿意做出生产性贡献的人。[43]

如果我们控制移民入境并在融入和教育培训上进行大规模的投资，难民危机会变成德国的机遇。而直到现在，我们还看不出政治家们要利用这次机会，更多看到的却是给我们所有人带来进一步沉重负担的风险的存在。来自德国不来梅的经济学家和社会学家古纳尔·海索恩（Gunnar Heinsohn）的话说到了点子上：我们拥有选择，是要成为一个把富裕分享给每个人的国家，还是成为一个因为有素质的移民而保持自身富足的国家。他担忧，如果移民入境使负担变得过大而我们近乎陷入"巴西困境"——广大民众的购买力下降，同时贫民区和平行社会形成的话，会出现有素质人群的逃离。

而即使我们可以将移民入境情况瞬间改善，也不够承担老龄化人口的花费。 这么说是因为，我们对老年群体给出的承诺太大了。

空头的承诺

有各式各样的研究正试图让老龄化社会的花费透明化。 令人非常欣喜的是，人的预期寿命明显提高了；同时，退休年龄明显推迟。 医学的进步带来许多益处，但也耗资不菲。 因此，供养一个渐渐老龄化社会的花费正在过度增加。 这些花费得由越来越少的就业者来承担，而他们却面临巨大的问题：疲软的经济增长、老龄化社会急剧增长的花费以及趋于下跌的资产价格——本书的第二部分还会对此做更详细的深入研究。

（老龄化社会支出）规模巨大，这非常要命。 由于政府在未来退休金、养老金和医疗福利金上给出的承诺，国家真实债务（债务与国内生产总值之比）[44]迅速增长。 早在 2009 年，有人估计国家真实债务就已创纪录，其中：

- 德国：413％；
- 英国：418％；
- 法国：542％；
- 意大利：358％；
- 美国：534％。

国际清算银行 2011 年进行了一项研究。 研究从人口的发展情况出发，对国家负债的发展趋势进行模拟，其结论有警示意义。[45]

专家们的研究工作在三个（假设）场景中展开，分别是场景 1：经过刷新的当前（国家负债）状况；场景 2：当前国家赤字回到 2007 年危机前的水平；场景 3：最乐观的场景，（在场景 2 条件之外）再附加一条，（国家）在老年群体上的支出与国内生产总值之比恒定在当前状态。 最后一个场景等于将人头支出大幅缩减，这在政治上（其实）无法想象：在可见的老年人口翻倍的情形下，用在每个人身上的支出减半。

　　但即使在场景 3 中，国家的负债仍旧是失控的。 仅有德国和意大利有能力使自身的负债稳定下来。 在意大利（能够这样），原因在于他们对老年人的承诺明显更少。 而在德国，要是联邦政府没有因为 2014 年的退休金改革将空头承诺的问题大幅加剧的话，鉴于我们良好的财政状况，我们本会处于场景 2 和场景 3 之间的某个状态。 于是毫不奇怪的是，国际清算银行得出结论，有必要采取强硬手段，以控制当下和今后国家债务的迅速增长（参见图 3）。

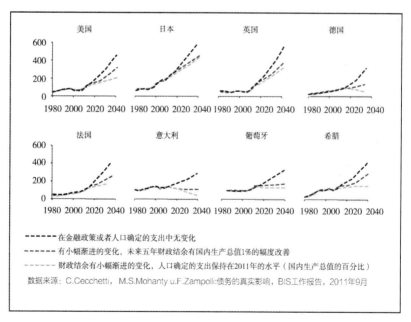

图 3　失控的国家财政——国家债务在国内生产总值中的比重

在此，留给政府的只有少数几项选择：

● 让就业人口负担更重。这只在某种程度上可行，因为人的流动性在不断增加，以及其他国家也在积极努力地实现高质量移民的事实。

● 减少承诺：更高的退休年龄，更少的养老金和退休金，更少的医疗福利。在政治多数派的影响下，这些措施或许只能有限地实行。之前的退休金改革清楚地表明，当政者如今就已经在明知不好的情况下，唯多数派马首是瞻，推行错误的政策。

● 在年龄较大的代与代之间进行更多的再分配，为养老提前有所准备、拥有资产的人将会负担更多。这一点既可以通过征税，也可以由其他对市场的介入方式来实现，比如制止租金上涨。

● 借助额外的债务来融资。日本的案例表明，即使国家债务达到国内生产总值的 200% 还多，生活仍然可以好好地继续。而主要的前提在于，在国内以及在本国的央行能进行便宜的融资。

不需要太多想象力就知道，政治家们会作何选择。他们将会做出把所列选择组合起来的决策，即让较年轻群体负担更重，对老年群体的福利做某种削减，尤其为了提高就业参与度，会有恰当的重新分配和更多的信贷融资。各国中央银行就得——像在日本那样——施以援手并通过低利率和直接购买国家债务使系统持续运行下去。但是巨大的问题仍然存在：这样能坚持多久？在本书的下一部分我们还会进一步深入了解。

在此，先这么说吧：显然，我们不仅官方债务高，还面临着隐藏债务的问题。人口萎缩有着严重的经济后果，具体体现为更低的经济增长和更高的支出。于是仅存的希望便在更高的生产率上了。但在这个方面，情况也不怎么妙。

05 生产率危机

增长一去不返

西方世界的经济,尤其是欧洲的经济,并未从金融危机中恢复。 经济增长普遍还处于危机前的趋势之下。 对此有多种原因:

- 危机前的趋势是由越来越多的债务所决定的。就这点而言我们享受了超出正常规模的经济增长率。现在,由于缺乏额外负债的抓手,经济增长率跌回到了它的"正常"水平。

- 那些试图另外通过储蓄来减轻债务负担的地方,经济增长得更慢。这种尝试弱化了整个经济需求。这种效应一旦作用于那些无法推行浮动汇率政策和通过贬值来增加出口的国家——以此来弥补国内需求的减弱,所涉及的就是欧元区的所有国家。

- 经济增长的"自然"水平下降了。我们已经谈到,经济增长有两个基本的因素:人口的增加,主要是就业人口的增加;生产力的发展。就业人数面临急剧下降,而生产力的增长不再能够弥补就业人口下降的影响。

即使已经清除了债务的负担，我们接下来也得适应较低的经济增长率。事实上有分析指出[46]，危机之后的经济增长率如此低迷，相当大程度上是由明显恶化的人口状况所导致的。 几乎所有的国家都是如此。 对美国而言，人口变动因素对经济增长下降的影响据估计至少有 40％。 人口和生产力加在一起的因素占据了自 2007 年以来发生在美国、英国、德国、法国和日本的过于引人注目的经济增长下滑影响因素的 79％。

生产率增长的下滑就像人口发展状况一样，数年来已经被人们所关注。美国智库"世界大型企业联合会"（Conference Board）甚至计算出 2013 年的生产率增长为负。 作者们所谈及的是某种"戏剧性结果"。 新兴国家相较于过去显示出更低的增长率，而西方工业国家的生产率此时甚至降低了。

生产率增长是生产性投资的结果。 非生产性投资如购置不动产或者其他资产则不会提高生产率。 与增量资本产出率*（ICOR，incremental capital/output ratio），即额外资本与额外国内生产总值的比值相比，投资效率数年以来在不断下降。 一单位的额外资本所生产出来的额外国内生产总值因此越来越低了。 结果就是为了实现要素劳动生产率一如既往地增长，投资必须得增加。 但是事实却是相反的情况：西方世界所有国家的投资数年来都是在降低的。 在新兴国家，生产性领域的新增资本并没有得到足够的投入。 相反，不动产投资和在某些领域的过度投资是占据主导地位的，并导致了巨大的产能过剩。 这尤其适用于中国的情况。

相对于 1990 年，当于投资于国内生产总值的比值在工业化国家中发生了以下变化[47]：

---

* 增量资本产出率，是投资增加量除以生产总值增加量的值，即投资与增量产出之比。增量资本产出率是反映投资效率的经济指标。——译者注

- 德国：−4.6％/−18.8％；

- 英国：−9.2％/−35.2％；

- 法国：−1.8％/−7.8％；

- 美国：−2.5％/−11.4％；

- 日本：−9.6％/−29.9％。

这是巨大的降幅。 如果投资不增加，那么人均生产率也不会增长。 由于人口数量减少，这就只可能意味着更慢的经济增长。

我们为什么不投资?

资金从未像今天这样廉价过。 如果不是有这样廉价的资金，像美国、德国、法国和英国等国家事实上在金融上是难以为继的——低利率对储户意味着相反的方面。 企业也从低廉的融资成本和同时高得可疑的收益中获益。 企业利润在国内生产总值中所占的比例几乎在全世界都达到了最高水平。 理论上我们肯定会迎来一场投资繁荣，但我们并没有。 相反，无论是私人投资还是公共投资，都在萎缩。

原因何在?

我们对于政府的谨慎，可以找出不同的原因：许多国家已经是高负债了，即使有低廉的融资成本，它们也不再能够承担更多的债务了。 另外在一些国家比如意大利、西班牙、葡萄牙等，融资成本明显更高。

政策必须在这样一个从消费到投资的范围内腾挪。 明确地说就是：更少的福利支出，更多的基础设施和教育投入，更高的科研支出。 但是这是不受欢迎的，而且是要付出丧失选票的代价的。 舒服得多的选择是削减投资性支出——即使公众能够察觉出来的话，也只是缓慢地察觉出来。 损坏的道路会在这里或那里修修补补，缺乏师资只会被一部分公众感受到，对科研工作支持不够的后果只有 10 年后才会看得见。

针对投资，公众将会变得越来越挑剔。只要想一想在德国针对机场和火车站的抗议就知道了。一个老龄化且少子化的社会倾向于消费而不是投资，最终有孩子的人越来越少，其未来就不再放在心上了。大型项目上的投机丑闻，比如柏林机场，进一步地让政治家们不再有兴趣关心此类投资议题。

公共领域投资意愿和投资能力的缺乏是过去数十年债务经济的一个最终结果。如果用于福利和利息的预算大部分被固定入账了，活动的空间就会萎缩。今天或许就是正好采取另外行动的时机：我们需要投资并且资金是廉价的。

除此以外，私人领域为什么不投资的问题还没有涉及。廉价的资金和高额的利润不应该足以刺激投资了吗？但事实却不是。

原因是多样的。

对于投资者而言，今天怎么样不重要，明天将会如何才是决定性的。今天决定的投资，会在两到三年内实现，然后得等到 10 至 20 之后才可以预期收益。

从一个企业的视角来看，在德国的情况是这样的：未来的增长不会在德国甚至欧洲出现，而是会出现在亚洲、美洲和非洲新兴的市场上。在那里，人口会在未来 10 年继续显著增长。廉价且越来越多受过更好培训的劳动力会涌入市场。而德国却会有巨大的专业人才缺口，并且国内消费会在短暂繁荣之后再次紧缩。

另外就是德国自身的问题。基础设施越来越破败会作为区位劣势被越来越多地注意到。教育标准的降低已经既成事实了。另外，还有导致巨大不平等的能源转向风险和成本。即使能源供应安全没有受到威胁，德国也不仅会成为一个高工资国家，而且在区位上或许会成为全世界能源最昂贵的国家。

据估计，能源转向成本最高达 1 万亿欧元。

批评者将会理所应当地提出反驳，绝不仅仅是德国企业投资谨慎。 事实上我们和所有工业化国家的企业投资谨慎都有关系。 一些观察家将这一现象归咎于表现为高负债、失业和更弱的经济增长的金融危机余波。 所以国内生产总值的增长在很多国家还明显低于危机前的水平，并且产能没有得到充分利用，因此就没有对更高的产能或者新的设备的需求。 同时，过去几年经济和政治的不确定性是在增加而不是在降低。 欧元危机、叙利亚冲突、美国预算争端、德国的能源转向……所有的因素都导致不确定性，并因此导致了投资趋向的弱化。

其他人正在谈及的是一场"百年一遇的停滞"。 我们将在下一章深入探讨这个议题。 由于需求减少，我们将困于这种停滞中，这使得投资不再有吸引力。

这种效应通过对经理人的激励系统得到强化。 这些经理人都是由短期的结果而非长期的企业价值增长而受到奖励的。 在此，经济的运行与政治的运行没有什么不一样。 在经济这方面是股东，在政治那方面是选民，所有人都是短期导向。 另外，投资新事物的风险越来越大，反倒不如通过提高效率、缩减成本来优化既有的事物。

有趣的是，没有上市的企业投资比率更高。 显然这些企业所有者对企业发展具有更宏大的涉及长远计划的雄心和远见。

因此，最终企业投资不足无关紧要。 由于摆在我们面前的挑战，这种影响是灾难性的。 其中一个可能的解决方案是，通过针对分红和股票回购的投资税收优惠以及通过优化的折旧方案，来推动企业投资。

当前的形势若是持续的话，国家再次拧紧企业领域的税收螺丝将只是一个时间问题。 这样的话，将资金投入自己的生意也是符合企业利益的。

处于康德拉季耶夫之冬

在金融和经济危机与经济进步之间存在着一种令人震惊的平行线。 许多重大的发明都出现在泡沫和金融危机时期。 有些观察家甚至认为，危机就是我们为进步必须支付的代价。[48]

类似的观点我将不会继续深入去谈。 有趣的是，危机却在有规律地重复。 早在 20 世纪 20 年代，苏联经济学家尼科莱·康德拉季耶夫（Nikolai Kondratieff）就已经有了这种认识。 这位农业和金融部门的政治顾问曾是莫斯科经济周期研究所的创始所长。 基于诸多指标的分析，比如大宗贸易价格、酬金和利率的长期波动，康德拉季耶夫断定：经济运行中除了有短期的波动外，还存在一个更长的、持续时间大约为 50 至 60 年的经济周期。

康德拉季耶夫的理论已经从经济学讨论中消失了，但是其理论被奥地利经济学家、哈佛大学教授约瑟夫·熊彼特（Joseph Schumpeter）所采纳。 熊氏为致敬其苏联同行，1939 年在其论及经济周期的经典著作中将此理论命名为"康德拉季耶夫周期"。 康德拉季耶夫未能亲历其理论得到普遍认可的殊荣——1938 年，他因批评斯大林的农业改革而被处决了。

典型的康德拉季耶夫周期是经济发展的一条长波，可以分解为下列四个阶段。[49]

- 阶段 1："春天"，基于创新和新技术的运用。这是一个扩张的时期，普遍的福利在增加，最终会达至通货膨胀的边缘。这个阶段持续约 25 年。
- 阶段 2："夏天"，只持续 5 年之久。扩张达到其顶点，接着出现问题。过量生产导致资源紧张，从而推高成本，减少利润。经济增长缓慢下来。

- 阶段 3："秋天"，持续大约 10 年。这个阶段会出现"康德拉季耶夫周期"中的首次衰退。此后经济进入一个稳定但是低速增长的时期。由于通货膨胀偏低和良好的经济前景，信贷借款在增加。

- 阶段 4："冬天"，平均持续时间超过 18 年。"冬天"是从"秋天"中由于高负债引发的严重衰退开始的，这场严重衰退能够持续最多 3 年时间。紧接着的就是最多 15 年的经济低速增长时期，直到下一个春天到来。

事实上，一些人认为，我们正处于一个康德拉季耶夫周期之冬。 旧的工业遭受着低增长之苦，用于投资的流动性资金相比于用于招揽生意和回购股票的资金更少。 西方世界的负债达到创纪录的水平且终端需求停滞不前了。

就像熊彼特推测过的一样，解决之道或许是通过新型工业和创新激发经济的新一轮繁荣。 有未来发展趋势的行业的萌芽已经存在了。 人们想到的只是生物科技、物联网和能源生产的替代路径的巨大潜力。 旧企业和旧行业面对转型，自然步履维艰。 它们恐惧投资不足。 顾及后果，它们得抓住现存的业务并全力利用其中相关联的资源。 因此，它们裹足不前。

新兴产业将会再次引领增长并扫除世界经济中的不均衡。 不过等到新领域和新企业对经济拥有广泛的"乘数效应"*，却还需要很长时间。 这就是熊彼特所称的"创造性毁灭"：只有当我们使旧事物消亡，新事物才能产生并发挥作用。

---

* 乘数效应，德语为 Multiplikatoreffekt，英语为 Multiplier Effect，更完整地说是收入/支出乘数效应，是宏观经济学的一个概念，是指支出的变化导致经济总需求与其不成比例的变化。这一概念通常与凯恩斯经济学相联系，其他一些经济学学派低估或否认这一效应对于宏观经济，尤其是对宏观经济长期作用的重要性。——译者注

政治界必须促进转型而不是阻碍它。 低利率和管理不足，才使得在许多行业中的高额盈利有了可能，他们是为旧事物续命而不是提高压力。 在某些行业中压根就没有什么竞争可言。 企业在垄断中优哉游哉，垄断收益得到优化，真正的关于市场份额的竞争却并没有发生。

创新影响甚微

现在人们可能会发现康德拉季耶夫的长波理论或多或少有说服力。 没有争议的是，生产率增长水平数年以来一直在下降。 从 1972 年至 1996 年，美国的年生产率增长减缓到 1.4％，由于互联网繁荣的关系，生产率直到 2004 年才再次攀升到 2.5％，此后又再次回落到现在的 1.3％。 目前将会出现一个高速增长的时期吗？ 或者更可能是一个停滞的、被称为"异乎寻常"的减速时期呢？

在一份引起诸多讨论的研究中，著名增长研究专家罗伯特·戈登论证说，这种趋势将会继续延续下去。[50]除了萎缩的就业人口和已经提到的必要人均国内生产总值的债务削减所造成的不良影响外，他对未来生产率的增长会更加缓慢的问题，提到了以下其他方面的原因。

1. 创新的收益下降

戈登指出，创新对生产率的影响数年来在持续减弱，类似于上文已经提及的投资的效应降低。 他推测其中的一个原因在于，相比较于过去，"根本性的创新"更少了。 机械制造、汽车工业、化学工业和制药工业等领域或许现在难以再有发生一场"工业革命"的基础了。 他以比喻来描绘其论证，即人们更愿意放弃活水还是放弃其 iPad。 相反，来自麻省理工学院的埃里克·布林约尔松（Eric Brynjolfsson）与安德鲁·麦卡菲（Andrew McAfee）这样的乐观者们倒是期待一场由新技术所驱动的人均生产率增长的加速。[51]他们提到了像谷歌的自动驾驶汽车一样的发明。 因此他们处于康德拉季耶夫周期理论的传统之中，其代表人物认为长周期的原因恰恰在于基础性创新之中，这种基础性创新推动经济的根本性变革，这样的变革将整体上推动经济向前发展。

2. 更加糟糕的教育培训

戈登针对西方工业国家教育质量下降的批评更为严厉。 人口萎缩会消耗大约 0.3 个百分点的经济增长，糟糕的教育会继续消耗 0.2 个百分点。 在西方工业国家完成大学学业的人口比例相较而言在下降。 另外，少有例外，这些国家在国际性的成绩比较中结果糟糕。[52]两者都将抑制未来的发展潜力。

由于单个国家内部愈发巨大的差异，这个问题被激化了。 与少部分业务精英相对的是那些没有或者最多只有简单培训的人群数量越来越大。 尤其是来自阿拉伯国家、土耳其和非洲的有移民背景的年轻人的结果更糟。[53]

在德国，这种趋势尤其恶化。 在一种被《新苏黎世报》（*Neue Zürche Zeitung*）称为遭到错误理解的"优异幻想"中，各地的标准都被降低了。[54]我们以北威州的情况为例来看。 2006 年北威州被评为最佳成绩 1.0 的人数有421 人，2010 年这一数字是 763，2012 年的数字竟然是 1200。 高中毕业生人数增加了 1/3，不及格的比例降低了。 但是学生们对于大学学业却并没有做好准备。"根据德国经济研究所的一项研究，刚刚入学的大学生的数学成绩常常要落后半个学年，而在阅读成绩上，情况还要更糟糕一些。 即使是数学专业的新生也还要去上数学强化课程，1/3 的本科学生会中断学业。"若要利用创新提高人均国内生产总值，这可不是什么好基础。

《新苏黎世报》探索得更远。 在关注到欧洲年轻人的失业问题时，他们征引了教育研究专家莱纳·伯林（Rainer Boeling）的观点。 这位专家断定，在失业数字和高中毕业比例之间存在某种积极的联系。 他认为，"这种'优异幻想'必须停止"。 令全世界羡慕的德国双元制教育体系，目前正处于危险之中。

3. 环保成本攀升

戈登提到了在经济发展中由实际原材料价格的长期持续下滑所带来的有利条件。 我们可以投入越来越多的资源——其中主要是能源——来刺激增长，而这种趋势遭遇了瓶颈。 虽然从戈登报告发表的 2012 年以来，原油与其他原材料的价格明显下降了；但是很容易推断，越来越多的世界人口在结构上会导致对这些资源更高的需求以及同时伴随的更高的价格。 另外，致力于谋求更好的环境保护会导致更高的成本。 两者从趋势上将减少人均国内生产总值增长。

4. 国际竞争更加激烈

工业国家就业人口人均生产率受制于日益增长的国际竞争。 如果简单的工作先迁往发展中国家和新兴国家，以后高端的工作也会逐渐被转移走。 互联网使得工作在世界任何地方开展都成为可能。 因此，工业化国家的工资压力会额外增加：要么工资会接近全球的水平——通常是较低水平，要么工作岗位消失。 鉴于工业化国家中的人口发展现状，这种趋势或许会受到欢迎，但是它改变不了人均国内生产总值趋于下降而不是上升的结果。

5. 收入与福利分配不平等

前面已经讨论过，工业化国家中的收入与资产的发展是明显分离的。一方面是激化的国际竞争的后果，另一方面是无法遏制的负债将资产价格推高。 戈登将愈加不平等的分配视为经济增长的另一个障碍。 这种不平等的分配会产生消极的影响，因为通过良好的教育和艰辛的工作来试图实现富裕不再值得。 社会的紧张与对经济秩序的怀疑会增加，从而对经济增长不利。

这些议题肯定会受到批评，但是总体上它们却是引人深思的。 许多人赞同，生产率高速增长的阶段更多是例外而非常态了。

我们所需要的生产率发展的推动力——以此来弥补就业人口的减少——并

没有出现。 因此，塑造未来的前景是困难的。 实际的经济增长数年来都无法期待。 当然，可能会有一些经济向好的季度，一些国家暂时会比其他国家发展得更好。 不过，从结构上，很多人都认为经济增长会更慢。 因此，很遗憾，世界经济的冰期场景是实际存在的了。

从债务中增长也是没有希望的。 分数的分母必须比分子增长更快，也就是名义上的国内生产总值必须比所观察国家的总体债务增长更快，否则经济随时都会完蛋。

第二部分

政治激化冰期

01 危机应对答案
——更多的债务

2009 年的起始状况

2009 年金融危机和经济危机爆发前的 25 年里，西方世界的国家债务、私人债务和企业债务曾急剧增加。 在欧洲，这一趋势由于欧元的引入而加速。负债主要用于消费和投机，同期实际经济的自然增长率在不断地下降。 各国央行助长了这一发展趋势，它们在每次潜在的危机时都故技重演，继续放松其货币政策并降低利率。

随时会被央行拯救的商业银行在这种认识中发放越来越多的较具风险性的信贷。 这是可能的，因为在我们的金融系统中，信贷的创生以及资金的创造都掌握在商业银行的手里。 通过已有资产，主要是不动产的重复抵押，银行不仅将西方世界的债务水平推高了，而且也推高了资产价值。

这种"债务攀升"发生于实体经济基础发展越来越弱的背景下。 而矛盾一直未被察觉。 伴随着一直持续攀升的负债，即通过额外的需求和虚假的福利增长，矛盾被掩盖了。

工业国家由于全球化陷入了越来越强烈的压力之中，而同时生产率却下降了。 就像在康德拉季耶夫的理论中所描绘的那样，这种生产率的不断下降导致了产能过剩和产业固化不断增加。 由于投资机会减少，企业注重的是现存收益和分红的最大化。 投资活动的减少还强化了滞胀。 新的产业目前还太弱小，还不足以从根本上影响整个经济的增长，技术变革会被原有的产业视为威胁而遭到尽可能长时间的阻碍。

与此同时，人口结构发生了根本性的改变。 就业人口开始萎缩，而面对老龄化社会攀升的成本储备金却没有建立。

简要总结就是：我们数十年来都过着挥霍无度的生活，现在所面临的问题是，我们要如何应对老龄化的负担。

一方的债务，另一方的债权

债务是好的，只要它用于生产性的目的，即投资新的设备或者投向科研或研发。 建立在借贷之上的消费也没有问题，只要债务人有意愿偿还债务。

简单地说就是：如果债务导致更多的投入，并因此提升了收入和国内生产总值，那么，接下来债务和国内生产总值将会以相同的速率增长。

如果债务人没有生产出必要的增值产品，那么情况就是成问题的，比如债务人将希望寄托于他用信贷购买的不动产的继续增值上了。 人们把这样的情形称为"庞氏融资"。

命名者是意大利裔的美国人查尔斯·庞氏（Charles Ponzi）。 20 世纪 20 年代，他向他的投资人许诺，45 天内的投资有 50% 的收益率。 庞氏并没有将这些信任他的资金用于可获利的投资，而是将其支付给那些他更早之前用高额回报吸引过来的投资人了。 10 个月后，这个游戏玩不下去了，已经没有什么投资人上钩了，而且人们对庞氏的信任也消失了。 那些投资者所损失的资金总额，按照换算，大约相当于今天的 2.4 亿美元。

约 60 年之后，前投资经理、后来被判诈骗的伯纳德·麦道夫（Bernard.

Madoff）新创了他自己的 "庞氏骗局模式"。 他做得比庞氏要 "成功" 得多，因为他的生意模式保持了 20 年的稳定。 麦道夫的秘诀是：没人想过要出售，投资者排着队想投资。 但是当金融危机爆发、大量投资人撤回资金的时候，这种模式的庞氏骗局最终也土崩瓦解了，造成的损失在刚开始达到了 200 亿美元。 但是不幸中的万幸是，被骗的投资者在经过长年累月的等待后还是拿回了 75％的资金。[55]

我们是否也有这么幸运呢？ 我们也是某种庞氏游戏中不由自主的玩家。不然，我们该如何称呼一个负债越来越快、越来越多的系统，而这个系统又给了相当于国内生产总值 4 到 8 倍规模的未来的退休金、养老金和健康费用等难以兑现的承诺呢？ 根本就没人有真正来支付的意愿。 与西方世界的政治家比起来，庞氏和麦道夫不过是小巫见大巫：庞氏和麦道夫都算业余玩家，西方世界的政治家才是专业选手。

一场庞氏骗局什么时候破灭？ 破灭总是在进入游戏的人少于退出游戏的人时出现。 在人口萎缩的时候，退出者要比进入者多。 我们现在正面临这种情形。

金融行业不可能继续增长，因为它越来越多地面临找不到有抵押能力的资产的问题。 银行将会怎么做呢？ 要么它们继续提供抵押物不足或者抵押物信用不足的信贷，进而给金融体系的稳定带来不可避免的不利影响；要么它们就停止付款。 而在庞氏融资占有这么高比例的情况下，这样就可能轻易地导致通货紧缩，接着资产价格崩溃而整个经济需求瓦解。 这种情况恰恰就发生在 20 世纪 30 年代，2009 年再次出现过类似的苗头。

有秩序地减小债务规模将会持续数年地拖累经济增长。 更好的做法或许是：降低债务，缩减金融行业的规模。 两者只能一起进行，因为金融行业的规模不过就是我们债务规模的镜像而已。

一方的负债一直是另一方的资产。

就像我们已经看到的那样，银行系统通过抵押物无中生有地创造了资金，资产恰恰正是这样创造出来的。 银行的债务人利用信贷来投资、消费或者购买有价值的资产。 无论如何，资金是从卖方的口袋再次以存款的形式流回了银行系统，资产因而增长。

如果我们现在断定，债务过高并且资产在接受抵押贷款的时刻不再那么价值连城，那么就会产生损失。 最初的损失是在银行。 考虑到我们今天所谈论的规模等级，损失将很快传到其他并未意识到所承担的风险的资产所有者那里去，比如银行客户、储蓄者和人寿保险的持有者。

我们要是缩减债务，也就是在缩减资产。

考虑到当前所涉及的资产和债务的规模，这样的情况并不是令人愉快的前景。 这样的情况适用于未来退休金支付和健康福利费用的要求。 这些要求是对国家提出的，因此也是针对我们所有人的要求。 就像我们已经看到的那样，满足这些要求是不可能的。 这里也将出现资产（要求）和债务（承诺）缩减——而且规模巨大。

庞氏骗局继续

一场庞氏骗局的崩溃并不是有秩序的，而是混乱和血腥的。 为了尽可能多地拯救自己的资产，债权人在撤回他们的资金。 债务人绝望地致力于拿到资金来满足债权人的要求，为此，他们出售资产并且资产的价格开始下跌。下跌的资产价格增加了其他债务人同样要出售资产的压力，从而激化了资产下跌的趋势。 越来越多的债权人怀疑债务人的信用和抵押物的质量，恐慌就此产生，且资产价格下跌速度越来越快。 最终结果就是一场典型的崩溃。

在这个过程中，实际经济也会受到影响。 需求下降的同时供给在增加，因为债务人也想获得流动性，后果就是价格下跌——可怕的通货紧缩。 商品和服务下跌的价格也降低了公司和资产的价值。 一个自我强化的恶性循环出现了。 如果阻止不了这种恶性循环，其后果就是银行崩溃和严重的衰退。[56]

对此最好的前车之鉴就是 20 世纪 30 年代发生在美国的导致世界经济危机的大萧条。 这场危机在当时就是一场罕见的债务支撑的繁荣，其特征就是过度的投资和消费支出。

相比而言，当今公开的和隐性的债务都不同程度地更高，经济发展的基础推动力——尤其是人口发展状况——更不利。 因此我们的庞氏骗局结局需要更多的灵活性以应对债权要求。 导向混乱发展的潜在威胁也明显更大。 对政界而言，他们有足够的理由使出浑身解数来继续推进这场庞氏骗局。

政界自 2009 年以来就是这么干的。 在美国的房地产泡沫和欧洲的欧元债务泡沫破裂之时，西方世界的金融空中楼阁面临通货紧缩的崩溃。 下跌的资产价格使债务贬值，银行事实上处于破产状态，债权人完全处于恐慌之中。只有政府和中央银行强力的干预，才能阻止金融系统的熔毁。

可以采取的措施有很多。 资产负债表编制规则遭到篡改，这样银行可以为其自有资产做出更高的估值，银行资产负债表牢不可破的幻觉就能够保持不露馅。 债务人和银行会通过直接的资本注入得到救助。 资金更雄厚的国家为危机国家的债务担保。 但是各国央行还会更加极端地推进它们数十年来所奉行的廉价资金政策。 当利率降至零，人们所采取的"非常规的"措施就出现了，诸如通过中央银行数万亿的规模直接购入有价证券。

所有这一切就只为了一个目标：避免债务之塔崩溃。

在某种程度上，这就像是往一幢摇摇欲坠的房子的基座里注入水泥，结果是取得了巨大的成功。 资产价格再次复苏，实体经济也再次站稳脚跟。 不过复苏明显不如预期的那么好罢了。 不仅房子的基础被处理了，而且债务之塔还被加高了新的楼层。 利用廉价资金实现的投机实在是太有诱惑力了。

就像麦肯锡咨询公司（Mckinsey）在 2015 年春天预测过的那样[57]，当前债务规模巨大。 根据麦肯锡的数据，世界范围内国家债务（每年 9.3％）、私人家庭债务（每年 2.8％）和金融行业之外的企业债务（每年 5.9％）继续迅猛增长，而且一直比经济增长速度还要快（见图 4）。 同时，企业又欠下了大约和 2000 年到 2007 年这个时间段里同样规模的新增债务，私人家庭债务明显较少（危机前每年 8.5％），政府债务明显更多（直到 2007 年每年"只是" 5.8％）。 后者因此比私人家庭所拥有的新增负债更少，并且由新增债务所消除的附加需求通过自身债务得到了补偿。 长此以往，这并不是什么好事。

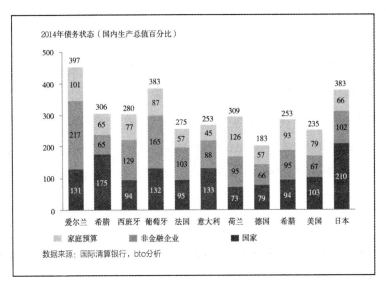

图4　西方世界的债务高于 2008 年

同样的情况适用于欧元区的其他国家。 其中，没有一个单独的国家的总体债务低于 2008 年的水平。 在有些国家，负债结构发生了变化。 比如在西班牙，与较小的私人家庭负债相对的是明显更高的国家负债。 这依然是故技重演，可能没人把储蓄当回事儿了。

债务作用越来越小

从大致估算来说，2007 年以来实际经济的债务每年增加的幅度是 6％，稍逊于 2000 年到 2007 年每年大约 7％的涨幅。 随着债务增长率的下降，同时也出现了经济增长的放缓。 新增债务对经济增长的作用越来越小。 20 世纪 60 年代，1 美元的新增债务能创造大约 80 美分的国内生产总值。 而到了 20 世纪 90 年代，同样规模的债务所创造的价值降到了 30 美分，且从 2000 年之后最终降到了大约 10 美分。

这其中蕴含着不断增加的通货紧缩压力和高负债国家以及整个世界经济的增长越来越弱的关键原因。 我们假定，如果债务的平均利息约为 5％的话，那么就会出现大部分新增负债只能用于支付原有债务的利息的现象。 而对于商品和服务的新增需求的融资几乎没有什么剩下的了。

考虑到当前的低利率，5％的利率水平听起来就高了，但是以下这些问题都到了该思考的时候了：

- 在过去数年利率不断下降，且这种下降的利率仅在现存的债务之下勉勉强强才用着顺手；
- 世界范围内的利率水平还没有达到瑞士和德国的水平；
- 并非每一个债务人都能够像国家那样以如此廉价的条件得到融资。

新增的负债不会继续带来经济增长，因此经济的增长受就业人口和生产率增长制约接近其自然水平。 而就业人口与生产率增长的规模却都处于停滞或者萎缩的状态。

　　过去这些年成功的是中国和亚洲新兴国家，它们找到了新的债务人，这帮助稳定了世界经济。现在，在这些国家的负债能力被榨干之后，这种附加需求也无法满足了。另外，这些债务国现在同样在致力于削减债务。问题因此变得更大，而不是更小了。

　　在靠着负债增加实现了数年之久的超出自然潜力的经济增长之后，我们现在面临着增速降温和经济转折的威胁：增长低于正常的趋势。

　　世界经济面临着一场冰期，这场冰期有可能持续数十年。

多少债务是"太多"？

　　没有人能够斩钉截铁地说，一个国民经济体可以承担多少规模的债务量。像之前提到的波恩大学的科学研究或者美国教授肯尼思·罗格夫（Kenneth Rogoff）和卡门·莱纳德（Carmen Reinhardt）所做的全面分析那样[58]，他们也说不清楚多高的债务会导致危机。导致危机的界限受多种不同因素制约。

　　利率越低，可代理的债务负担就越高。比如日本中央政府之所以在其国家债务超过国内生产总值200%时还能控制得住，原因就在于它所支付的利息低。同时日本还受益于其负债几乎最终都是国内负债，且是以本国货币计价的。其他国家如俄罗斯，在1990年其国家负债在国内生产总值50%左右时就陷入了困境。原因就在于受制于外国信贷投资人，其付款是用相应的外国货币进行的。

　　经济增长越快，经济所经受得起的债务就越多，因为增长本身就带来收入增长。在这种背景下，美国的债务负担能力（当然也不是很好）看起来就要比那些欧盟国家更好。

　　根据国家清算银行的一项研究，债务影响经济增长的神秘界限在国内生产总值的90%左右。一旦国民经济的某个部门（比如国家、企业和私人家庭）

的债务达到或者超过国内生产总值的90％[59]，就足以抑制一国的实际经济增长。 如上所述，在大部分国家内，至少有一个部门超出了90％的神秘界限。

因此，当债务达到国内生产总值的90％及以上，同时根据利率水平和债权人结构的情况，即使经济的增长有能力长期承担这些债务，这些债务也会愈加消极地影响实体经济。 实际情况更糟：债务一直在持续增长，而控制住这种增长的希望是渺茫的。

只有当信贷借款方在正常条件下能够把控住增长，债务才是长期可持续的。

"正常的条件"，我的理解是下面这种利率水平：

- 这种利率水平不是通过中央银行的干预持续地被操纵和保持低水平的；
- 这种利率水平与实际经济增长和人口发展和生产率进步保持一致。

只有在这样的条件下，由廉价资金所激发的不断攀升的债务和投资不足才能得到遏制。

按照这些标准，名义经济增长3％和5％的利率水平才可以被视为理性的目标值。 各个行业与此一致的可持续承担的债务负担大约在国内生产总值的60％左右。 这一数值的基础在于假设新增负债与未付债务的利息付款是一致的。

测算可以通过以下部分加以解释：债务达到国内生产总值的60％左右的话，5％的利息付款所造成的负担高达国内生产总值的3％（5％×0.6）。 如果经济增长同时是3％的话，债务比例将保持稳定，因为分子与分母以相同的速度增长。

如果债务额超过国内生产总值的 60% 的话，一部分利息付款就得从当前的收入中获得，不过这样就可能抑制需求从而抑制经济增长，因此是不受欢迎的。所以实际经济生活中利息付款是通过新增信贷支付的，其后果就是债务将逐渐失控。

60% 的界限就像那条 90% 的经验线，高于那条线则增长受限。这种界限适用于一个国民经济体的各个领域：国家、企业和私人家庭。如果一个国民经济体作为一个整体想持续保持其债务比例的话，整体债务不能超过国内生产总值的 180%。如果超过了这一数值，那么政界就会开始干预市场价格的形成，主要是确定利率，以便能够承担更高的债务。这样做有诸多巨大的副作用：一方面，债务动力会因此继续激化；另一方面，投机会增加。这时，债务就不是增长更慢，而是更快。

假如我们将刚刚描述的逻辑运用到目前的债务大山上，我们就能够估计出目前债务在国内生产总值中所占的比例，而这个比例是不可持续的。那些超过国内生产总值 180% 的债务按照这个逻辑是无法承担的，必须被削减下来。无论是在欧元区还是在美国，我们在谈论的都是规模高达 5 万亿欧元的过量的债务额。为应对老龄化社会所要承担的未能兑现的义务还没有被包括在这一数字当中。

与上述所提的 5 万亿欧元对应的是相应的资产价值，比如由于信贷支撑的需求而被高估的不动产。债务在一个有序的过程中被削减，削减整体的债务或许并不必要。低利率能允许在较高的债务状态下的生活长期延续，但是其代价是继续抑制经济活力。

最理想的情况下，在欧元区削减 3 万亿的债务或许就足够了。这意味着一场巨大的努力付出，只有债务人与债权人联合起来才能达成。但是看起来这样的一种解决方案并没有出现。相反，拖延时间的游戏将会继续，债务负担将会一直继续增加。同样的事情正在世界其他地方上演。

02 中国

——西方债务经济模式的翻版？

中国不过是更大的希腊？

长久以来，希腊人的生活都是大手大脚、挥霍惯了。即使政客们不愿意承认，事实上，数年以来希腊已经破产了，这已经是常识了。但是中国成了世界经济一个更大的问题，这让很多人震惊。2007年以来，中国国内生产总值增加了一倍，中国因此成为世界经济的增长引擎。这一度让澳大利亚和智利等资源出口国和德国汽车制造商欢天喜地。2007年债务泡沫爆发之后，中国的繁荣安慰了欧洲和美国的悲伤。

但是在对中国赞赏的同时不要忘记：不仅是经济换算成了惊人的5万亿美元；同时期内债务也增加了，而且是增加了21万亿美元。

在过去14年里，中国的债务从2万亿美元提高到了28万亿美元，对应于图5中2014年的柱状图数据。[60]

如果借贷如此强劲增长的话，那么可能导致危机。日本1989年泡沫破灭前的5年内信贷规模增加了30％，韩国到亚洲金融危机时信贷规模增加了22％，而美国到2007年的信贷增加幅度为39％。

在这一方面，中国和西方国家遭受着同样的命运。新增债务对于推动增

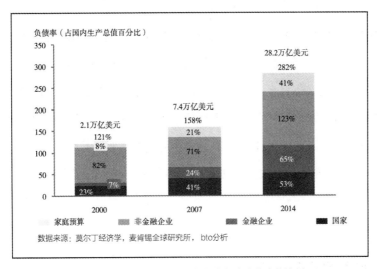

负债率（占国内生产总值百分比）

图5　中国的债务繁荣——债务在经济产值中的比例

长所发挥的作用不断加速减小。　在西方国家，1 美元新增信贷只能带来 30 美分的增长。　在中国，1 美元所创造的价值明显高于西方国家，但是要从债务增长中获得繁荣，几乎没有什么希望。

　　债务支持的繁荣导致了引起关注的产能过剩。　建筑经济在国内生产总值的比例占到了 13％，几乎相当于 2007 年美国的一倍。　如果算上与建筑经济相关的行业如钢铁、建筑材料，比例甚至达到了投资额的 1/3。　一旦市场崩溃，这种影响不仅波及中国经济，而且会波及资源供应商，进而影响世界经济。

　　工业领域的情况看起来也没有什么两样。　中国国有企业的信贷规模比美国的更大，但是美国的经济体量要比中国经济的规模大 82％。　这当中应当牵涉历史上最大规模的拖欠债务。　这些拖欠债务换算过来，据估计，相当于 2 万亿至 3 万亿美元毫无价值的信贷。　据估计，2009 年以来的投资短缺总额达到了令人震惊的 6.8 万亿美元。　拖欠债务与投资短缺就意味着没有居民的鬼城和没有需求的工厂。[61]

国家掌控的经济中巨大的产能过剩所造成的后果，与市场经济中产能过剩的后果没什么不同：价格会下降。 负债的企业所关注的不再是利润，而是现金流。 只要是能够让资金入账兜一圈的东西都是受欢迎的。 2015 年夏季，中国制造商层面的价格已经连续 40 个月处于下滑状态了。 由于同时期利率水平在 6% 到 8%，中国企业可能支付了全世界最高的实际利息。

在中国充斥着灾难性的产能过剩与过度负债，两者的组合有着巨大的通货紧缩后果。

"中等收入陷阱"边缘

债务和产能过剩的问题只能通过经济增长才能克服。 2013 年以来，经济增速一再下滑，很少有迹象显示会出现根本性的转折。 屋漏偏遭连夜雨，中国人口发展出现逆转的问题在此时偏偏冒了出来。 与 1990 年的日本类似，2013 年中国的投资崩溃伴随着就业人口的扩张，就业人口此时已经达到其峰值。 中国的劳动力供应从 2011 年起就开始下降。 到 2030 年，预计中国将会有 1.4 亿的劳动力缺口。

中国的人口减少状况由于计划生育政策明显被激化了。 对男孩的偏爱导致的后果是，当前中国男女比例是 6∶5*，考虑到中国巨大的人口数量，接下来的 20 年内，将有超过 2000 万中国男性成为光棍。

劳动力减少就意味着经济增长放缓，即使能够提高人均国内生产总值也无

---

　　* 根据国家统计局发布的统计数据，2015 年年末，中国大陆男性人口 70414 万人，女性人口 67048 万人，男性比女性多出 3366 万人，总人口性别比为 105.02（以女性为 100），出生人口性别比为 113.51。另据统计，"80 后"非婚人口男女比例为 136 比 100，"70 后"非婚人口男女比则高达 206 比 100，男女比例失衡还是比较严重的。——译者注

济于事。 根据国际货币基金组织的研究: 如果相关的改革得到了推行,中国有可能最晚到 2030 年达到美国人均国内生产总值的 40%;没有改革的话则只能实现 25%。 中国目前的人均国内生产总值大约是美国的 20%。

这里就有陷入"中等收入陷阱"的危险。 按照历史经验,国家在其经济发展进程中能够实现的实际人均国内生产总值数量等级在 10000~17000 美元,之后就没法继续增长了。 在过去 100 年里,只有为数不多的国家跨越了这条魔幻的界限,从一个新兴国家成长为一个工业化国家。 其他如阿根廷和俄罗斯等国家就折戟于这道陷阱并一蹶不振。[62]

经济学家们对这种发展进程的解释如下:初期取得成功倒是容易。 此时工业化进程开启,城市化扩大,尤其是会创造出大量的低端就业岗位。 在这种发展进程的初级阶段,具有权威色彩的经济往往更有优势。

要跨越这道魔幻陷阱,需要发展具有创新和高附加值的产品和服务。 这种发展进入下一个阶段的前提就是确保产权,实现法治国家以及推动创新和创造。 所有这些都与个人自由紧密相关。

资本必须流向创新和创造性的领域,但是在中国却很少出现这样的景象。90% 的新增贷款流向了国有企业,尽管这些国有企业所创造的经济价值只占国内生产总值的 1/3。 另外,这些企业还处于慢性亏损之中。 那些更可能成为创新发动机的小企业,很少能够从国有银行借到钱。

1929 年的幽灵

我们不仅应该反思 1990 年日本危机的进程和 2007 年美国和欧洲不动产泡沫产生的进程,还应该思考其他事件,比如将英国《每日电讯报》报道的 2015年夏季中国股市崩溃事件,与 1929 年美国的情况加以比较,其中的发现也是令人不安的。[63]在中国,过去长期的经济繁荣背后伴有明显的债务攀升现象,而当今中国的债务规模显然更大；同时，在中国的发展进程中，农村人口涌入各大城市并在城市新的产业部门就业，广泛的社会阶层通过投资这一形式进入这些新产业的规模和增长速度也数倍于以往。

中国的股市在崩溃前的 12 个月大幅暴涨，而在 20 世纪 20 年代美国股市持续增长的时间更长。 不过美国那时繁荣的巅峰时段也很短暂：华尔街股市盈利约 50% 的时候，股市从 1927 年之后就开始了数月之久的下跌。

股市繁荣首先是由政府刺激的，并且是要为那些有困难的私人公司融资提供便利，帮助其从银行获得贷款。 但是照顾国有企业和拥有新的金融资源的银行同样重要，因为它们需要应对巨大数额的呆账坏账。

就像所有信贷支撑的股市繁荣一样，这次的股市繁荣也是以突然的大跌结束。 虽然中国的货币储备充足，但是稳定股市并不是那么容易的事情。 但这并不意味着美国的历史就会在中国上演。 毫无疑问，中国政府对资金流动的管控要更为严格，也不会允许银行危机在中国出现。 但是有一点是必须要清楚的：即使中国未来的情况往乐观的方向发展，到那时"救市"的代价会与如今的欧洲相同，随着而来的也将是巨大的债务之山。 接着，中国还将面临零利率或者负利率的现象，甚至越来越高的债务之山和虚假资产。

通货紧缩输出者——中国

从 2015 年夏季开始，中国的本国货币贬值，这对于资本市场震动巨大。由于过去数年升值明显，这一做法最终是可以理解的。 日本目前就试图通过日元的显著贬值来解救数十年来一直处于滞胀之中的本国经济。 欧洲中央银行也认为弱势欧元才是欧元危机的解决之道。 相似地，中国通过两年内贸易加权的方式，使得人民币贬值超过 10%，以此作为解救经济的出口。

然而，这一现象将会对全球经济造成不可小觑的影响。 一个典型的例子就是,人民币的贬值将导致中国出口商品的价格下跌,进口商品价格的上升。那么,作为中国重要进口国的德国将尤其受到影响——德国对中国的出口规模难以避免地会出现缩小。 从而,德国对原材料的供应地——从澳大利亚到南非等资源型国家的进口需求将会减少,最终将导致原材料价格的下跌。 而原材料价格的下跌和中国出口商品价格的下跌将强化通货紧缩的压力。 西方的中央银行不再有什么办法来逆转这一颓势并将经济再次推向繁荣,比如由国家直接投资支出来创造需求。 这种情况是否会出现以及多快会出现,还需要再观察。

　　中国巨大的产能过剩,压制着世界范围内的价格水平。 一场再次由信贷支撑的景气繁荣或许能暂时稳定经济。 政府由此赢得了时间,但是它们却因此难以战胜冰期。

03 毫无计划的欧元拯救者

德国欧元政策一地鸡毛

在试图向德国本国选民隐瞒欧元危机真正的规模和预期的花费时，德国政府在过去 5 年中把危害都掩盖起来了。 从事咨询顾问的人们也许会说，索伊布勒和默克尔的欧元政策是处于"左下"象限的。

咨询顾问喜欢把问题放在有四个象限的简单矩阵中来展示。 最佳选项所处的位置是右上方，各有优劣的选项分列左上方或者右下方，绝不可行的选项所处的位置是左下方，该选项没有优势，而只有劣势。 德国在经过 6 年错误的欧元政策后所处的位置正在此处。

我想首先提及 2010 年的起始状况并定义一下矩阵的纵横轴。

2010 年我们就已经知道，引入欧元是个巨大的经济错误，引入欧元导致了以债务为支撑的消费和投资繁荣。 爱尔兰、葡萄牙、西班牙和希腊等国的债务负担显然都是不可承受的。 在意大利和法国，国债问题突出。 那时本就应该坐下来，以某种有序的过程来清偿这些债务。 同时也应说明，欧元的"紧身衣"是否真的适合于所有国家。 假如容许在欧洲内部通过长期的、痛苦的"内部贬值"过程获得调整，就会出现高失业率。 但是这样的讨论并未认真地得到推行。 时间白白地被浪费掉了。

从德国的视角来看，这场博弈中有两个维度始终是关键的：一个轴上是将金融损失最小化，另一个轴上是考虑到德国在欧洲的接受度和受欢迎度后，德国政治损失的最小化。

在这种图景中处于右上方的，或许就是能带来政治同情和影响，同时又能将代价保持低位的方案。 处于左下方的，或许就是代价非常高昂，同时减弱了德国在欧洲的政治影响力和被接受度的方案。 我们恰恰把自己置于这样的象限中。

2010 年时，我们本来还有机会限制金融损失的。 其中包括：

- 我们本应该承认，我们生活于一个债务联盟中。在这样的债务联盟里，越来越多的债务无法得到偿还，从而必然导致债权人，即德国人的损失。

- 我们本应该运用策略，就像典型的企业破产框架中被奉行的策略那样，重组债务从而至少部分拯救应付款。

- 我们本应该成立一个债务清偿基金，就像彼时已经有专家向联邦政府所提议的那样，用于补充私人呆账，这些私人呆账有必要使欧洲银行重新资本化。这项基金本应该达到 3 万亿欧元左右的规模，所有的欧元区国家拥有共同的责任、共同的融资和统一的清偿。

- 我们本应该放弃顺周期*的节约措施。在一个过度负债的情景下，节约措施将会激化经济危机并只会更加剧烈地损害债务负担能力。

- 为应对我们的团结，我们本应该要求欧盟机构改革，而不是要求

---

* 顺周期是指在经济周期中金融变量围绕某一趋势值波动的倾向。顺周期增强就意味着波动的幅度增大。——译者注

那些将改革一直视为外部干涉的国家改革。

某个类似方案的魔力是明显的，其魔力在于限制原有负担的清除与制度的改革。利用后者本可以尽可能地排除危机的重演。主要是我们没有为未来建立特权与责任共同体，同时其他国家本来能够也应该自己决定改革路径，而无须外部干涉。

德国或许成了慷慨的和建设性的解决欧元危机的伙伴。有这个资本我们本可以赢得一本万利。

显然我们并没有做到。相反，我们大规模地通过将私人债权人替换为国家债权人，坚持在危机国家推行节约措施，并插手类似的安排。我们不是听凭那里的政治家将其国家带上正轨，而是让我们成为替罪羊，无论是联合还是反对，都被人耍了政治手腕。人们所想的只是危机国家里选战期间的广告，这些广告恰恰没有给德国勾画出积极的形象。这种疏远走得如此之远，以至于美国的诺贝尔奖获得者们在《纽约时报》的文章中谈及，德国在一个世纪内第二次摧毁了希腊。[*64]

这当然是胡说。恰恰和臆想出来的"德国是欧元的赢家"的论调如出一辙。就像已经推断的那样，德国绝非什么欧元的赢家。在客观考察下，在整个经济层面，我们在福利方面损失巨大。但是那些论调却显示出，对立的程度已经达到多么大了。除此之外，令人感到恐惧的是，在未来数年，对立还会加剧。将德国妖魔化成邪恶的霸权将会得到越来越广泛的认同。

但我们不仅仅输掉了政治同情，同时也把欧元加在自己头上的代价最大化了。2010年以来，所有危机国家中的债务就这样继续明显攀升。假如我们今

---

* 此处有作者注释，指美国经济学家斯提格利茨（Stiglitz），文章原名 *Germany showing "lack of solidarity" over Greece*.——译者注

天设立一项债务清偿基金的话，其规模大约在 5 万亿欧元。 我们再也没有办法阻止，不仅是过去的债务，也包括未来的债务社会化。

因此在欧洲，我们正处于大规模重新分配的路上。 我们通过出口获得的所谓收益现在露出了其原来的面目：为出口经济提供的补贴项目，终究由我们自己买单。 所有试图把推行到其他国家的经济政策改变成更多团结的尝试，将会导致更多的政治防御反应。 因此，德国欧元政策的结果就是高昂的金融代价与政治损失最大化。 在难民危机的框架内，我们曾急迫地指望（以）欧洲的团结（来应对危机），现在到了该兑现的时候了。 转移联盟、债务社会化以及欧洲中央银行更多的干涉将是可以预期的。[65]

当然，只有理性的公民才会如此论证，没有政治家会这样做。 上面所描绘的矩阵从经济的视角而言适用于那些将要承担代价的人。 对于政治家们而言，这些代价是第二位的。

政治的矩阵是另外一种样子：其一端是对现任政治家而言短期政治损失的最小化，其另外一端是长期政治损失最大可能地拖延，至少得拖到继任者必须操心这个问题。

如此，2010 年的政治决定就是清楚的。 出于担心选民报复，并为了掩盖拯救欧元的代价以及短期内获得良好的政治选票，所有手段都被用上了。 这与那种寄希望于危机将会通过奇迹得到解决联系在一起，或者不过是将烂摊子足够长地延续下去。

对于政府而言，好消息是，由于不同机构间转移的资金高达数十亿美元，部分民众在经济问题上再也看不透了。 但是最迟当爱尔兰、葡萄牙、西班牙、意大利和法国也停手的时候，后一种方案也将显示出，我们所有人为了政治的而非经济上理性的方案将付出怎样高昂的代价。 但是，到那时再决策就太迟了。

欧洲的左翼议程

2015 年夏季，欧洲经历了一场特别形式的闹剧。 事关 2010 年以来多次反复的"拯救希腊"以及"拯救欧元"。 在这当中所有的参与者都心知肚明的是：

- 希腊的经济产值占欧元区国家国内生产总值不到 2%，不足以威胁欧元；

- 希腊从来就没有能力负担其债务。

这在布鲁塞尔"最终摊牌"的时候再次被国际货币基金组织的专家们准确地预见到了。[66]

但双方都采取了秘而不宣的策略。 债务缩减直接导致了其他国家，主要是德国真真切切的损失。 对于这样的景象，德国政府将不惜一切代价阻止，因为大家毕竟得向选民陈述实情：欧元不是一场不要钱的无底洞盛宴，由于它失败的结构体系，欧元已经成了无底洞。

假如让希腊退出欧元，那么很明显，欧元不会不可逆转。 而其他国家缓过神来告别欧元，不过只是一个时间问题。 要是有人阻止希腊这个先例，人们也会去阻止其他的跟随者，比利时、法国和德国都曾是这样想的。

不过布鲁塞尔夏季峰会时所牵涉进来的事情却更多。 希腊意欲成为欧洲"政策转变"的先锋。 希腊各界"终结节约"的呼声此起彼伏，完全不考虑 2015 年夏季欧元区的债务已经明显超过 2008 年的水平了。 政策显然已经在通过更多的负债争取一场由过多债务所引发的危机，只是债务的构成改变了。

在雅典，人们对他们的呼声在其他国家那里并没有立即得到响应而感到失望。 此时虽然爱尔兰、葡萄牙、西班牙、意大利包括法国曾有着最大的兴趣推行"政策转变"，但是这些国家正遭受着经济发展疲弱和它们从未有能力偿还的高负债之苦。

这些国家对于伸出援手如此谨慎而克制，有两个原因。 首先要承认，只有希腊事实上实施了节约政策。 而在所有其他国家，2015 年夏季的负债明显高于 2008 年。 而希腊的债务比率同样攀升了，之所以如此，主要是因为经济在某种程度上崩溃了，就像德国在 20 世纪 30 年代所经历过的一样。 因此其他国家的政治压力要远远小于希腊的政治压力。

除此之外，政府能够从策略转变中并不能得到太多的政治资本。 它们到那时为止——虽然没有付诸巨大的行动，但至少在口头上提出了节约和内部贬值的路线。 转变路线对它们恐怕益处不大，但因此却会强化各自反对派的势力。

在如此背景下，形势就是另外的样子了。 法国和意大利一再强调，它们对和希腊展开新的对话持开放态度。 当然它们这么做也有把"希腊脱欧"的责任推给柏林的意图。 但是更实际的原因却是，它们这么做是要促进政策的转变。

在这里，欧洲左翼思想领袖发表的著作值得我们看看。 希腊前财政部部长、经济学家亚尼斯·瓦鲁法基斯（Yanis Varoufakis）[67]和知名的社会主义者、巴黎的经济学教授托马斯·皮凯蒂[68]曾经在诸多有影响力的著作中阐述了他们对欧元危机的分析以及结束危机所要采取的必要措施。 这些著作反映了法国、意大利政府，也包括西班牙、葡萄牙这样的国家里政治反对派们的思考。 我们可以将其理解为欧洲的左翼议程。

皮凯蒂和瓦鲁法基斯是强政府理念的追随者。 如果按照他们的看法，我们今天所面临的诸多问题的一大部分原因都要追溯到，在欧洲，政府所代表的国家影响力太小。 除了欧元区的结构性缺陷——即"有货币无国家，有中央银行无中央政府，有共同的货币政策却没有共同的财政政策"（皮凯蒂语）——以外，他们还将 2009 年和 2010 年的银行危机视为最重要的危机诱因。 如果没有银行危机，或许欧元区内的国家债务危机压根儿就不会来。 因为根据论证，只有政府必须拯救银行，它们才自投罗网、陷入困境。 此处两位都故意忽视了国家债务早在危机前就在诸如希腊、意大利和法国等一些国家中失控了。

更离谱的是，两位在其分析中完全隐去了银行危机背后存在的负债繁荣。如果没有欧元，当今危机国家内的低利率水平或许就不会出现了，而低利率水平才给债务繁荣、不动产繁荣和消费繁荣创造了前提。 他们反而加入那些批评德国的合唱中去，说德国通过低工资窃取了不公正的优势，从而让德国成为欧元的主要赢家——这个议题我前面已经清晰地批驳过了。

但是他们的分析有一个作用。 如果先来定义危机原因的话，那么被期待的建议会被更好地得到论证。 在德国，人们认为其他国家曾经是寅吃卯粮，现在无非就是要节约、要改革，也就是必须要"更德国化"一些。 这样的观点目前占据主流，而在皮凯蒂和瓦鲁法基斯眼里，却是掉转矛头、倒打一耙。危机原因不是过多负债，而是过多节约和缺乏团结。

皮凯蒂和瓦鲁法基斯在他们的分析基础上，提出与之紧密相连的要求。首先是追求所有国家一样的利率的愿望。 他们在 2011 年欧元危机的危急时刻诊断说，投机者将危机国家的利率推高而激化了危机，或许并不是合理的。对于由于欧元的存在，各国利率曾过于接近，一些债务国的风险不再能充分地反映出来这样的事实，他们却置之不顾。

问题并不是各不相同的利率。 对所有国家同样的利率水平就是已经提到的债务繁荣的原因。 就这点而言，利率差异再次扩大是对的，即使现在后悔，也为时已晚了。 但是无论是皮凯蒂还是瓦鲁法基斯都要求引入欧元基金，以这种方式达到利率对所有国家一样的目的。

直到现在，联邦政府才成功地反驳了这种无理要求。 因此欧洲央行通过马里奥·德拉吉（Mario Draghi）"做一切可设想到的事情"的承诺来明确压低利率水平，并明显缩小危机国家和德国的利润收益差距。 人们或许可以这样宣称，欧元基金要通过后台操作。 因为只有这样才可以解释，像西班牙和葡萄牙这样的国家，尽管有明显较高的整体债务和不利的人口形势，但是支付的利息却比美国更低。

低利率的办法当然不足以解决国家和私人负债高企的问题，皮凯蒂和瓦鲁法基斯也知道这点。

瓦鲁法基斯就建议，未来通过欧洲层面的"欧洲稳定机制"（ESM）来整顿破产的银行。 这里他追随的是由其他经济学家所提出的设想，即将政府与银行的紧密联系打破。 银行危机的代价就这样由所有国家承担，而不仅仅是由危机所波及银行所在的国家承担。 如果人们认真对待欧元区的政治和经济一体化的话，这项建议非常有意义。

但是瓦鲁法基斯此处没有提及的是，这么做所牵涉到的规模问题。

如上所述，欧元区内至少有 3 万亿规模的债务是没法引进的。 即使按照谨慎的估计，各国银行所面临的损失也起码有 1 万亿欧元。[69] 如果通过"欧洲稳定机制"所实施的重组成功的话，那么所有的欧元国家相应地就要承担部分用于"欧洲稳定机制"的费用。 而德国则似乎首当其冲，要承担大头。

而且这还不够，即使为了追求国家债务的重新分配也不够。 皮凯蒂要求的是债务的共同体。 欧元区国家应当将未予付款的国家债务统统扔到一个共有的大锅里，通过欧元基金予以支持并且由所有国家共同担保。

事实上，我们可能无法绕过某种不可承受的债务负担的重新分配。 但是团结要有相应的回报才会起作用。 这种必要性无论是皮凯蒂还是瓦鲁法基斯都没有看到。

通过欧洲央行禁止"货币性的国家融资"理所当然是引入欧元的基础之一。 经过魏玛共和国超级通货膨胀的灾难性经历之后，德国坚决要求保留如今被削弱这一禁令。 一方面通过欧洲法院的裁决，另一方面通过向抵押物可疑的破产银行以零利率的条件发放可疑的信贷，如同 2015 年在希腊发生的事情那样。

对皮凯蒂和瓦鲁法基斯而言，这都不适用。 两人都公开要求通过欧洲央行将国家债务货币化。 皮凯蒂只是笼统地提及，欧洲央行应当购买国家债务，因为"在已经给定的情景下，除了将部分公开债务货币化，没有什么其他的解决方案"。 而瓦鲁法基斯的说法则更明确。 按照他的观点，欧洲央行应该将部分国家的国家债务纳入其资产负债表，到该国国内生产总值 60％ 的水平。 之后，这些债务应当以零利率和债务免除的形式解决掉。

这事实上相当于通过欧洲央行的资产负债表推行债务削减。

两位经济学家一直在讲团结，即使是在德国的多次访谈中也是大谈特谈，但他们从未评估过这种在欧元上的团结的代价是什么。 遗憾的是，访谈的记者也没有就此追问。 由于在拖欠债务上已经提及的负担，由德国充当冤大头承担"团结支出"的代价往低了估计也不会少于 1 万亿欧元。

除此之外，这些左翼的思想领袖正要求给未来开空白支票。 一个拥有各个民族国家议会的代表所组成的欧元议会将在未来通过多数决议讨论年度的新增负债，就像皮凯蒂多次强调的那样。 明明白白的目标就是：节约的北部国家将会属于少数，而负债更为普遍的国家将有可能实施它们的意图，以实现例如"欧洲的增长战略"。 不仅是原来的债务要被社会化，而且未来的债务也要被社会化。 考虑到皮凯蒂和瓦鲁法基斯深远的国家理念，这种观念必须要谨慎地予以赞同。

因此我们就处于进退维谷的境地。 德国坚持遵守规则并试图通过节约和努力应对债务危机，而同时债务国却由于已经不再能控制的债务冲动，将赌注押在原有债务的社会化和给未来的空白支票上。

英国经济学家伯纳德·康诺利（Bernard Connolly）20 年前出版了《欧洲

的腐烂之心》*（*The Rotten Heart of Europe*）一书。 虽然他是在度假中撰写这部著作的，但他在发表这部著作后就被他所供职的欧盟委员会下属的货币部门解雇了。 原因显而易见：他在书中选择了和盘托出。 他解释说，由国民经济发展拥有差异的各个国家所组成的货币联盟能够运作的条件，是当这些国家在政治上和财政上融合了，并且为了平衡差异，相互之间在承担大规模的转移支付。 同时他预测到了欧元的危机——完全和我们之后所了解的一样。

政界不能一直否认经济之间的基本联系。 康诺利著作的二手书 2012 年在亚马逊上曾以超过 800 美元的价格被售卖。 2013 年以后出了不止一版，但是只有英文版，至今还没有德国出版社出版这本书。

2015 年康诺利曾在一次访谈中被问到，今天他如何看待欧元。 他首先断定，当今世界依然和 2007 年一样是个金融纸牌屋，一旦有微小的风吹草动就有可能分崩离析。 同时他确信债务将不可遏制地攀升。[70] 他提醒道，欧元不仅是一个国家债务问题，而且主要是各个国家竞争力差异的问题。 每一种试图通过"内部贬值"的办法来均衡的做法都注定要导致通货紧缩和经济萧条。

解决办法或许就是成立一个稳定的转移支付联盟，在这个转移支付联盟中主要是德国必须要有担当。 这样不可避免的后果可能就是，德国自身在持续的低利率下会破产。 德国的负担有可能更高，甚至比此前《凡尔赛和约》所造成的负担还要重。 但即使德国走上这条路，其结果是否奏效仍然非常令人怀疑。 其他国家或许非常不愿意外界对其内政事务指手画脚。 另外，最新的研究显示，即使是有转移支付联盟，持续地稳定欧元可能也是力有不逮。[71]

康诺利的结论是清醒的。 按照他的观点，最好的情况或许就是德国放弃欧元，离开欧元区。 这样或许能将因欧元解体而落到德国头上不可避免的财政损失降到最低。

---

* 本书尚未有中文版，该书名为译者所加。——译者注

我也是这样的看法。德国在欧元中有高额的债券，而这些债务的价值将会丧失。但是至少其中有一部分能够被救回来。

在我们步入这种景象之前，让我们对节约政策的成功和欧洲的内部贬值做一个短暂的考察吧。

"模范生"西班牙

我们已经在前面的章节中考察了西班牙步入危机的发展进程。西班牙在经过债务支持的消费和不动产繁荣之后陷入了"资产负债表衰退"。只有明显攀升的国家负债才能阻止一场通货紧缩式的崩溃。自此之后，西班牙明显比其他危机国家发展得更好，现在被视作欧元区内的"模范生"。西班牙政府在希腊问题上也是采取同样强硬的立场。

我们仔细地看看这位"模范生"的关键指标数据就知道了。西班牙作为欧元区成员国不能再像以前那样让本国货币贬值。所剩下的选择就只有内部贬值这条艰难之路，也就是说降低国内酬金，以便据此从进口贸易中获得出口顺差。

试图勒紧缰绳，这一举措乍一看已经见效了。[72]该国赤字开始下降，经济增长相对有所改善，生产率快速攀升。由于出口增加，贸易盈余在增长。这不仅仅是由于进口下降，就像在希腊发生的那样。

尽管如此，希腊经济增长率仍在6％，低于危机前的水平，失业率在23％左右。即使当前的景气速度继续保持，恢复到危机前的经济发展水平，也要等到2019年。

在私人部门，西班牙成功地将负债占国内生产总值的比例下降了22％，幅度强于美国。但与美国不同，西班牙并非仅仅通过破产就实现了这样的降幅。相反，国家提高了其负债，这样的做法在"资产负债表衰退"中是正确的、通行的，以至于尽管名义国内生产总值的降幅是 5%，但整体负债情况并没有比 2008 年更严重。

尽管有这些进步，西班牙在这样的疗法中仍然需要 10 年左右的时间来战胜危机。 国际货币基金组织前首席经济学家在 2015 年秋季以下列方式说到了点子上："23% 的失业率和 3% 的经济增长并不能被视为成功来庆祝。"[73]

在其他国家，局势明显更加糟糕。 这样的药方在葡萄牙这样的国家究竟是否奏效以及政治上是否有可操作性，是值得探讨的。 对立到处在加剧，葡萄牙的处境尤其艰难。 在关于希腊的讨论中，葡萄牙曾经一直是作为模范的案例被提及的。

看一眼事实就清楚了，葡萄牙的支付能力并没有比希腊人强到哪里去。虽然葡萄牙国债占国内生产总值约 132%，低于希腊的比值，但是葡萄牙的整体负债以 383% 的比例明显高于希腊（希腊的整体负债率在 306%）。 如果说希腊的主要问题是国债，那么葡萄牙就会在经济的三大部门，即国家、企业和家庭部门承受高负债之苦。 同时，债务负担也在不可遏制地继续增长。 从 2008 年到 2013 年，葡萄牙的国家、企业和家庭负债与国内生产总值的比例已经增加了 69 个百分点。 尽管尽了最大的努力，债务的增长还是比经济增长快。仅仅是稳定国家债务，国家支出的降幅就必须达到国内生产总值的 3.6%，这一行动，对经济带有持续性的消极影响，且其消极影响几乎无法克服。

负债主要是相对外国产生的。 这些债务既不能通过通货膨胀贬值，又不能让葡萄牙从这些债务中成长起来。 要达到往来项目决算表盈余占国内生产总值的 0.9%（2013 年的状态）的目标需要 128 年的时间，这样才能将外国纯负债降至零。

该国面临巨大的结构性挑战：其人口出生率是欧元区最低的，年轻人在逃离，居民的受教育水平是欧盟内最低的，且生产率低下。 葡萄牙以每年每百万人口 9 项专利的水平位列希腊之上（希腊是 4 个），但是远远低于意大利的

70 个和德国的 277 个。

葡萄牙将绝无能力通过自身的力量克服债务负担。 这个国家之所以现在还能够在资本市场上融资，事实上不过是欧洲央行的慷慨而已。

意大利的情况看起来也没有什么两样。 低廉的利率并没有为国家融资构建一个稳定的基础。 相反，自从引入欧元以来，国家债务从占国内生产总值的 70％攀升到了 133％。 私人部门在此期间没有过量举债，这也说明，意大利的经济事实上不再增长了。 由于丧失了本国货币有规律的贬值的可能性，意大利陷入了持续的经济停滞之中。 其出口工业不仅在欧元区内，而且也在国际上大量丧失竞争力。 劳动力市场的僵化仍然没有改变。

虽然意大利在国家财政上实现了所谓的初级预算盈余——部分利息支付确实是通过税收资金完成的，而不是通过新的信贷支付的——但是该国并没有控制住其国家债务。 原因在于意大利经济增长不足。 假如国家的利息负担平均在 2％的话，那么经济增长幅度必须达到每年 2.6％（2％×130％的国债与国内生产总值的比值），这样国家借钱支付利息的话，债务比率才能保持稳定。 假如国家反而削减支出或者提高所设定的国内生产总值的 1.6％的收入的话，1％的增长率才能满足要求。

但意大利的问题是，其国民经济增长还在继续减速。 因此意大利没法成功地做到以足够的储蓄来偿还债务。 麦肯锡咨询公司预测，意大利或许需要国内生产总值 3.6％的初级预算盈余来稳定其国家债务。 而事实上周期的初级预算盈余只有 1.7％。 每一种试图通过削减支出与/或通过提高收入的方式来达到必要的比值的做法，都将继续拉低经济增长。 意大利因此就像几乎所有的西方国家一样，处于越来越高的国家债务之中。

对于意大利而言，或许最值得做的就是离开欧元区。[74] 意大利还没有到直接仰欧洲央行鼻息的地步。 它还在获得初级预算的盈余，因此与其他南欧国家相比，尚能够退出欧元区，而不至于陷入融资困境之中。 该国的经济竞争力可能将因为这一步而受益，因为里拉*相对欧元的贬值将会促进意大利的出口经济。几乎所有的意大利反对党都主张该国退出欧元区。占有意大利20％选民票数且尤为活跃的"五星级运动"就在呼吁举行全民公投来决定欧元的存废。

面对经济困境，意大利不是从自身找原因，而是在公共讨论中将德国视为罪魁祸首。意大利在全世界的经济竞争力排名中位于第49位，而若要涉及腐败，意大利的腐败问题程度与罗马尼亚、保加利亚和希腊处于同等水平。德国《法兰克福汇报》（FAZ）是如此报道的："意大利前总理罗马诺·普罗迪（Romano Prodi）和马里奥·蒙蒂（Mario Monti）就曾将欧洲疲弱的经济发展归咎于德国和德国拒绝提供更多的信贷融资的投资。普罗迪抱怨，德国的贸易盈余，配合零赤字和零增长，'和过高的债务或者过高的预算赤字一样都是不稳定的'。直到2012年仍在任的意大利前总理蒙蒂也指责德国政府，称德国政府拒绝推行积极的增长政策。如果德国拒绝，免费负债并因此给经济增长打下基础的话，是与稳定政策和保护后代的利益无关的。"[75]

政府迟早将有权以放弃欧元作为威胁，从而勒索大量的转移支付。到那时，欧洲系列条约所包含的附加条款就完全无关紧要了。欧洲的伙伴国究竟该怎么做呢？

法国的情况也没有好到哪里去。虽然法国的国家债务水平仍然低于意大利的国债水平，但其当前的赤字更大，私人部门的负债更高。与意大利类似，法国的国家竞争力也越来越弱（法国竞争力排名第23位），且越来越没有改革意向。多年来法国正逐渐失去其全球市场份额，其外贸逆差达到国内生产总值的0.9％。相对于德国，法国的唯一优势就是其更加优越的人口形势。

欧元区诸国8年以来均处于危机中（见图6），经济增长疲弱，失业率高

---

* 里拉（Lira），意大利加入欧元区之前所使用货币的名称。——译者注

涨，债务发展陷入失控。

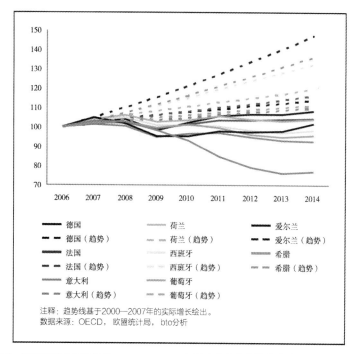

图 6　欧洲持续 8 年的危机——2006—2014 年国内生产总值的变动（以百分比计算）

　　这些数据表明，成功拯救欧元的故事不过就是政治宣传而已。事实自己说了另外一番话，并且未来数年政治压力将会继续增加。放眼望去，欧洲的政治疲劳现象在加剧。在意大利，诸多反对党长久以来已经就反对欧元达成一致；在西班牙，两年前才成立的左翼政党 Podemos 正占据民调领先地位；无论是哪个政府联盟执政，法国数年来同样在抱怨节约政策，由玛丽·勒庞（Marine le Pen）领导的"国民阵线"（Front National）正在追赶那些传统政党。同时欧洲央行开始在欧洲推行国家债务社会化。

　　欧洲越迟克服这场危机，其发生政治危机的可能性就越大，因为反对欧元的政党风头正旺。

　　说不定哪一天，就跳出来一个国家退出欧元货币联盟。

必需的应对举措

欧洲必须处理那些引发了危机的根本性问题。泛滥的负债必须得到削减，各国在竞争力上的巨大差异必须加以平衡。这不是什么新认识。这些目标实现的前提是，政治领导层正视现实，并做出必要的但不那么受欢迎的决策来终结危机。

该有哪些应对举措呢？我在这里提供一份欧元区拯救计划，该计划也能保护德国的利益。

1. 承认现实。政界应当坦诚沟通：我们在欧洲负债过多，这些债务难以偿还。此处所谈及的债务涉及国家的和私人的债务，其规模至少在 3 万亿欧元。

2. 债务清理。过量的债务，其中包括德国超出《马斯特里赫特条约》规定限值（即国内生产总值60％）的部分国家债务，将在欧盟层面连接进一个债务清偿基金。欧元国家将共同为这种债务提供担保。

3. 债务清偿。这些债务大山将在一个有序的安排下通过至少20年的长时段得到清偿。这种时间上的延伸将减少欧洲当前的节约压力。

4. 利用欧元基金融资。债务清偿基金将利用特别发授的由各国共同担保的债券来重新融资。这些债券利率低，每年固定清偿，而且期限长。

5. 欧洲央行融资。欧洲央行可以购买部分债券，以确保原有债务负担长期的、利率优惠的融资。欧洲央行购买的债券占比越大，各国财政预算的负担就越小。

6. 团结。部分国家，尤其是希腊、西班牙、葡萄牙和爱尔兰将绝无能力通过自身的力量偿还债务。此时那些较为强大的国家，主要是德国，必须承担多数的偿还金额。经济上，这相当于债务免除。德国的代价可能非常巨大。 至于是多少，还要看我们能共同化多少债务并且债务清偿基金的再融资如何取得成功，但是这个资金数额最高可累积到 1 万亿欧元。

7. 责任限制。 与左翼的思想领袖的要求不同，未来债务的责任共同体应该被排除。 共同责任的前提或许是拥有单个国家预算主权上交的财政联盟，但目前这一点在欧洲是不可能实施的。 因此，在清除原有负担时与团结相对，且对单个国家债务的共同责任要被不可更改地排除。 这样就会出现国家破产的规定。 由于所有国家再次站在债务占国内生产总值 60％的起跑线上，另外，私人债务问题通过清偿基金同样得到了解决，资本市场就能够不受欧洲央行干涉，独立根据信贷资质自行确定利率。

8. 真正的改革。 从短期的节约压力中解放出来，欧洲国家能够就增长议程达成一致：激活劳动力市场，实施有目的的移民政策，在教育、创新和基础设施上投资。

针对上述方案，我已经听到批评者的咆哮了：若如你所说，对那些储蓄节约的人是不是不公平呢？ 我们为什么要拯救债权人？ 欧洲央行的干涉不是带有通货膨胀后果的直接国家融资吗？ 我们如何确保数年内我们不会再次面临同样的问题？ 德国为什么要这么做？

第一个问题的答案挺简单：是不公平，甚至是非常不公平。 但是损失已经产生了，并且我们只有选择如何将损失清除掉。 而清除损失的方法有通过单方面的债务人的停止支付、通货膨胀以及以某种有序的方法这三种选择。 考虑到前两个选择的消极影响，我明显倾向于有序的方法。

如银行和保险公司一样的债权人也确实会受益。 但是这里也适用的是，提出选择的问题。 假如我们让银行承担损失，那么我们就得再次用税收资金来拯救这些银行。 如果我们选择走上塞浦路斯那样的银行债权人的参与之路，那么德国的储蓄节约者也会直接被波及。 假如保险公司损失资金，顾客们又会再次成为承受损失之苦的冤大头：在人寿保险上是直接遭受损失，在财产保险上将会损失明显较高的保险费。

在这样的方案中，欧洲央行的介入干涉理所当然会遭到激烈批评。 国家的直接融资在这里会像在魏玛共和国那样直接让我们被迫面临超级通货膨胀的威胁吗？ 不过与欧洲央行当前的政策不同，该计划意味着一次限制性的从一开始就规定了总额的行动。 通过立即清理债务问题，欧洲的经济才可能迅速地恢复，从而无须欧洲央行后续的干涉。 相比欧洲央行长期的干涉，在这样的方案下货币价值更加安全。

然而危机还是有可能会重演。 因此，在通往债务清偿基金的谈判中必须要么就继续深化欧洲一体化，要么就滴水不漏的不救助条款＊达成一致，该条款对未来的政府也有约束力。 通过这个条款必须确保，未来不会有国家对其他国家施以援手。 对类似这样的方案的承载力的质疑在过去数年的时光中是完全可以被理解的。 但是，只要我们坚持欧元，就没有其他选择。

德国人是欧元区的主要债权人，因此，如果涉及债务危机的建设性方案，德国人尤其会受到挑战。 德国的贸易盈余是德国人通过给顾客们提供信贷实现的。 现在确定这些顾客没有充分的能力支付德国给的信贷，就会出现应付债款损失。

即使不愿意，我们也得承认：如果没有损失，我们就不可能解决这个问题。 我们只能决定，如何把损失变成现金并在国内公平分配，以及向我们的债务人要求什么作为回报。

只有当我们恰当地主张我们的利益，所有这些才起作用。 因此，联邦政府现在应当充当这项运动的领头人。 当前的策略已经失败了，并且存在通过欧洲央行的资产负债表后台无限制社会化过去和未来债务的危险。 在德国，

＊ 不救助条款是根据《里斯本条约》125 条确定的条款确立的。根据该条款，一个成员国承担其他成员国的债务是非法的。该条款导致人们担心德国宪法法院可能废除欧盟的救援规定。本注释根据英国《金融时报》定义翻译。原文请见：http://lexicon.ft.com/Term? term＝nobail_outclause。——译者注

我们对类似的情景毫无兴趣。 更好的状态是，对原有负担和无特许的未来债务通过公开透明的方法重新整理并加以削减。

即使我们将上述欧元区的方案都付诸实施，欧元的存续也是没法保证的。各个国家间的竞争力差距仍然像以前一样巨大。

欧元的引入，导致了前文所描述的一系列景象——当今危机国家由信贷支撑的繁荣和德国的调整危机。 其后果就是这些国家的竞争力失衡。 尽管过去数年有某种程度的接近，但是要想达到竞争力的均衡还有很远的路。 这既在欧元区之内，也在国际上产生影响。 对意大利、西班牙、葡萄牙也包括法国一类的国家来说，欧元过于强势。 这些国家需要明显较低估值的货币，但在一个共同的货币区内，这是无法和德国一起实现的。

而这个问题，并不能通过内部贬值来解决，因为内部贬值的过程将可能持续漫长的 10 年。 即使通过内部贬值的方法，实施的前提也是建立在德国敢于实施每年 5% 的通货膨胀率且其他国家的通货膨胀率位于零附近的基础上。这些条件不管是政治上还是经济上都是虚幻而不现实的。

为了应对竞争力不均衡的问题，有两个解决方案可供选择:要么我们和较弱的国家一起组成一个转移联盟，在这个联盟中强势的国家（主要是德国）持续地支持较为弱势的国家；要么我们就改变欧元区的组成。 像意大利、葡萄牙和西班牙，最好也包括法国这样的国家，到时要么就退回到使用其本国的货币，要么就组成一个自身的货币集团。

转移联盟的前提，即上交其预算主权，赋予布鲁塞尔干涉权，现实地看，从政治上来说并不具有可实施性，并且就像我们今天已经观察到的那样，隐藏着巨大的隐患。 因此政界在清除了原有债务负担之后必须公开审视"欧元"这个项目，并且只和那些愿意且能够服从这套严格的"紧身衣"约束的国家继续前行。

展望

简单地说，政治讨论是沿着下面两条路线展开的：

● 在欧元区范围内，我们会获得对当前和未来国家以及私人债务的共同担保（形式为银行的某种共同担保）吗？

● 民族国家放弃其主权并将其国家能力，主要是金融领域的主权转移到布鲁塞尔的欧盟机构，我们会获得这种形式的政治联盟吗？这将会导致税收和社会福利体系的统一。

显然这两条路线并不总是相互一致的，人们或许能够想得到。理性的观察者或许会看到两大根本性的选择：带有主权上交的共同担保或者主权在各国，每个国家自我负责。

就像我们已经看到的一样，一种会出现的情况就是各国在保留自主权的同时，也追求着共同责任体。这甚至是边缘国家的政治家所偏向的版本，他们允许当前利用别人的资金的政策继续下去。这恰恰也是要求一个欧元议会——在其中受援国拥有坚实的多数——的背后之义。

由于其他国家放弃其主权是不可能的，同样，让德国支持一个转移支付联盟也是不可能的，但恰恰考虑到难民危机不是不可能[76]，那么最可能的景象或许就是"得过且过，一切照旧"的状态。债务不会被正式地重新归类，而是像在处理希腊债务案例中那样，被长达数十年免息而免于清偿，虽然经济学上会得出同样的结果，但相对于普通公民而言，政策却能够更好地被兜售。

拯救欧元的负担因此继续落到了欧洲央行的头上，而欧洲央行将会越来越多、越来越强地干预金融市场的动态，并以越来越大的规模购买国家债务。

这对于欧元区的两大问题，即高企的债务和参差不齐的竞争力，则不会有丝毫的改变。

所以最迟到下一次经济衰退时，欧元巨大的崩溃景象才会出现。 因此欧洲将会给世界经济带来巨大的拖累：人口问题不利，疲弱的生产力增长，不可遏制的更高的负债和不断增加的矛盾。 同时，欧元区扩大了其他地区的问题，如那些同样在高企的债务、不利的人口问题和在疲弱的生产力之下呻吟的经济区域。 越来越大的外贸盈余抽走了世界的购买力。 欧洲据此将会把这种冰期输往全世界。

04 日本是欧洲的榜样？

陷入危机之路

20 世纪 80 年代，日本曾是经济崛起的典范。 随着二战后出现的经济奇迹，日本企业在越来越多的工业领域，如机械装备制造、汽车产业和娱乐电子业中占据统治地位。 解释和称赞日本经济模式的书籍曾是畅销书。 日本崛起并成为领先的经济国家，看起来只是一个时间问题。 对日本进行观察研究的狂热程度，在很多方面与今天观察中国的热度类似。 日本企业曾在全世界尤其是在美国大举购买精美艺术品和高档不动产。

在这场繁荣背后，是日本政府对经济的操控与支撑繁荣的货币政策。 后者主要在 1985 年的《广场协议》，即美国、德国、英国、法国和日本政府间关于美元贬值的协定签订后才变得活跃起来。 为了避免对日本经济造成的消极影响，日本央行持续降低利率，从而给日本股市和不动产市场出现惊人的泡沫埋下了祸根。 在泡沫高峰时期，有谣言宣称，东京帝国公园的土地价值和整个加利福尼亚州相当。

泡沫破灭之时，资产价值从 1990 年开始急剧下降，而同时债务却顽固地僵持在过高的水平。 企业和银行面临巨大的债务之山，这是未来数十年它们必须承担的债务之山。 为减轻负担，日本央行数年来将利率强行压到低于1％的水平。 批评者断定，日本央行应对得不够快，其"量化宽松"的政策（即直接购买有价证券，这种购入由于受到美联储过去数十年来带有攻击性的推动，其成功可能将遭到合理质疑）到2001年才出现，并到那时也只是非常谨慎地得到实施。 尽管如此，具有争议性的是，政界非常激进地尝试通过低利率、修改资产负债表规定以及国家支出重新让经济活跃起来。

失去的数十年

日本政府曾按照凯恩斯的理论行动，国家支出明显升高了。 但与此同时，日本银行业必要的重组却需要非常长的时间。 当美国在2008年通过TARP(Troubled Asset Relief Program，不良资产救助计划)将其银行保护起来时，日本对类似措施却犹豫不决。 与今日的欧洲类似，事实上已经破产的银行和企业通过降低利率、免除债务，被人为地续命。 这些"僵尸"阻止了债务清偿，而对相对更健康的企业而言则扭曲了竞争。 许多观察家认为，长时间经济衰退的一个主要原因就在于，政府试图通过加税来仓促降低国家赤字。

但是这种长期衰退也可能有其他原因。 如前所述，日本企业在20世纪80年代的繁荣盛宴中处于高额负债状态，就像今天西班牙、葡萄牙和爱尔兰等国的私人家庭一样。 这些企业使尽浑身解数，重新使其资产负债表归于正常。它们降低各种费用，削减投资并清偿债务。 这样它们就变成了纯储蓄者——就像20世纪90年代初期的私人家庭将超过其家庭收入的10％用于储蓄那样。这种"过高储蓄"导致的后果一方面是贸易顺差（我们在德国也经历过），其背后无非是资本输出。 日本自1985年以来往其他国家输出的资本总额累计至少有3.6万亿美元。 另一方面是国家必须允许财政赤字，以弥补私人部门需求不足，国家意图以此避免一场严重的衰退。

家庭、企业、政府和外贸部门的储蓄积累一直为零。企业和家庭储蓄越多，贸易顺差就越大，并且国家赤字就是必要的。日本投资银行野村证券首席经济学家辜朝明已经解析过这种联系，并引入了"资产负债表衰退"*这个概念。因此，过去 25 年所发生的事情非常简单。企业所进行的是纯储蓄并削减其负债，私人家庭将其约 20％左右的储蓄率降低到了仅有的超过 3％的水平，而同时，政府却通过一个又一个的由信贷支持的经济刺激项目来弥补缺失的需求，国家负债因此从由国内生产总值约 50％的比例攀升到今天的大约 250％。最终不过是债务人换了个位置而已：私人部门债务减少，而公共部门的债务明显增多。

不过，研判日本的发展情况还需要考虑其他的因素。在泡沫破灭和削减债务开始降低杠杆的同时，日本的就业人口出现了萎缩。直到泡沫巅峰时期，日本就业人口还曾处于增长之中，这又激化了泡沫的生成。与欧洲比起来，这是一个令人不安的平行过程，其中就业人口数量的高峰就出现在繁荣的巅峰时刻。

当就业人口开始萎缩时，日本放弃了人均国内生产总值的持续增长，此时日本人均国内生产总值甚至超过美国。这一点常常在观察日本增长数字时被忘记。但是遗憾的是，债务和国内生产总值都是名义的规模。债务偿还只能从名义收入中实现，因此，如果债务人更加有生产率，同时资源投入减少的话，就没有什么不利于债务人的事。

日本已经破产

总结起来，日本这个国家有以下特点：

---

* 关于"资产负债表衰退"可参看辜朝明先生著作《大衰退：如何在金融危机中幸存和发展》。——译者注

- 日本是一个人均国内生产总值增长稳定的国家；

- 日本人口规模一直在萎缩（这一进程将持续到 2060 年，其人口规模将从 1.27 亿缩减到 8700 万）；

- 日本未来数十年的实际经济增长量将减少；

- 日本国内老龄化人口的储蓄率将持续下降，甚至不久就会变为负值；

- 企业领域，经过 25 年的债务削减后，拥有非常稳固的资产负债表，但投资很少，这其中也有人口发展方面的原因；

- 虽然在低利率的情况下，日本国家债务接近国内生产总值的 250%，但至少有 43% 的国家收入用于债务还本付息；

- 日本中央银行奉行宽松货币政策多年，早在 2001 年就第一个推行"量化宽松"政策；

- 尽管做了各种努力，日本的通货膨胀率一直持续偏低。

简单来说就是：日本完全就是负债过高。在没有明确名义经济增长的情况下，没有什么国民经济体能够经受得起国家债务、企业债务和家庭债务累积起来接近国内生产总值 400% 的债务水平。但是这样的增长由于人口因素和偏低的通胀率并未出现。

乐观者指出，拥有接近 3 万亿美元国际净资产的日本仍然属于世界上最富裕的国家之一。 与这些资产相对的是接近 10 万亿美元的国家债务，这些债务最终是由日本国民所持有。 另外除了这些正式的国债之外，日本未来的养老与健康花费所隐藏的阻碍也将出现。

显然，日本政府绝对没有能力偿还债务。 因此，问题不是债权人是否将会失去其债权，而是这种事情会怎样发生。 选择很清楚：

● 国家宣布支付能力丧失，债务不再偿还。由于债权人位于国内，相较于阿根廷的情况，债务违约明显简单些。在阿根廷，外国债权人会阻止债务违约的发生。

● 政府可以对私人财产征税。与仅仅涉及国家债券所有人不同，在这种情形下，全部的资产所有者都得为解决债务危机出力。这种行动与在欧洲类似，在政治上或许将不会有什么吸引力。

用安倍经济学破除重围

现在卷进来的可能作为解决出路的是安倍经济学。 汽车司机都知道疾驰的汽车要突然在墙的前面停下来，是不会成功的，而时任日本首相安倍晋三却加满油门，试图穿墙而过。 以他命名的安倍经济学是日本政府一项激进的举措，试图将日本经济从数年之久的萎靡不振中拉出来，制服通货紧缩，避免国家破产。 这项战略建立在以下三项支柱的基础上：

1. 大规模购入国家债券和各种形式的有价证券（按照经济规模计算的话，日本比咨啬的美联储购入国债和有价证券多大约 1/3），据此将通货膨胀率提高超过 2 个百分点；

2. 更大规模的国家赤字（目前是国内生产总值的 10%）；

3. 通过结构改革提高中期和长期的经济增长潜力。

英国财经周刊《经济学人》激动地将这位日本首相，也就是该概念名称的来源人安倍以超人的装束展示在其封面上。

安倍经济学的目的十分明确，将经济名义增长率提升到超越债务增长率的高度，以此来降低负债率。

虽然有理由通过劳动市场改革和提高女性就业比例来推动增长，但是这些针对人口发展的措施很少有行得通的。 实际的增长一直保持在低位。

更重要的希望是通过日元贬值来提升出口。 从这个角度看政策无疑是有效的，但却是不成功的。 这样一来，虽然日元自从上述政策推行之初大幅贬值，但日本的对外出口却并没有值得一提的增加。

原因一方面在于对外出口的结构，这种出口结构与德国类似，都是由高技术的产品组成。 它们的出售更多是因为其性能和质量，价格因素影响较小。 因此企业更喜欢以日元计算的较高收益，以及通过这些收益反映在日本股票市场的股票上。

另一方面的原因是，日元的贬值导致进口商品价格更高，这具有影响内需价格水平的期望效果。 日本银行事实上可以据此估算，到 2015 年，数十年来首次出现 2％的通货膨胀率。 但是这种价格攀升的影响对整个经济需求而言却是非常负面的。 它就类似某种消费税，使得私人家庭的可支配收入下降。这恰恰是政策所不愿发生的事情，日本经济中的不平衡将因此恶化。 从宏观经济来看，消费率下降，储蓄会增加。 其背后隐藏着私人家庭储蓄的消失、企业创纪录的盈利和储蓄率，以及国家创纪录的赤字。 只有到那时，当企业领域开始投资支出，日本经济才可以增长。

这就意味着更高的酬金水平和更多的投资。 直到现在企业对提高薪金都是持谨慎态度，它们尤其要避免增加其固定成本。 与欧洲和美国的企业类似，选择谨慎投资有诸多说得通的理由：增长前景不明朗，产能运行不足，投资风险偏高。 如果政府想改变这种行为，它们必须开始向企业征收更高的税收，主要是那些并没有用于投资的盈利部分。 与欧洲国家和美国政府类似，政界对实施这样的政策也是投鼠忌器。 倘若如此，企业将盈利转移到其他更具税收优惠的地区，可能性太大了。

假如安倍经济要发挥作用，那么名义经济增长要大幅度提高。 考虑到创纪录的国债，日本央行就得确保利率继续保持低位。 即使是小幅的利率增长，也足以引发支付能力的丧失，由此就可能出现预期的金融衰退。 如果利率水平持续被压低在经济名义增长率之下的话，就会出现有利于国家的、针对储蓄者的隐形财产剥夺。 但经验告诉我们，这样将会再次导致更高的储蓄率以及在既有的投资水平下更高的贸易顺差。 在当今世界，让其他国家接受较高的贸易顺差，是不可能的。

现在该怎么办呢？ 对令人失望的经济数据，首先政府和中央银行已经通过再次强化一系列措施，即继续加大油门加以应对了。 由于明显的破产和资产上缴在政治上没有什么吸引力，并且因为增加的收入并没有减少债务，日本看起来要寻找其他的解决方案了。

国家债务清零

日本银行对国家债务购置的份额越来越大。 或许要不了多久，日本国家债务的绝大部分都将归于日本央行的名下。 由于政府和央行都"属于"日本民众，因此有人可能认为，债务从此无关紧要。

央行能够在国家债务利息被支付的同时，又将之回拨给财政部并放弃对债务的清偿。 Bingo!（没错！）债务问题解决了，没人有资金损失。

这一想法并不新奇。 在英国，人们早就在讨论和建议，将央行名下的国家债务直接清零。[77]批评者在此看到，这是在重蹈魏玛共和国时期货币政策的覆辙。 众所周知，该政策以一场超级通货膨胀告终。 赞同者无视这一风险，前提是这是一次性的行为，并且央行避免陷入对国家赤字的持续援助。 对历史的回望告诉我们，这真是一种乐观的猜测。

日本看起来有意冒险。 如果顺利，日本将会成为欧洲解决过度负债危机的榜样。 如果失败，日本国民对本国货币的信任将完全丧失，随之而来的是日元彻底贬值。

在这样的背景下，日本养老基金决定出售日本国债给日本银行，并将相应所得款项投入国内外股票。 这看起来是个聪明的策略，起码实际价值保住了。 政策若是成功，经济增长将会变强，并创造出比目前更多的价值。

到目前为止，在应对过度负债的危机上，日本并非什么榜样。 但它很快将向我们提前揭晓，数年冰期岁月之后，我们终会面临的最后一局是什么样子。

给欧洲的前车之鉴

我们能够从日本的例子中学到什么？

我们现在处在与 20 世纪 90 年代初日本经济泡沫破灭时十分相似的情况：欧洲国家的债务处在前所未有的水平并且还在继续增长；就业人口开始萎缩；没有为老龄化社会的花费建立起储备金；对欧洲的经济状况而言，欧元过于强势；银行系统几近崩溃，而就像《金融时报》所报道的[78]，恰恰在边缘国家中，到处都是"僵尸企业"。 这些企业之所以还存活着，只是因为银行经不起折旧。 与日本不同的是，欧洲有着不同的国家、语言和社会系统，这进一步限制了人们的行动。 而即使欧洲央行转而推行更加激进的方针，它也只是为利益诉求不同的国家们服务的央行而已。

日本肯定不能作为我们的榜样，更多的应是充当警示。 与 25 年前的日本相比，欧洲如今的起始状况要糟糕得多。 由于初始负债少，日本政府当时还能靠大规模举债来稳定经济；这些债务的债权人是日本的储蓄者们。 而与此相对，欧洲国家在危机前就已经积累了大量债务。 再者，它们还要依赖国外的金主，因为本国的储蓄不足以支撑国家赤字。

我们没法在日本"榜样"的后面跟随 25 年那么长久。 更好的或许是从日本的例子中得出正确的结论：解决债务问题，而不是让它不受抑制地扩大，直到无可挽回。

但到现在，看起来好像没人将这个劝告听进去。

第三部分

30 年冰期？

01 关于百年不遇停滞的论调

世界经济不再增长

世界经济面临着长达数十年的停滞期。前美国财政部长拉里·萨默斯（Larry Summers）于 2013 年 11 月在国际货币基金组织的一次演讲中首次表达了这一观点。当时，他有意用到了经济学家阿尔文·汉森（Alvin Hansen）在 20 世纪 30 年代所创造的"百年不遇的大萧条"这一概念，即一个相当漫长的、经济增长极度缓慢的、低实际利率和低通胀的阶段。国际货币基金组织和许多著名经济学家也逐渐开始认同这一观点。在这种观点看来，当前世界面临着过度的供应、稀少的投资、低利率、债务泡沫和长期而难以承受的债务负担。[79]

萨默斯认为原因在于过量的、没有被充分用于投资的存款。经济的参与者投资太少而储蓄过多，从而减缓了经济的增长。造成投资不活跃的原因各种各样。人口的发展趋势使培训和装备劳动力的投资需求降低，同时导致了最终需求的下降。此外，投资成本，比如信息技术的成本，也降低了。由此对投资的总体需求减弱。收入分配的不平等还额外地加强着储蓄倾向：与相对不那么富裕的阶层相比，富人们储蓄更多，消费在收入中所占的份额更小。

这种储蓄和投资的不平衡也体现为持续的贸易不平衡：一方面是作为债权国的德国和中国，另一方面是作为债务国的美国、英国和欧洲边缘国。 根据这种不平衡理论，德国和中国消费不足，从世界经济中抽出了决定性的购买力。 此点也见于对德国外贸顺差的批评中——2015 年德国的外贸顺差在国内生产总值中占比近 8％。 正如我们之前所谈到的，这一顺差意味着同样规模存款的向外输出。 结果便是：全球的资本供应额外增长，低利率为错误的投资和消费决策埋下种子。

疲软的投资和消费需求导致真实平衡利率的下降。 这里真实平衡利率指的是使投资和储蓄率得以平衡的利率。

据萨默斯的看法，真实平衡利率此间为负，经济正是因此失衡。

而这又可能将全球经济直接导向一场经年的停滞。[80]

望一眼事实便知萨默斯的论证不无道理：金融危机以来，西方国家的经济恢复得十分缓慢。 大部分国家远在趋势增长线之下。 只有美国和德国的名义产值超过了 2007 年的水平。 危机国家所有部门增长的负债也支持着萨默斯的看法。 在这些国家中，存款没有得到生产性的应用，只被用于为消费提供贷款。

困于恶性循环

萨默斯和他的法国同事托马斯·皮凯蒂一样，看到的是问题的表征，而非本质的原因。 皮凯蒂分析了财富的发展趋势，却没有认识到不断增长的债务的起因性作用；萨默斯则纠结于存款过量，没有发现过度债务会破坏经济增长。 经济停滞的原因不是存款过量，而是整个世界的过度负债。 经济停滞是过去数十年政策的直接后果。 人口的发展趋势和减缓的劳动生产力增长进一步加重了问题，正如我们已经分析过的那样。

此间有各种各样的相互作用。 相比于负债没有增加的情况，在负债增加时的经济增长率更高。 高出来的经济增长是由被鼓励的消费带来的。 与此同时，货币政策努力防止衰退，或者说尽可能地缩短衰退。 在这点上它完成得非常出色。 1985 年起，衰退愈少发生，愈渐轻微，直到 2007 年系统差一点整体崩盘。

增加的债务在表面上可能带来了成功，但事实上其影响却是致命的。 衰退所能起到的经济净化作用缺位。 投资不当的项目和没有竞争力的组织和企业由此在市场上存活下来。

这对进一步的经济增长有坏的影响。 因为差的企业虽然还能存活，却对经济活力的贡献非常有限。

在债务支撑的繁荣中所形成的过剩产能，对新投资需求降低，通缩的压力加大。 而当需要支付债务利息时，流动性的创造居于首要地位。 当关注的焦点不在于收回成本而只在于创造流动性时，通缩风险巨大，这意味着通胀率会下降并最终为负。

此外，系统中增长的"推高债务行为"还会导致财富不平等分配的加强，因为从利息的支付和资产价格上涨中获益的只有资产所有者。 相伴出现的还有社会消费倾向的降低现象，因为富人的储蓄率明显高于社会平均水平，而不那么富裕的阶层不再有空间举债来进行额外的消费。 由此，经济增长率进一步下降。

政府努力防止此类事情发生，并通过一切手段来抑制单为支付利息而产生的债务增长，以使：

- 更多的新债去创造需求并由此活跃实体经济；
- 债务人保有履行义务的能力；
- 降低债务（"去杠杆化"）的压力减小；

● 低利率诱使尚有举债能力的潜在债务人进行贷款消费或投资。

由此而来的副作用明显而巨大。廉价的资金导致资产通胀和非生产性举债，从而再次引发衰退和更大的危机。等更大的危机来了，又重新以更廉价的资金来应对。

于是我们被困在了一个越来越强的、百年不遇的大萧条旋涡里。这个萧条是由我们自己造成的。数十年的举债政策阻止了经济向更高增长率的回归。过剩产能和创造流动性的需求起着通缩作用。结果便是名义增长的低下。

冰期的场景来得真真切切。

好通缩与坏通缩

价格水平下降所起到的作用是存在争议的。美联储的一个地方分支机构明尼阿波利斯（Minneapolis）的研究者通过分析通缩和衰退的关联，得出结论：这样的关联并不存在。[81] 在此我们要知道，在一个货币价值稳定——比如实行金本位——的世界里，通货紧缩再正常不过。企业实现了生产力的提升并在竞争中将益处进一步带给主顾。结果便是：价格的稳定下降，这就是一次通货紧缩。对生产者和整个国民经济来说这都不是坏事。相反，经济甚至能繁荣发展。而恰恰这一现象在 100 多年里都能够被观察到。

当通缩和无节制的举债一并出现时，就另当别论了。这时的通缩就是由这类举债引起，而不能单单归因于经济系统中常见的优化和改善。耶鲁教授欧文·费雪（Irving Fisher）在他的《大萧条的债务通货紧缩理论》（*Debt Deflation Theory of Great Depressions*）一书中令人印象深刻地写到了 20 世纪 30 年代债务和通缩的灾难性关联。[82]

- 清偿债务导致紧急出售行为，负债人因偿还债务的必要而出售资产。

- 因为偿还了银行贷款，所以货币量减少。此外，货币流通速度减慢，买卖行为变少。

- 因急售引起的货币量的减少和货币流通速度的减慢，压低了价格水平。想买东西的人变少了，物价会降低。我们称之为通货紧缩。

- 需求减少，供应因而开始调整。

- 如果价格水平的下降没有被通货再膨胀（即扭转价格下降趋势的人为手段）或其他因素止住，则企业净资产不可避免地加剧减少，破产增加。

- 利润下滑，这会在资本主义社会，即以个人盈利为目的的社会中引发对潜在损失的担忧，由此造成对生产的抑制、商品供应的减少和裁员。

- 损失、破产和失业将导致人们出现悲观情绪，信心受挫，从而引起抢购和囤积商品行为，货币流通速度进一步减缓。

- 上述情况会将资本市场卷入深重的漩涡。名义利率或货币行情将会看跌，而实际或有效利率却升高。恶性循环因而产生。

费雪称过度负债和通货紧缩的联合为灾难。他说，"二者相互作用"，过度负债引起通缩，而"由负债引起的通缩倒过来又对负债起反应"。借贷而来、尚未偿还的每一美元，利息越积越多；而当初始负债足够庞大，债务的偿还或清偿则无法和因它们引起的物价下跌保持同步。结果是债务偿还的作用甚微。其减少负债的同时，由之引起的价格下跌则更快。

近年来我们在欧洲和美国看到的正是这样的情况。全靠政府和央行赤裸裸的干预才使通缩漩涡不致发生。

费雪认为从萧条中走出的路有两条：一条是漫长的，是经由破产、失业和贫困的自然触底之路。 另一条路则是人为而迅速的，在于有意识地实施通货膨胀，使价格下降到现有贷款合同签订之初的平均水平。 抵押物的价值将再次上升，过度负债问题解决，又创造出新的债务容纳能力。 同时，货币相应贬值。

当今，全球的政府和央行走的正是第二条路而不是别的，只不过效果没那么好。 我们身困的世界有着难以承受的债务；随着每一次稳定或刺激经济的尝试，债务都在进一步增长。 负债人玩着时间的游戏，借钱还利息。 债权人不断要求兑现债权，并对越来越多无法兑现的债权心生恐惧。

由此，我们看到的是和欧文·费雪在 20 世纪 30 年代大萧条中看到的相同的过程，不过这次经历了慢动作。

要解决病痛，费雪的药方作用还不够强，只能减缓疼痛。 30 年债务繁荣之后，累积成山的坏账本身就已经让央行无法应付了。

倘若真的出现一场规模巨大的通货紧缩的话，那么西方国家确定已经困于债务与停滞之中了，看看日本的前车之鉴，他们或许能够看得到事态演进的方向：越来越多的国家债务，只能阻止问题的恶化却没法治愈经济的痼疾。

对激烈措施的呼声

对过度负债的经济而言，没有什么比低增长更为无益。 增长越低，债务的负担越重，债务得不到正常付息的可能性越高。 退休金及社会保障体系同样会受到毁灭性的影响。 如今已难兑现的退休金、医疗保障承诺更加无法履行。

怎么办？ 对萨默斯而言，建议再明白不过：负利率，刺激企业进行投资和让更多的国家举债用于投资。 后两者在低利率的背景下几乎等于"免费的午餐"，在任何情况都会获得高于利息支出的收益。[83]理想的是，和 20 世纪 30 年代"罗斯福新政"所做的类似，政府应大幅举债，以投资来克服危机。

鉴于高负债和对老龄化社会大量的未履行义务，这或许是个大胆的主意。但因此不那么让人惊奇的是，国际货币基金组织在穆迪公司（Moody's：债券评级机构）数据的基础上算出，几乎所有国家都还能够大幅提高负债。

计算的方法没有公开，但计算的结果令人印象深刻。 德国政府因此还能够再负上相当于生产总值170％的债务而不产生问题。 法国、西班牙和爱尔兰则还能各自再举大约 100％的债务，葡萄牙则为 60％左右。 只有意大利、希腊、日本和塞浦路斯的负债已经饱和。[84]

这类研究的目的很明显。 有人想借它们说明：政府在已经失控的债务面前，为何还应通过更多的举债来应对危机。

在国家有效负债（包括老龄化的支出）超过国内产值 400％和个人负债已经高企的情况下，这一举措应当如何才能行得通，完全是一个谜。

除此之外，国家支出项目的效率也不乐观。 之前数十年国家项目的收益何在？ 我们且先把如柏林新机场和汉堡易北爱乐音乐厅的投资放在一边。

按照萨默斯的说法，要想在这样的情形下实现完全就业，只能靠资本市场的过热来推动。 其以负债为基础，总有一日必将以眼泪收场。

萨默斯将金融市场泡沫看作解决过度负债危机战略的组成部分。

如我们所见，这是个完全错误的想法。 每次金融危机都在增加坏账的份额，而且这些坏账尚不足以靠资产价值和收益能力来抵消。

或许也是因为如此，萨默斯才将明确的负利率看作克服危机的关键。 持该观点的不止萨默斯一人。《金融时报》之前就已呼吁用"征收储户资产"来克服危机。[85]然而负利率面临的问题是，储户们可以从银行把钱取走，将现金存放起来，以规避负利率——考虑到银行系统的虚弱和被未来银行危机波及的风险，这样做无疑是有吸引力的。 或者在银行租一格柜子——如此便已经跟危机和负利率说再见了，损失反正不会比碰上危机或负利率更大。

萨默斯进而将另一想法引入了讨论：现金禁令。 这一建议立刻获得了包括肯尼斯·罗格夫[*]在内的学者的广泛支持。 对罗格夫而言，负利率与通胀一样，无外乎是税收的一种形式；而现金却主要被用来向税务局及政府隐瞒大额交易。 多至50％的现金支付服务于隐藏在其背后大额交易的目的。 因此禁止现金交易不过是顺理成章。[86]

瑞士的例子则显示出我们离现金禁令已经有多近。 市场对瑞士法郎有着旺盛的需求，瑞士则一直致力于避免货币继续升值；二者的合力下，瑞士在通往负利率之路上已远远走在了我们前面。 瑞士的一些养老基金就尝试过，准备将钱寄存在银行保险柜中以避开负利率。 然而，在瑞士央行的指示下，管理存款的机构拒绝付现。[87]

这种干预的意义再怎么强调都不为过。 与央行保持一致，商业银行在拒绝央行所发行货币的动用权。 本来在银行账户存款的背后，是随时能将存款提现的承诺。 虽然我们都知道这不可能，银行并不能够完全兑现这一承诺；但因为除了在银行危机时，随时取现并无问题，我们也就满足于这次等的货币了。

对商业银行的债权始终要劣于对央行的债权。 存在商业银行的钱因为明确了风险，价值要低一些，而本须对现金折价。

瑞士央行现在考虑采取的正是这样的折价，不过是反着来的迹象！ 不是存款对现金贬值，而是现金对存款贬值。 目前正在讨论的是付现时少计入存款账下的比例[88]，对现金进一步的约束还在讨论当中。 现金支付将在一定的数

---

[*] 美国哈佛大学经济学教授、国际货币基金组织前首席经济学家。在克林顿政府期间，曾任总统经济顾问。——译者注

量之下才被允许；而如果要支付的数额较大，则必须证明其和之前从银行提走的是同一笔款项。

世界范围内，要放弃现金支付的声音正在增多。 按他们的说法，只用电子支付会有效率并实际得多，犯罪分子和偷税漏税者才会用现金。 明白地说就是：未来谁还用现金支付，谁就会多少被蒙上道德上有缺陷的嫌疑！

但用现金的理由也很多：它允许了一定程度上的隐私，因为不是我做的所有事都和国家、银行以及网络有关；它是对央行的债权，和对我存钱于银行的债权相比，它明显更有价值。 前宪法法院法官保罗·基希霍夫（Paul Kirschhoff）还有"被印出来的自由"一说。[89]

德国联邦银行也这么看，其在一次新闻发布会曾明确坚决反对现金禁令。《证券报》引用联邦银行董事卡尔·路德维希·蒂勒（Carl Ludwig Thiele）的话为："联邦银行将不会限制消费者选择的自由，这本该是立法者做的事。"[90]

对政府危机管理迄今为止的印象让人乐观不起来。 鉴于脱缰发展的负债和低增长，政府将采取越来越极端的措施。 现金禁令在此完全和政府的计划合拍；而也可能是直接实施作为对储户惩罚的负利率；要是还不够，跟着就实施资产税。

作为老百姓的我们只有少数合法的反抗可能，比如提前支付账单和缴税。或者我们再退一步：用替代的支付手段，如票据或香烟，用外汇或干脆用黄金。 而对这些手段的禁令就是政府顺理成章的下一步骤了。

该怎么办

在我看来，至于为什么危机过后经济恢复缓慢，可能的解释有以下三点。

1.经济受累于高负债的苦果，正处在"负债表衰退"中。 企业、个人和/或政府努力减少负债，导致我们进入弱需求时期。

2. 增长不过是降到了正常水平。 过去的日子里它被人为地打上了债务"兴奋剂"。 由于当前全球的不平衡和少有投资，重回债务经济已不可能。

3. 增长的下降是由于不利的人口结构、减弱的生产力增长和投资不足，这些又再次带来消费变少、投资变少和增长的继续疲弱的后果。 要是央行以廉价的资金来应对这一情况，不过是继续吹大气球而已。

真相可能在于上述三点的结合。 美国可能相对较好地渡过危机，因为它有着更好的人口结构和更灵活的经济政策。 中国则后劲更足。 而日本和欧元区靠着现有手段无法从危机中脱身，它们还需要更激烈和超常规的措施。

按照这一分析，传统地要求刺激个人和公共投资很明显早已不够。 为有效地避免数十年旷日持久的冰期和由此而来个体和公共债务人不可避免的公开和隐形破产，我们需要更激烈的措施[91]，其必须满足以下三个目的：

1. 削减过多的债务；

2. 加强增长；

3. 持续改革金融体系。

削减过多债务是为整顿西方经济而必须要走的痛苦却又不可避免的第一步。 无痛的选择，即"在问题中解决问题"（意指用更多的债务解决债务问题）和靠债务人慢慢还债，在如今的语境下不再行得通。 我们将绕不开免除债务、从债权人到债务人的重新分配一类的解决方式。 而什么都不做将有明显更大的财产损失，因此，一切表明，今天行动好过于明天。

另外，西方的经济体必须用尽全力去提高潜在的增长。 如我们所见，经济增长最终取决于两个因素：就业人口的增长和以人均产值来衡量的生产力增长。 鉴于人口向下发展的趋势，我们须全力发掘潜在劳动力：关键词是扩大妇女就业、提高退休年限和有针对性的移民政策。 同时，缩小公共部门的规模以向经济中直接从事生产的部门释放劳动力，也是合时宜的。

为了提高生产力，教育和技术革新必须处于社会投资的中心位置；同时，向国家和个人基础设施的投资也需提高。[92]

这里提出的要求与之前提到的如何处理过度储蓄的想法完全一致。 如我们分析指出的，过度储蓄其实就是过度负债。 但要它们发挥我们所希望的作用，得在解决了过度负债的问题之后。

以债务和债权缓慢贬值为目的的负利率，作用太慢，且存在着现实的危险：滞胀的作用大过负利率的作用，负债与收入之比不是降低而是进一步提高。

最后，我们必须改革金融体系，以避免像这次一样被过度负债牵着鼻子走的情况再次发生。 而只有当债务被用于生产而非消费目的时，这才有可能实现。 为此，各个经济部门中贷款的增长必须受到严格的监控；有过快增长迹象时必须采取应对措施，比如提高对自有资本的要求。

萨默斯为该政治经济的讨论做出了关键贡献。 他准确描述了症状，而对原因的分析则还应进一步地将债务问题纳入考虑。 为应对冰期的场景，我们需要激烈的措施。 但问题是，政客们有这个勇气么？

基本场景设定：冰期

我的假设是政客们没有这个勇气。 那么，我们必须在思想上做好迎接长期持续危机的准备。 危机有着严重的后果。

首先当然是经济上的：经济停滞，失业率在危机国家保持在高位，出现公司和人才的逃离。 因为对机器、设备、研发的投资进一步缩减，技术创新力继续降低。 人均产值停滞或减少，进而西方危机国家渐渐陷入贫困。 繁荣时期造成的债务和过剩产能负担、增多的僵尸企业、过去数十年大量的失败投资都在不断压低通胀率，我们将面临长期的价格停滞或下降。

经济上的这些情况不会没有严重的社会后果。 没有经济增长，社会共识度以及国家内、国家间的理解宽容度都会受到影响。 分配矛盾将会大大增多；社会限于人口结构，会更重视财富的再分配而不是创造新财富。 而这一趋势又会随着社会老龄化拒绝革新和改变的倾向得到进一步加强。 由于这些大量的再分配机制的存在，欧洲有发展成经济停滞地区的危险，德国将不能独善其身。 债务则将越来越多地被缓慢社会化。

这一基本场景对储蓄和财富来说已是巨大的风险。 最好的情况是，低利率下的"无风险损失"。 而更大的危险将从这些场景的演变中产生；因为政客们将会尝试用激进手段克服危机。 其中一些手段我们将在下文看到。

02 混乱和通缩性的崩溃

第二次大萧条只是被推迟

当前政策能够维持现状的时间是有限的，由此最有可能产生的结果是长时间的经济停滞。同时人们必须清楚地看到，这种长期的停滞，无论持续多久，最终都无法解决这些问题。相反，这些问题会持续加重。

正如在日本，债务不断上升，与此同时就业人口数量开始萎缩。负债人为了维持债务供其使用的幻想而持续负债，只要对于负债人来说可以这样做，这个游戏就会继续。中央银行直接或间接地准备融资，金融市场凭借着想象的研究结果，对未来的预期过高，认为今天的债务情况不会造成什么问题。

没有一个参与者愿意让"债楼"倒塌，这样负债人才有机会保持他们现有的生活水平并减少附加的债务。债权人则必须实现无亏损，银行也能够继续它们的商业模式。对于这个政策来说，这是一种极具诱惑力的场景，几十年庞氏骗局的结果得以在公民前被隐瞒。

这个问题停滞的时间越长，"崩溃"的危险就越大，这会导致"债楼"倒塌。停止支付和破产可能会导致一系列严重的经济危机连锁反应。

2015 年春季汇丰大银行的一项研究引起轰动。[93] 时任首席经济学家斯蒂芬·金（Stephen King）由此认识到，自 2008 年以来，这项政策仅仅是成功将一个新的萧条推迟为一个大萧条，而非阻碍这次萧条，因而全球经济在下一次经济震动时面临着崩溃。 金的这个论点基于以下众所周知的论据：

- 相较于其他的繁荣，这次的恢复非常弱。货币政策和财政政策远没有将经济恢复到正常水平。
- 过去四次繁荣中的每一次都比之前的这次弱。如果美国经济在 20 世纪 80 年代还能平均增长 4.5％，那么如今的增长就只有 2％。
- 这次繁荣已经持续了 6 年，相较于之前平均 67 个月的繁荣时长，直到 2015 年夏天的这场股票市场的扩张已经达到了 72 个月。因而在 2015 年秋季的崩溃不是意外。
- 经济政策面临着"弹药"耗尽的情况。根据以前的繁荣，这个时刻的经济政策明显是受到约束的。利息越来越高，国家财政赤字越来越小。如果一次新的经济衰退发生或是股票市场崩溃，会出现什么问题，人们还能做什么，对于这些情况我们还一直很自负。

对斯蒂芬·金来说，如果与这些众所周知的主题相符的过度负债、人口结构和生产力三者混合，将是爆炸性的。

在 2015 年春季达沃斯世界经济论坛的一次讨论中[94]，全球金融专家如拉里·萨默斯、国际货币基金组织总裁克里斯蒂娜·拉加德（Christine Lagarde）和对冲基金的明星经理人瑞·达里欧均对此表达了类似的看法。

拉里·萨默斯在讨论中再次提出了经济长期停滞的理论。 美国作为全球最后剩下的助推器已经处于经济上升的年份，因此到下一次的衰退只是时间问题。 即使是国际货币基金组织和美国财政部，也没有人能预测经济衰退的到来时间。 下一次也是相似的情况，因而全球通货紧缩和经济停滞将不可避免。 由于今后在美国 25 到 54 岁年龄段的高失业情况和即将来临的越来越多机器替代人类的科技革命，一场通货紧缩性的恶性循环即将来临。

针对萨默斯的预测，克里斯蒂娜·拉加德表达了她的担忧："如果美国不再是全球经济的发动机，我们就不再有发动机了。 我希望是您弄错了。"

真正的专家雷·达里奥凭借他对于这类事件的看法成了对冲基金历史上最成功的经理人，并且成了亿万富翁。 他说，"中央银行超级循环"最终是越来越少的利息和越来越高的债务。 货币政策的传控机制不再起作用，我们或许会处于一种通货紧缩的情况。 更困难的是，我们在 20 世纪 80 年代初期有一次美元升值的情况，这导致了一些有美元债务国家的压力。 达里奥认为这其中首要受影响的是新工业化国家，包括中国。 和当时不同的是，我们能够不再继续降低利息。

如果今天的金融市场发生新的危机和经济倒退，那么中央银行再也没有"弹药"了。 当然利率可以被持续压低为负，就像瑞士之前所做的那样。 当然中央银行也可以开始购买各种形式的有价证券。 不仅是优质证券，也包括官方的"垃圾股债券"或是股票，就像日本银行已经做过的那样。 中央银行还可以购买不动产或是确定最低价，凭借这个最低价他们或许能购买所有的东西。

斯蒂芬·金也是这个看法。 为了得出真正有效的选择，他在他的研究中讨论了各种可能却又被他立刻摒弃的情况，因为这些情况要么经济上不可行（阻碍经济倒退），要么政治上无法实施（退休年龄急剧上升）。

- 持续施行激进的货币政策。这意味着继续购买有价证券，确立明确的通胀目标，维持负利率。

- 一个合适的货币政策和财政政策。这指的是通过中央银行获得

国家预算直接的财政支持。政府能够施行这些投资并且将经济从危机
中拯救出来。

这些措施已经被讨论过了。 它们首先展现了一点：中央银行最终会来到
其能力的终点。 市场要求确定性，因而我们就看到了这些损害我们货币体系
可信度的措施。 如果失去了可信度，那么中央银行权力的可信度随之也会在
一夜之间消失殆尽。

如果中央银行在这样的情况下想要确保它们的存在，那么它们必须让市场
失望。 这样的失望导致所有的有价资产遭受巨大的损失。 如果它们踏上这条
不同的路，那它们就破坏了货币价值。

谁主张意大利退出欧元区

一次无法控制的意外导致的最大危险依然潜伏在欧洲。 正如我们已经看
到的，货币联盟本质上是不稳定的，因为它本身不完整。 同时，没有颁布必
要的措施来完善货币联盟。 矛盾越来越清晰地显露出来。 德国还在考虑如何
能使欧元稳定，但在外界看来那些掌权的政治力量要在欧洲实验结束时找到出
路，只是时间问题。

德国《时代周报》从德国的角度很好地总结了这个情况。"米尔顿·弗里
德曼（Milton Friedman）说的有道理"，这是 2015 年夏季一篇文章的结
论。[95] 欧元"将不会如我们希望的那样统一欧洲，而是分裂欧洲"。 因为共
同的货币会存在经济的适应过程。"这个过程凭借有争议的政治主题，即通
过改变汇率容易实现"，并且"希腊是欧洲拯救行动失败最明显的例子。 其
他危机国家的经济或许没有受到如此严重的破产威胁，但这并不意味着在那
里一切都很好。 比如西班牙的失业率一直都高于20％。 如果这种情况就被

视为成功，那到底什么是失败呢？"正如我们所看到的，西班牙是危机国家里最成功的国家。

因此德国《时代周报》得出了一个清楚的结论："欧元是一种货币，但不是最终目的。 它或许是出于政治原因被引入使用的，但它最终是遵循经济准则的。 如果它没有使欧洲人更富有，而是更穷，那它就失去了它的合法性。"

这是事实。 德国《时代周报》的作者相信，人们还是能够拯救欧元的，只要人们引入一种真正的银行联盟，在这个联盟里所有国家的纳税人在破产的情况下能够承担损失。 这符合欧洲的债务社会化，但这没有被公开说明。 此外，使用欧元的国家可以申请破产。

正如我们知道的，要稳定欧元，这些当然不够。 各个国家具有完全不一样的竞争力，这些未解决的问题在债务社会化和国家破产方面始终存在着。

因此，更为现实的是，瓦解欧元在危机国家的推进。 虽然目前希腊退出欧元区遭到阻碍，但这一切付出了巨大的代价。 希腊的问题没有被解决，经济危机加重，与此同时欧洲央行发放几十亿更多的救助债务，这些债务正如已经发放了的债务，不可能起作用。 2015 年夏季，希腊首先在一些国家如西班牙减弱了反对欧元的力量，因为那里的人民不愿意被像希腊一样被对待。

相较于西班牙，意大利的情况更糟糕。 经济效益比危机前降低了 11%，并且现在处于 2000 年的水平。 这比日本 1990 年以来的经济水平，甚至是意大利 20 世纪 30 年代的经济水平都差。 这样的经济退步对于一个大的经济体来说是没有先例的，主要原因在于意大利在欧元刚引入的几年里失去了竞争力。

贝普·格里罗（Beppe Grillo）——"五星级运动"的发起人和发言人，早就要求意大利退出欧元区。 根据欧元在希腊发展的情况，他提出了重新使用里拉的计划。 目标是：发起倡议，并在积极的斗争中退出欧元区。

事实上美国的银行已在多年前估计，对于任何国家来说，退出欧元区都是值得的，比如意大利。 意大利在北部还拥有稳固的工业基础，通过货币贬值或许能在世界市场上再次站稳脚跟。

反对欧元的人民阵线

在 2015 年夏季，德国左翼党的领导人代表和左翼党联邦议院党团主席萨拉·瓦根克内希特（Sahra Wagenknecht）首次表示反对欧元。 这是一个之前被德国另择党（AfD）阐明的立场。 此时不仅是德国左翼党开始转变看法，反对欧元，其他国家的左翼力量，尤其是西班牙、法国和意大利的左翼力量也明显地和欧元保持了距离。 正如左翼党希望的那样，欧洲的再分配情景越是变得不可能，就越不值得坚持欧元。 虽然德国政府正承受着难民危机的压力，且不顾专家委员会的提醒，但我相信德国会形成一个没有回报的再分配制度，只是这些在左翼党看来或许会持续过长时间。

德国最激进的一位批评家已经在法国和共产主义政治家让吕克·梅朗雄（JeanLuc Melenchon）一起改弦更张了。 法国国民阵线组织已经长时间致力于让法国退出货币联盟。 由此产生了一种有趣的情况：激进的左派和激进的右派反对欧元，欧元本来是用于维护和促进欧洲的和平与繁荣的，最后却失败了。

在意大利，人们已经要求退出欧元区。 斯特凡诺·法西纳（Stefano Fassina）——伦齐政党执政时期的财政部副部长，期望的不仅是欧元有序地解散，还期望成立一个联盟，即左派的"国家解放阵线"和"独立于民主右派的力量"合作。 一个真正的左派和右派的人民阵线在欧洲成立起来以反对欧元。

因而欧元不仅发展成为欧洲的病害，还成了激进力量反对民主最重要的武器。 这个问题很明显：现存的政党不顾经济学家们的大声疾呼和警告，在所有国家强制推行引入欧元的政策。 如今，由于货币联盟对于每个人来说明显不再起作用，并且带来的不是之前承诺的富裕，而是持续的高失业率和危机国家的倒退，这些都让政党无法承认，它们已经犯了战后最大的经济错误。 一种鸵鸟心态就此产生了，这种心态导致人们从一个危机到另一个危机，并且希望发生奇迹。 但这个奇迹不会到来。 即使欧洲中央银行可能会从帽子里变出一个或多个魔法，它也无法解决全球的债务问题，无法重新恢复竞争力，后者尤其不可能。

因而现存的政党将最好的"弹药"投向了激进力量，只是这些"弹药"投放可能正是它们所希望的。 欧元是一个主题，与该主题相关的从广泛的科学得出的现行政策，明显全线失败了，并且对于各国公民的影响明显是负面的。这些趋势或许还会加强，随之而来的是为这些重要的主题如难民危机在欧洲层面上找到共同的解决办法变得越来越困难。 欧盟越来越多地表示，它对很多人来说不是价值共同体，而是一个社会福利联盟，它只有在当越来越多的钱可以被分配时，才会运行。 如果大量用于推动欧元的资金减少，那对政客来说，向他们的公民宣传欧盟的好处会在国家层面变得越来越困难。

左派和国民民主阵线组织要在德国对欧元危机有广泛的认可还需要一些时间。 执政党的烟雾弹起了太大的作用。 德国人还和错误的信念紧密相连，即我们是欧元的受益者。

越来越多的民众投票反对欧元，这已经足够给现存的政党带来一次转折。这让人想到荷兰。 在荷兰，激进党和他们的支持者已经出现，他们的活跃造成了更严格的移民政策，然而这些党派中没有任何一个曾经真正掌过权。

如果一个人民党转而推行反对欧元的路线，那么欧元就会被弃之不顾。我认为发生这种情况的主要国家就是而且一直都会是意大利。

"改革的氛围"弥漫在整个欧洲，如果发生退出欧元的情况，这将不再有序进行，而会在其他国家迅速蔓延开来。 可能会发生资本外流，正如在希腊最后看到的那样，发生严重的债权丢失和银行破产。 这个结果也许是一次严重的经济崩溃，但是那些依靠贬值和可免除债务的国家能够比德国恢复得更快，而德国不仅会丢失巨大的债权，还会在一夜之间失去竞争力。

因此，"混乱和通货紧缩的崩溃"这个场景是完全有可能出现的。 危机持续得越久，我们处于冰期的时间就会越久，以上场景出现的可能性也会增长。 一旦发生破产和停止支付，债务紧缩就将紧随而来。 我指的是一次债务和债权的急剧缩减作为对于几十年来债务紧缩的反应。 这个紧缩或许不是来源于清偿债务，而是负债人单纯地不再支付。 支付停止会导致财富价值下降，这又反过来施压于其他的负债人，使其很难获得流动资金。 同时债权人尝试保证他们的债权，并会对债务人施加更大的压力。

资产贬值的恶性循环和经济活动的衰退开始了，其后果就是一次萧条。

中央银行和政府完全有可能会再一次成功阻碍这样的动态，正如 2009 年那次。 但我们不能依赖于此，这只是一轮对持续增长债务的帮助。 我们需要一个其他的解决办法，我们想要结束冰期。 巨额债务必须变小，明显变小。

03 通过债务减免来恢复支付能力

破产还是削减债务?

2014年春,国际货币基金组织和德国联邦银行发起了一场广泛的、关于在有序减免债务的框架下着手解决债务危机的讨论。同时提出的想法还有,通过征收财产税以分摊由债务减免所带来的负担。对此,IWF提出在欧元区一次性对所有资产征收10%的财产税。联邦银行则要求在危机国家征收财产税,以解决那里的政府债务问题。[96]

不出人们的预料,这些想法响应者寥寥。《经济周刊》首席经济学家马尔特·菲舍尔(Malte Fischer)在其专栏经常警示人们,要小心债务危机和粗放货币政策带来的后果。然而对于通过征收财产税来解决危机国债务危机的建议,他严词拒绝。[97]他的论据乍听之下不无道理。在他看来,如今的纳税人对债务负担无能为力。这些负担并未问过他们的意见,就由其父辈和祖辈留了下来。只有国家破产,负担才是由该受之人来受,即那些出于自身决定购买了国债、获得了利息收入的人。

将钱借给国家的人自己也知道,国家只能通过税收来还本付息。然而对菲舍尔而言,税收就是"偷窃",因为买国债的人知道,国债只能靠更多的税赋来偿付，他们由此让自己成了"国家侵占行为的共犯"。

因此，菲舍尔倾向于用国家破产的途径来解决债务危机。 这样牵涉的就是那些之前从国家债务中获益的人，即作为政府主要债权人的银行、保险公司以及其主顾。 这些主顾们之前有意识地做出了间接买入国债的决定，因此让他们也承担损失的话，再公平不过。

菲舍尔批评联邦银行，认为其倾向于财产税的实行，并揭示了国家央行的本质："它们是过度负债银行和政府的保护伞，为其利益——而非为民众的利益行事。"回想一下央行这些年的政策，这个说法并没有错。

论证对银行而言尤为适用。 凭什么纳税人就该为纾困银行买单，而之前的股东们却赚得盆满钵满，债权人也挣得了丰厚的利息？ 在金融危机之前，正是那些最冒风险的银行在证券市场的估值最高。 就此而言，投机受到惩罚不过是顺理成章。 这还会使银行得到教训，学会更谨慎地进行商业行为。

在塞浦路斯，债权人已在分担损失。 在欧盟和欧洲央行眼看资本从这个过度负债的国家外逃数月之后，紧急刹车已被拉起。 而正是因为本该破产的银行吸收了新的紧急贷款，才为资本外逃提供了条件。 为抹平银行的损失，所有 10 万欧元以上的存款已被采取措施。 这一规定从 2015 年起已在欧盟被写入法律，并立刻在奥地利得到应用。 而奥地利裕宝集团（Hypo Alpe）的坏账处理机构赫塔（Heta）的债权人已在分摊损失。

由此而清楚的是，欧洲在涉及银行事务上开始致力于遵循让债权人分摊而非向纳税人索取的逻辑。 因此，对银行的债权和 10 万欧元以上的存款始终有无法兑现的风险。 而 10 万欧元以内的存款一样被采取措施也只是个时间问题，因为理智的投资人都将避免在单个账户中存放超过 10 万欧元的款项。 鉴于数以万亿计的坏账和欧洲银行估计至少 7700 亿欧元的资本需求[98]，这一谨慎起见的措施很容易被纳入考虑范围。

但通过国家破产和让银行的债权人分担的方式克服危机，真的更好么？

我们得记得，我们在说的是欧元区 5 万亿不再能有序兑现的欧元。 这 5 万亿欧元的债务对应着同等额度的债权。 如果债务人停止支付，损失的就是债权人，首先就是保险公司、银行、退休基金和投资基金。 而在所有这些"资金募集渠道"后面的，则是我们，是将钱直接或间接（主要为间接）借给这些机构和不良债务人的民众。

那么问题来了：谁来承担损失？

菲舍尔遵循的是清晰的市场经济逻辑：谁买国家和银行债券，谁就应当承担损失。 这乍看是合理的，但细想则有问题。

父辈和祖辈低税赋的结果是财富相应的增长。 当初税赋若再高些，今天私人领域的财富就没那么多。 所以，作为继承者的我们，的确是过往政府债务政策的获益者。 同样没问题的是，要是政府们在 2009 年没有出手干预，当时就已经会出现巨量的财产损失。 借着 2009 年以来的央行政策，资产价值还广泛增长了。 这也是在有序解决债务危机问题上，采取征收财产税办法的又一可想的理由。

另外，投资国债对许多储户来说，并不是有意识的决定。 通常他们对自己是国家的债权人全不知情。 他们将钱投向银行或是保险公司，银行和保险公司在法律条款的限制下又无奈地去购买国债。 极少有人知道，在银行的存款又是对银行的债权，因此可想而知是有风险的。

国家和银行破产大有可能引起市场恐慌，就像传统的银行挤兑，让运行良好的债务人也被牵连其中。 由此而来的财产损失来得或许比有序方式下的损失为多。

对绝大多数储户而言，医疗保险和储蓄产品就是其大部分财富。 他们将钱另外投入有形资产和进行其他资本投资的可能性很有限。 因此，市场经济的解决方式包含着巨量的社会炸药。

就我看来，最后一点恰恰说明，要通过财产税和其他税赋来解决问题。

如果广泛的民众失去其大部分储蓄，而其他人则借着更好的理财决定和机会在危机中独善其身，巨大社会断层就已在酝酿之中了。

而防止此类事情的发生，恰恰也符合那些富人的利益。

并非新主意

我的第一本关于债务减免的书出版于 2011 年，书名为《回到美索不达米亚》(*Zurück nach Mesopotamien*)。[99] 用此书名是要让我们回忆起我们今天所处的情况，只对我们自己而言是新情况。 债务危机本是人类历史的固定组成部分。

自人类最早期的文化开始，就存在整个经济体过度负债的问题。 它在古希腊罗马前、公元前 3000 年的美索不达米亚时期就已出现。 那时也有贷款合同，而据猜测，楔形文字的发明就是为了将这些合同记录在泥板之上。 一旦借款人还清了债务，泥板就会被毁去。 在汉谟拉比法典（公元前 1700 年左右刻成的一块两米高的玄武岩石柱）上，280* 个段落对一众法律问题做了规定，其中也涉及财产、贷款和抵押。

如同所有有着贷款的社会一样，美索不达米亚也会定期出现债务危机。我们知道这个国家以及城市巴比伦的历史——想想巴别塔的建造——于是可以想到，那时国家也举债。 为了解决过度负债的情况以及由此一同出现的财富集中化，人们想到了减免债务的办法。 估计在公元前 3000 至前 2400 年间，这种"债务清偿"手段就已经得到了运用。 在此，以土星的运行为标准：其绕太阳一周，按当时的计算，需要 30 年。[100]

每 30 年就是一次"大赦年"。[101] 泥板被毁去，系统又重新开始。 结果是

---

* 原文如此，疑笔误。众所周知，汉谟拉比法典中有 282 条法规。——译者注

减免债务的周期大大缩短。 可能的原因有二：债务人知道会赦免，于是无节制地欠下他们明知还不上的债务；债权人则由于眼见的财产被侵占的威胁而提高了利息。 二者在一起必然加快导致过度负债。

美索不达米亚的统治者实施债务减免肯定不是出于仁爱，更多是为了缓和社会矛盾。 毕竟相比债权人，债务人越来越多。

今天通过债务"结构调整"以解决危机的考虑，也是出于这样的背景。"结构调整"也就是指让债权人来分担。 麦肯锡咨询公司也将财产税和债务减免看作解决失控债务的办法。 由此我们知道，局势有多严峻。

欧元区以及全世界许多国家都承认，太高的贷款根本无法如所想的那样得到偿付。 不靠减免债务，难以恢复昔日强盛经济的不仅仅是欧元区而已。[102]

图 7 中浅灰条表示预期增长，深灰条表示阻止负债率继续增长所必要的额外增长。 图中靠右部分（为方便回忆）的数字又再次给出了官方公布的国家负债。 如我们所知，算上退休金、养老金和医疗保险的未兑现承诺，真实的负债还要更高。

如图 7 所示，许多国家明显存在问题。 而希腊的数据此间已然过时。 在 Syriza* 竞选胜利前，麦肯锡报告发布的当时，希腊的经济本处于恢复当中，凭着已做出的大量让步，政府实际的还息负担不高。 本来继续这一路线就已足够。 但春季，希腊经济陷入严重衰退，麦肯锡数据变为一张废纸。

西班牙经济必须达到三倍增长，法国、意大利和葡萄牙经济同样也需要明显增长，然而这并不现实。 不通过减免债务，这些国家将无法解决其债务问题。 此外，不动产和消费的繁荣带来了非常高的私人领域负债。 而只有意大利因为其相对低的私人领域负债而成为例外。 没有债务减免，这些国家将持续地困于衰退之中。

---

* 希腊极左翼政党。——译者注

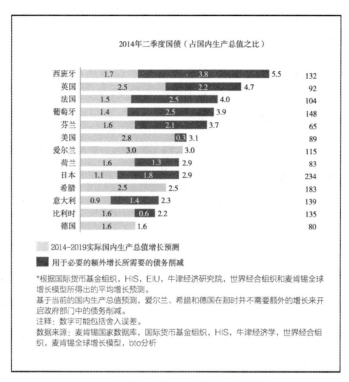

图 7 稳定债务比值所要求的实际经济增长

或许可以这么做

首先是好消息。 不必将所有的债务和债权一笔勾销。 若将不再产生收益的债务部分去除，我们的经济也许还可以被挽救。 如已经做出的推导，国家、个人和非金融企业的债务关卡可以设在 180％（相比于国内生产总值）。[103] 由此算来，欧元区的坏账在 5 万亿欧元左右。 而我们不妨认为，这部分债务的相当一部分，实为被通胀性高估的资产，于是坏账数额降到 3 万亿欧元。

实际上，一些国家通过征收一次性的财产税就能解决债务问题。 对此，意大利是范例。 其个人领域的负债相对不高，且与德国相比，意大利的个人拥有明显更多的人均财富。

如果财产税为 10 个百分点，显而易见，许多地方不能在自身框架内解决债务问题。 法国和意大利必须向个人征收大约 20％ 的财产税；而在抵押负债特别高的荷兰，财产税甚至得在 30％。

而在爱尔兰、希腊、西班牙和葡萄牙这样的地方，通过财产税解决过度的负债则并不现实。 在这里个人负债同样很高，各自政府靠自身力量将不可能解决债务问题。 所提国家的债权人主要在国外，就像各国的海外净资产态势所示，各国均是债权结余尽失而且都是外国债务。 具体数字令人印象深刻：2014 年，西班牙的国外净负债为国内生产总值的 94.5％，爱尔兰是 106.7％，葡萄牙为 111.6％，希腊则是 121.9％。[104]只有靠跨国的解决方案才能减轻这类债务负担。 因此，在这样的情况下，只有在欧洲层面进行债务的减免。 如已讨论的，国家们必须团结起来，共同解决旧有负担。 与企业破产的情形类似，部分债务将会得到重组或豁免。

理智，却不受青睐

"要么免去债务，要么收获债务人的仇恨"，英国《金融时报》2014 年 12 月的标题这样写道，并且呼吁欧元区大手笔地减免债务。[105]在该报看来，债权人应出于自身利益的考虑而放弃债权。 如今的逻辑正和当时一样。

危机爆发过后的 8 年多以来，财政紧缩，经济停滞，有通缩威胁，债务率不断增长。 欧元区 2007 年的国家负债还在经济产值的 66％，到 2013 年已攀升到 95％。 意大利、爱尔兰、葡萄牙和希腊的负债率更明显超过 100％。 债务还在继续增长，政客们却对债务不再能得到完全偿付的事实不管不顾。

只有一个问题是明确的：对哪部分债务用通胀来贬值，对哪部分债务又用

"结构调整"来处理。 而如我们将马上看到的，在过度负债的大环境下，通胀很难产生。

《金融时报》认为，唯一合理的答案在于豁免债务。 在此，有关于债务人"有罪"和债权人光荣的夸张道德观念挡在路上。 而在人类历史上，在借贷关系方面的道德义务却通常是在放贷人身上。 早先亚里士多德和柏拉图就在讥讽债权人，但丁（Dante）则将债权人放在地狱的第七层。 天主教禁止放贷营利，由此产生针对犹太放贷人的反犹主义陈词滥调。 在人类历史上贷款和利息带来了许多不幸，因此，消灭它们被看作是实现人类福祉的途径。

事情从 16 世纪开始有了转折。 在奥格斯堡商人雅各布·富格尔（Jakob Fugger）的推动下，教皇取消了利息禁令。 自此债权人和债务人分量调转。债权人有了道德优势，而债务人成了在无法履行义务时须为自己辩护的那一方。[106]

这一观点我在讨论中一再遇上。 当然，存在一些债务人言过其实的情况，但债权人——就是我们的银行——也没有谨慎从事。 每个冒失的债务人都对应着一个同样程度愚蠢的债权人。

道德立场在过度负债的情况中没有用，反而会加剧危机，并由此提高无收益债务的数目。 德国自身就受益于二战后一次大规模的债务豁免。 这是经济奇迹的基石之一，盟军从凡尔赛的错误中学到了教训。 如今的德国拒绝做类似的事情，这导致欧洲极端势力的抬头：从法国的国民阵线一直到希腊的极左翼政党 Syriza。 其政治后果可能令人震惊，《金融时报》这样写道。 对此，我作同一感想。 债务免除或符合我们所有人的利益。

那会不会有债务免除呢？ 我认为不大可能。 这需要勇气，而政客们可能拿不出来。

恰恰德国政府必须向选民公开承认：对德国而言，欧元不是什么成功的事情，反而带来了巨额的花费；而这些花费，又必须由所有纳税人来买单。

此外，这样的债务免除不仅会涉及官方的举债，还会使非官方债务也受到影响。 由此我们将明白，这几十年我们过得是有多么入不敷出。 出于对选民报复有理由的恐惧，每个政客在此都会情愿继续玩时间的游戏以避免自己的损失，而由此扩大我们大家的损失。

因此，政府将继续尝试通过欧洲央行来解决问题——有着高风险（风险会持续，持续的风险又会加大政治危险；也可能根本就行不通）、零回报（公开进行债务免除至少可以有改革作为回报）和危机国家民众的零好感。 在德国的我们最后将不仅多花钱，为此还受不到欢迎。

借由欧洲央行实施的解决方案可能究竟为何，尤其又有哪些可以期待的后果，我们将在下一章节讨论。

04 央行们应该来收拾摊子

来自巴塞尔的警告

巴塞尔是被称为"央行中的央行"——国际清算银行的总部所在。其最初建立是为了处理一战后德国的战争赔款问题,数十年来,其角色发生了变化。[107]如今,这里为全世界的银行拟定规则,讨论央行政策。

国际清算银行对当前的货币政策持批判态度,担心其产生危及金融系统稳定和伤害实体经济的严重后果。国际清算银行的总经理赫维·哈农(Herve Hannoun)在2014年11月的一次演讲中异常明确地表达了这一观点。[108]

根据清算银行的数据,债务在许多国家达到创纪录的水平,并且在危机开始后的8年里继续增长。在发达国家,金融业之外的债务在1999年至2014年间由占国内生产总值的212%增长到279%。2008年以来,发展中国家重复了这一过程,其中中国(占比为229%——成书期间大概已变为250%)和韩国(220%)首当其冲,债务明显过高。而这一问题并未引起金融市场足够的察觉。

虽然2009年以来金融系统逐渐稳定,但高债务背后深层的原因并未被触及。高债务源于央行的不对称行为,它们一直在怀疑中降低利率,之后的利率提升却做得不够。 于是，用所谓泰勒规则计算的"自然利率"自 2000 年起长期在真实利率之上。 也就是说，货币总是太过便宜。

尝试将此归咎为全球的不平衡和过度的储蓄，如拉里·萨默斯和许多其他人做的那样，这在清算银行的研究看来是说不通的。 在全球经济中出现得更多的是对债务而非自有资本大开方便之门。 这正是我们在本书第一章中所看到的，也是造成冰期的原因。

但哈农并未只停留在对现状的描述上。 他也探讨了告别过高债务的可能性。 其判断如下：

- 更高的经济增长——不现实。
- 停止支付/债务重组——不受欢迎。
- 财产税——不受欢迎。
- 大幅通胀——容易失控。
- 金融压制——耗时太长。
- 变卖国有资产——效果太不明显。

央行通过更廉价的货币来稳定债务之山，由此它们刺激产生了更高的债务并加剧财富分配的不公。 于是央行失去独立性，难以从廉价货币的政策中自拔。

清算银行的结论是：只有通过减少债务才能找到可接受的解决之道。 这虽然会持续拖累经济增长，但其他方案的拖累将更多并有着不可预见的后果。

来自巴塞尔的馊主意？

清算银行当然得听听反对声。《金融时报》名声在外的首席经济学家马丁·沃尔夫（Martin Wolf）便写了一篇犀利的批评，题为"巴塞尔耶利米的馊主意"。 但他可能忘了，悲观的先知耶利米曾常年警告人们圣城将全覆灭，最终这在公元前 586 年的耶路撒冷成为现实。[109]

和清算银行全然不同，沃尔夫认为只能继续推进当前的政策 ——并且还要提高国家债务——以克服危机。 我们来看看他论证的细节。

首先来说将我们引向冰期的危机之原因。 清算银行将金融周期作为考虑的重点。 这是一套基于瑞典经济学家克努特·维克塞尔（Knut Wicksell）的研究思路，其核心思想简单得醒目：利率太低会导致举债潮，伴随以资产价值的上升。 由此，债务和货币不是独立于经济系统，而是从经济系统中产生出来的，如我们已经所见。

金融周期与经济周期不同，各种类型的金融周期所描摹的是引发金融繁荣与金融衰退相互影响的动力学——这种相互影响就是指各种评估与预期的和实际出现的风险以及各种融资条件之间的相互影响。 金融周期有明显长于经济周期的趋势，并最能综合贷款的数量和不动产的价格得以衡量。 生产和金融可在长时间范围内各自往不同方向发展，但当金融繁荣潮结束时，二者的关联通常又会由此变强。 在金融衰退中常常出现银行危机，而银行危机大多又和衰退——'资产负债表衰退'——同时爆发，而这种衰退比平均经济周期中普遍出现的衰退要深重得多。"[110]

当举债潮结束——这不可避免总会在某时发生，因为不管政策面如何努力，债务可不能一直比收入增长得更快，危机就来了。 和危机一道而来的"资产负债表衰退"迫使债务人整顿其资产负债——储蓄，还债并/或宣布破产。 按清算银行的看法，周期平均持续 15 至 20 年。

马丁·沃尔夫认同这一观点，而我也只能将这一观点如实写下。 这是问题的核心。

我们今天身处何方呢？ 在危机发生后的第八年，增长微弱，债务继续上升，廉价货币的政策导致金融市场的资金泛滥。 清算银行的意见是："私有领域的高负债持续损害着经济增长。 在许多如今正经历金融繁荣的国家，个人和企业被削弱，金融和整体经济的紧张在加剧。 在受危机影响最严重的国家，私有领域的负债在国内生产总值中的占比也一直居高不下，由此，个人和企业经不起利率上升的干扰。 这些国家可能处在债务陷阱之中：通过低利率刺激经济增长，更刺激了举债的疯涨，最终激化了问题，而非解决问题。"[111]我倒愿意在结论句中把"可能"去掉，而这么写：这些国家就处在债务陷阱之中。

这一条对经济情况以及其对金融市场副作用的看法，马丁·沃尔夫对之也没有异议。

该怎么办呢？ 清算银行要求放弃短期导向的政策，推行基础的变革，最后进行债务重组。 马丁·沃尔夫认为这是"旧约式的"。 在他看来这会招来激烈的拒绝，加重在他眼中被清算银行低估的通缩压力。 结果债务会比收入增长得更快。

沃尔夫认为，要求减少货币政策和国家的支持简直就是"愚蠢"。 由此引起的、伴随着物价下跌的危机将刺激债务继续增长。 大大增加国家支出是唯一的办法。

不管怎样，政府不会去听从清算银行的要求。 由此马丁·沃尔夫也没什么好担心的。 然而他也对下一步该怎么办欠一个答案。 因为像在日本一样，越来越多的债务买到的只是时间，问题却没有解决。

清算银行本就该坚决表示，不减债就行不通。 沃尔夫也本该做同样的事，但他却希望加大剂量！

巨大的副作用

与此相应地，另一个全球经济的大机构——国际货币基金组织，也在警告经济增长的减弱和通货紧缩，即冰期的到来。 在其看来，只有通过继续激进的货币政策和更多的政府在基础设施上的投入——只要这计划得当，才能防止冰期的到来。[112]

在此，两种论证逻辑冲突起来。 对货币基金组织来说，中央银行只需盯紧通货膨胀，只要通胀不高，就能推行尽可能宽松的货币政策。 然而央行这一行为对资产价值市场所起的作用无关紧要，因为其并不会受到影响。 如果想针对资产价值升高有所动作，应尝试其他的途径，比如在不动产购置时提高对自有资本的要求。 国民经济学家称此为"宏观控制"。

对清算银行而言，中央银行对金融市场的稳定也负有责任，它必须在泡沫产生之初将其扼杀。 因此当不平衡显现时，货币政策必须更有节制。 清算银行对保证金融市场稳定性的调控向来信任有限。"证据显示，调控会催生应激反应：为使银行少冒风险而加强对银行的管控，这一做法并不会消除风险，而是会将风险转移给其他管控没那么强的金融机构（即'影子银行'）。 和货币基金组织相反，清算银行认为，针对蠢蠢欲动的、危险的无度放贷，对银行贴现是个不错的办法，因为银行可不会拒绝贴现。 稍微提高利率，就足以给放贷踩下刹车。"[113]

研究明显支持清算银行的立场。 比如经济学家奥斯卡·乔达（Oscar Jorda）、莫里茨·苏拉里克（Moritz Schularick）和艾伦·泰勒（Alan Taylor），他们分析研究了超过 140 年间的不动产和股市泡沫。 按他们的看法，最危险不过的是靠信贷支撑的不动产繁荣，而最为无害的是由自有资本支撑的股市泡沫。 在这一结论中值得思考的，是股票的占有率远比不动产占有率为低。[114]

在另一项研究中，普林斯顿大学的马科斯·布鲁那米尔（Markus Brunnermeier）和美因茨大学的伊莎贝尔·施纳贝尔（Isabel Schnabel）观察了 400 年间的郁金香、土地、不动产、衍生品或股票的金融泡沫，结论是：高负债总在起作用。[115]

这些研究结果并不让人意外。 有区别的是，在金融市场泡沫中，是否有信贷投机的参与。 如果有信贷参与，行情很容易走高，因为需求会明显迅速膨胀；之后的形势则正因此会更快急转直下，因为卖出的压力会大得多。 下降的资产价格给债务人带来压力：他们必须卖出，获得流动性。 由此导致的市场崩溃更剧烈。 只有靠自有资本支持，才能等到价格下降潮的结束。

我的相关原则很简单：只要贷款买入物的价格上涨高过融资成本，一切都没问题。 一旦关系掉转，就有可能出现崩溃的危险。

由此看出，责任很明显在中央银行那里。 要是新债带来了投机泡沫，央行们必须抵制。 理想状态下它们会买入经过评估、理性水平下的股票，并在有过高估值迹象时卖出。 这当然只是理论上的。 因为央行不太会在市场评估的事情上干预过多。 有决定性意义的还是信贷。

央行们在陷阱中陷得有多深，我们已在 2015 年夏天的所有金融市场上看到。 在这一时间，欧元区的未付国债增加了 30%，达到 2 万亿欧元，且利率为负。 德国则增加了 70% 的国债，法国为 50%，西班牙为 17%。 在此，经济的恢复不是加强了对国债的信心，而是相反。 世界前所未有地依赖于越来越多的债务，以创造出足够的需求。 这一切的维持有赖于利率不升。 一旦利率上升，不仅会招来资产市场的极度扭曲，已然长期无力支付的债务人更会被迫宣布破产。

按数学的道理看，利率上升的现象不可避免地会发生。 但如果央行——众所周知，其无限制地发行着自身货币，且越来越多专家认为其永远不会破产——将一切买下，利率又如何升得起来呢？ 这是当下所有金融市场打下的赌。 全球都被困在低利率和冰期的境况里。 因为央行能够为世界经济这个病人续命，但也治不好病，至少以现今的政策不行。

威廉·怀特（William White）作为清算银行的首席经济学家，曾警告过人们危机的到来，他在退职后也是世界货币政策批判的观察者。 一篇他早在 2012 年发表的、针对宽松激进货币政策作用的文章显示出他是如何有远见。在怀特看来，这样的政策会导致：[116]

- 管理预算的动机不足。央行们给债务人创造了时间。至少短期看来，巨大的赤字不太成问题。这些都被说中了。如我们所见，没有国家真正在节约行事。同时，央行也无法做到提高利率而不引起倒闭潮。

- 资产价格通胀。西方国家的股市被高估。工业国的低利率也传导至新兴工业国家，因为世界重要货币贷款成本的低廉使投资人得以将贷到的美元或欧元投向利率较高的国家。这可能导致新的资产价格泡沫。这样的情况已真实发生。新兴国家的负债暴涨且首批问题于 2015 年浮出了水面。

- 产生僵尸银行和僵尸企业。极低的利率阻碍着实体经济的优胜劣汰。像在 20 世纪 90 年代的日本，零利率使盈利不足的企业苟延残喘，银行无限延长着有着潜在问题的贷款期限。为了不必承担失去债权的损失，它们对让企业存活下来有着强烈的意愿。这一点也已得到证实：在欧洲的危机国家，企业破产数处在——鉴于经济形势，并与德国的数字相比——很低水平。[117]这是银行宁愿要呆账也不愿损失兑现的标志。这些苟延残喘的企业不进行投资，最终阻碍着经济的自我更新。冰期由此加剧。

- 社会不满情绪蔓延。极宽松的货币政策让储蓄者受累并导致社会不满。谨慎的储蓄者必须咽下负的真实收益，而摆弄借来资金的投机者却从宽松的货币中受益。如我们围绕托马斯·皮凯蒂之书的讨论证明，这些也被言中。

由此，货币政策一再将实体经济推入冰期场景。 过度的债务未被清偿，利率降了又降，经济的自我更新过程被阻碍。 同时，事故风险还在提高，因为新的不平衡正在产生，并且对金融市场的评估全然失控。 当我们面对投资的种种后果时，我们就将看到情况有多严重。

与通缩的斗争

央行政策的支持者一再指出通缩，即价格下降的危险。 对冰期场景的描述表明，在停滞经济中下降的价格事实上会导致持续的停滞，更会带来不可控的债务重担。 如果政府还是惧怕走公开的债务重组之路，那倒闭潮和混乱的产生就只是时间问题。

在此我们知道，过度负债和在繁荣中产生的过剩产能一道，会带来通缩的压力。 为减缓通缩压力并理想地回到能明显降低债务负担的通胀状态，央行们不遗余力。 这里奇怪的是，央行政策的赞成者和反对者均认为，制造通胀的大权掌控在央行手中。 2003 年，后来的美联储主席本·伯南克（Ben Bernanke）就在一次演说中强调，避免通缩，央行只需把钞票印够。

但果真如此吗？ 7 年来，西方世界的央行们都在和金融与经济危机做斗争。 它们都相当程度地扩大了自己的资产负债表，但没有一个地方出现值得一提的价格水平上升。 欧洲没有，美国没有，日本也没有。 只有英国好像成功地制造出了通胀。 而再仔细看一下才清楚的是，只有在英国，实体经济的贷款量有明显增加。

由此通胀的主要前提就清楚了：增长的贷款，否则通胀是不可能的。 但如果现在所有人都在节约行事，努力慢慢偿还掉已有的债务，那我们面临的是通缩，而非通胀。

只有潜在的债务人还手握可放出的自有资本，并因见到有吸引力的投资可能而放出自有款项，廉价的货币政策才有用。 在经济衰退中，企业看不到这样的可能性；如果面临失业的威胁并且物价几乎不涨，个人同样会对贷款消费谨慎从事，因为没有着急的理由。 一些观察者走得更远，甚至说，低利率有产生通缩的作用，因为其向投资者传达出低的可期待收益信号，迫使储蓄者进行更多的储蓄以为晚年做打算。

对更多央行干预的呼声如同对之的害怕一样，都无关紧要。 货币政策在过度负债的环境中毫无作用。

货币政策所能做到的无非是，在个别资产市场中另外创造泡沫，其破灭将把经济拖入新的危机，并将其置于更大的通缩危险中——看看如今的发展中国家。 货币政策借此促进了其原本想奋力阻止的事。

按这一论证思路，央行无力独自阻止通缩就变得再清楚不过。 而有意愿进一步举债并由此刺激需求的举债人也处在缺乏之中。 在欧洲，人们对激进货币政策的呼声可能还会更高，但光靠这个并不能阻止通缩。

想要阻止通缩，必须还要再寄望于有激进的、新的举债行为。 这只能由国家来做。 只有国家才能不顾及其义务债务人（纳税人）而去继续举债，并由中央银行直接提供支持。 出于这个理由，对央行直接支持国家投入基础设施项目的要求声在增加。 而赞成者马上也准备好了解决国家债务进一步增加的办法。

货币化：救赎还是灾难？

货币政策独自不起作用，因此得改药方。 至少前英国金融服务管理局主席亚岱尔·特纳（Adair Turner）是这么看的。[118] 特纳从对初始情况的准确分析出发，得出结论：中央银行应该直接为政府提供资助。 在此，他将冰期场景看得清清楚楚：靠廉价货币政策无法解决西方世界的过度负债。 副作用很危险。 利率越快恢复正常越好。

要这样的话，就得加强需求。

因为政府已然是高负债状态，对进一步需求的资金支持只能由央行来完成，并且央行得清楚明确地说明，绝不会将钱再要回。 也就是说，央行不是再添新债，而是分发蛋糕。

在这一前提下，经济增长的变强或价格水平的升高将会出现，利率也能重新升起来。 此外，央行资产负债表里的政府债务应被免除。 由此，过去的债务一笔勾销，经济被激活。 对这一进程经济学家有"货币化"的说法。

在特纳看来没有反对的理由——除了对过度使用政府直接支出手段的担忧。 但特纳表示，在一些国家如日本，直接的债务货币化不可避免，即便执政者尚还否认会这么做。

从这一判断看来，日本绝不会有如期还债的能力。 而我认为欧洲和美国也同样没有。

由政府支出提供直接资金支持的另一种形式是"直升机撒钱"。 这一图景源自已故的诺贝尔经济学奖获得者米尔顿·弗里德曼。 他提出在需求持续疲弱的情况下，可用直升机投放钞票以激活经济。 这背后的逻辑如下：在银行不能（因为有太多呆账）或不愿（因为债务人信用不够）再放贷，以及潜在的债务人没有举债能力和意愿的情况下，激活经济只能靠最直接不过的资金支持。

而我们如今正处于这样的情况。 读者们回想一下欧元区至少 3 万亿欧元的呆账和欧洲银行们至少 7700 亿欧元的资金需求。

新出炉的资金最能给第一手拿到它的人带来好处。 爱尔兰经济学家理查德·坎蒂隆（Richard Cantillon）早在 1734 年就描述过这一效应。 如今，金融市场的弄潮儿和银行们正从坎蒂隆效应中获益：他们能比其他人更早地获得金融品，从而借此相对无风险地赚取收益。 而如我们能观察到的，实体经济则一无所获。 那么如果不这样，而直接将钱发给民众岂不更好？

危机国家过度负债的个人或家庭能用这笔钱来偿债，没有负债的个人或家庭可以进行更多的消费。 不管怎么看，这都对实体经济会产生积极的作用。

那我们谈的钱，金额为多少呢？ 欧元区有 3.3 亿人口，假设有 3 万亿欧元的呆账，那么人均就该是近 1 万欧元。"异想天开！"一些人可能会喊道，另一些则会对"社会福利"的缺位有非议。 但把钱给金融部门，真的就更公平吗？

风险其实另有所在：民众应该清楚，在我们的货币体系中，钱真的能无中生有地被创造出来。 信任可能消失，可能开始以币易物的大逃离。 而同样的情况也一样适用于政府提高直接支出的情况。 要是民众对货币失去了信任，物价转眼就会飞涨，因为没人再愿意持有货币。

每次碰到经济学家我都会问，他倾向于哪种观点。 让我惊讶的是，大部分人完全无法给出判断。 我们真正地碰上了未知的领域。 由于我已放弃对债务问题公开解决的希望，我倒赞成试一把——但请把钱直接给民众，而非政府。

央行们已走得太远

在控制危机的努力中，央行们已走得太远。 欧洲央行早已将执行规范有序货币政策的原则抛到了九霄云外。

如本书第二部分所讲，我们经济体系的核心是发放信贷、由此而来的针对优质抵押物的货币创造以及合理利率的形成。 对中央银行来说尤其如是。 众所周知，通过接受银行上缴的抵押物作为担保，央行为商业银行的货币创造行为补上了一道保险。 这是建立央行最本来的意图。 它们应尤其在危机时期为银行系统的再融资提供保障。 但再融资只应针对有偿付能力的银行，伴以高额罚息，并有优质抵押物交存。 过度负债的银行则不应得到央行救助，而应变现抵债。

这样做的目的是防止带来整个金融系统崩溃的银行挤兑。 2015 年春，当希腊出现大规模资本外逃和银行挤兑时，欧洲央行被要求出面。 商业银行获得了紧急贷款，在欧元区被称为 ELA（紧急流动性援助，Emergency Liquidity Assistance）。 ELA 的特别之处在于，贷款只提供给"被地方接受的"抵押物，即欧洲央行不接受的抵押物。 只有尚具偿付能力的、处在暂时流动性困难中的银行才应得到救助，并征收高过常规商贷利率 1 至 1.5 个百分点的利率。 这倒在表面上符合了沃尔特·白芝浩在 1873 年所说的金规则：只针对优质抵押物放出流动性并处以罚息，以警示（银行）预防兑付困难的情况。

如今的问题是：希腊的银行们在紧急贷款放出的当时，无疑已经破产。希腊的一个重要自有资本是希腊政府的税收，而希腊政府无疑在当时和现在都已破产。 欧洲央行自身不再接受希腊国债，却允许希腊央行发放 ELA 贷款。形式上这只会让希腊央行有风险，因为欧元区央行们的连带债务责任已被排除。

然而正如保释禁令那样，这种责任的限定不大可能持久。 像在不保释条款上已经出现的情形一样，金融市场们都认为欧洲央行的不援助条款不会当真。"它们清楚，最后最强者会入局，即欧洲联盟，而德国一马当先。"[119]

此外，责任排除在实际操作中无法实现。 一张钞票根本不会告诉你，它身后有可靠的担保作为基础。 所有 50 欧元的钞票都有同样的购买力。 只有当货币身后存在有价值资产作为后盾，即存在提供优质抵押物并有意愿借助剩余产品履行支付义务的债务人，存在对此类债务人的有价值债权时，民众对货币的信心才能保持。 这正好不再是事实。

"担保情况下的资产抵押和资产转让是市场经济中支柱性的控制和惩戒机制。 这促使债务人偿付贷款，因为否则他将失去所抵押的财产。 取消这一惩戒机制，就从经济上的调控转到政治性的调控上了。"[120]

全球的央行都已走得很远。 它们买入或优质或不优质的有价证券，它们直接为政府支出提供资金支持，它们对放贷给本已破产的债务人抱以宽容，它们为防止金融系统的崩溃用尽全力。 然而它们无法解决过度负债的问题，反而刺激了信贷进一步增长。 由此它们将我们继续引向冰期，提高事故的风险。 其后，要么将出现破产潮，要么民众对货币失去信任。

通缩潮或超级通胀贬值，是我们游动其间的两极。 暂时，我们目前处在的核心场景是：冰期。

05 改革货币，清偿债务
——货币制度改革一石二鸟？

冰岛掀起货币革命？

对于金融危机，冰岛的应对方式不同于欧元区的国家。 政府没有出面拯救银行，而是一开始就请来债权国帮助整顿、恢复经济。 结果是冰岛经济明显更快地恢复了元气，但也不可避免地出现了货币贬值。

还不仅如此。 冰岛在追溯危机产生原因方面也做得更好。 不但负有责任的银行高管受到法庭审判，而且系统存在的问题也受到关注。 冰岛总理贡劳格松（Sigmundur Davíð Gunnlaugsson）责成特别委员会为冰岛货币政策和银行业提供改革建议。 其中"对冰岛而言更好的货币体系"计划就是一项革命性的举措。[121]

该计划的基本思想是收回商业银行创造货币的权力，将其移交给央行。 这样的货币制度被称为"完全准备金"制度。

在今天的货币体系里，银行可以凭空创造出任意数量的货币。 当客户从银行贷一笔款，银行借出的不是储户现有的存款，而是在客户的账户上写了一串数字就将钱款记入贷方账户。 贷款人凭抵押物借贷，因此，放贷和造钱的多少就由现有抵押物的多少而定。

如本书开头所讲，上述贷款方式实际上会越来越不管用。 一方面，银行以很少的自有资本运行，因为有国家和中央银行的隐性担保。 另一方面，增加的贷款被用于购买现存的资产，导致资产价值不断上涨。 然后，这些财产又以更高的价值被抵押贷款。 结果是过度负债，以及金融危机和经济冰期的到来。[122]

流通的货币中只有极小一部分由中央银行发行，大部分都是由其他银行通过批准贷款创造的。

自 20 世纪 70 年代各国货币与黄金脱钩后，贷款的增加和货币的创造就越来越背离实体经济的发展。 在这一时间段，冰岛的新闻报道了世界范围内 114 个国家发生的 147 次银行危机，其中部分带来了严重的后果。 贷款增长在当时和如今都高出世界经济增长的 4 倍之多。

中央银行只能间接地影响货币的创造：通过调整利率和大量购进有价债券。

正因如此，如上一章所提及，围绕货币政策的替代方案才展开了如此热烈的讨论。

> 如果贷款者不能支付利息导致银行相当一部分自有资本消失，那么银行就将不能继续发放贷款。

这也导致了今天欧洲央行的困境：尽管欧洲央行在尽力提高货币量（准确来说应称为贷款量），但却总是没有成果。 只要其他银行不愿意，或是它们由于糟糕的资产负债不具备能力，那么欧洲央行能做的就很有限。 最多可以买下它们劣质的资产，以便为新贷款取得更多空间。 因为在现有的银行掌控的货币发行体系里，银行自有资金率——即使很低——就是危机到来时最后的减震器了。

迄今的改革尝试劳而少功

2009 年以来，所有关于银行业改革的讨论都没有使银行业体系改革发生根本性的变化。 所有措施都只是在维持现有体系的前提下尽可能避免危机的发生。 这些监管性措施的作用都是有限的：20 世纪 30 年代，美国因为大萧条颁布了《格拉斯斯蒂格尔法案》，37 页篇幅用于加强银行监管已然足够；而如今的《多德弗兰克法案》以 848 页的内容试图防止银行危机的发生，加上实施细则估计厚达 3 万页。 这是一个明确的证据，凸显出今天的监管防范不了银行层出不穷的躲避监管的应对措施。[123]

有效的监管会考虑到最坏的结果，即假定银行在错误的管理下会破产。只要没有到破产清算的地步，银行就都会受到政府兜底的隐性担保。 迄今为止，为在欧洲推行有序的银行破产清算程序所做的所有努力，固然其方向正确，却由于欧洲 3 万亿欧元的不良贷款而只起了遮羞布的作用。 当形势变得严峻时，为避免触发不可控的恐慌，政府还是只能让纳税人买单。

在经济史上，过度负债造成巨大经济困境的局面已不是第一次出现。 为找到一劳永逸的解决之道，芝加哥大学的亨利·塞门斯和耶鲁大学的欧文·费雪在 1936 年提出一个崭新的想法：禁止商业银行创造货币。 商行只能贷出挂在其贷方账户下的储蓄贷款，且需在央行中储备相同的存款数额，维持 100% 准备金。 两位教授认为这能够保证国民经济的货币和贷款稳定增长，从而阻止繁荣与危机循环的经济周期。

债务危机的解决之道

上述方案还有一个好处在于，可能在由现在的体系到完全由央行造钱的过渡中摆脱债务负担。

何以做到呢？

首先，商业银行借出的钱须百分之百取自中央银行。 但因为商业银行从没这么做过，所以它们首先要从央行借来必需的资金。 目前，央行都是通过商业银行存放的最低准备金来筹资的，通常只相当于商业银行出借贷款的很小一部分。 但在新的体系框架下，中央银行要为所有的贷款提供资金。 结果是银行系统的资产负债表大幅扩张。 紧接着，国家对商业银行所负债务结清，资产负债表缩减。

这背后的逻辑和我们在上一章节中讨论过的债务货币化相似。 因为反正央行属于国家，国家对商业银行的负债就和商业银行对央行负的债务结清了。资产负债表继而再次缩减。 此外，个人负债者也减轻了负担。 这场转变之后，国家没有了负债，个人债务也明显减少。

2012 年，两位研究者受国际货币基金组织的委托利用现代计量经济学的手段将"芝加哥方案"模型化。[124] 以下是他们得出的结果：

- 向"完全准备金"制度的转变能够成功,且得益甚至大于费雪和其同事的预期。

- 在美国,仅部分个人债务能得到清偿,因为金融领域债务共计约达 GDP 的 200%。欧洲情况有过之而无不及,因为这里的债市泡沫更大。

- 美国 GDP 将上涨 10 个百分点,原因是实际利率降低,税收减少,信贷监控贷款成本减少。而这是由于可疑贷款的减少。

- 银行业高效发放贷款的核心功能完全不会受到损害。

仔细琢磨后人们会发现，这其实是将现有债务货币化的过程。 而这个过程绝不会造成通货膨胀，因为通货膨胀只在需求增加并伴随贷款增长的情况下出现。

这是一举两得的好方案吗？ 这是否在巩固和稳定了金融系统的同时还解决了债务问题？ 众所周知，芝加哥教授的方案最终没有被实施。 当时来自银行的阻力太大，毕竟没有比创造货币更赚钱的生意了：成本几乎为零，收益巨大。

更多来自政府的援助

"完全准备金"和国家垄断货币早已不是新概念了。 这一理念在过去就有诸多重量级的拥护者，例如本杰明·富兰克林、大卫·李嘉图、托马斯·杰斐逊以及诺贝尔奖获得者米尔顿·弗里德曼。 今天也被不少知名学者专家所提倡，如英国金融局前主席亚岱尔·特纳、《金融时报》首席经济评论员马丁·沃尔夫和德意志银行前首席经济学家托马斯·梅耶。

马丁·沃尔夫支持"完全准备金"的理由是[125]：银行业不是普通的行业，因为它提供两种重要的公共产品——货币和往来支付。 资产负债表的资产方面利用负债方面的存款或债权进行风险交易，而公众以为这些资金是安全的。因此中央银行可作为放贷的最终一级机构、国家的存款担保以及监管机构。但这实际上表示银行可以获得国家的补贴。 由于政府、央行对援助性干预的隐性和显性担保，这同时也意味着过大的风险偏好。

为了稳定货币系统，可采取的最基本措施是提高存款准备金率，最大胆的方案则是实行"完全准备金"制度。 介于二者间还有第三种方案：国家可以独自创造所谓的"交易货币"，即只在支付往来中使用的货币。 这些货币存在银行的"交易账户"上。 客户要为银行对他们"交易账户"的管理支付一定费用。 此外还有"投资账户"。 储户可以把"交易账户"的钱转到"投资账户"

上。 只有"投资账户"的钱可以被银行用来发放贷款。"投资账户"会产生利息，但是储户也要为此承担风险。

在这样的新模式中，只有中央银行能创造新的货币——理想状态下不受政策影响。 这一模式的核心仍是"完全准备金"思想的延伸，即要让储户意识到，有风险的投资和无风险的资金保管是不同的。

沃尔夫得出结论：尽管这个办法较为复杂，但仍是切实可行的，而且值得推行。 这种货币体系会更稳定，将不会再有顺周期性信贷繁荣和"大而不能倒"的银行。 他还认为，信贷紧缩的危险也将不复存在——尽管只有10％的未偿还贷款在创造财富或用于社会生产。

托马斯·梅耶针对这个主题发表了名为"货币的新规则——为什么我们需要货币改革"（*Die neue Ordnung des Geldes*：*Warum wir eine Geldreform brauchen*）的著作。 他在书中呼吁抛弃现在的货币体系、限制货币总量的增长，首先要约束央行自主创造货币的能力，同时私有银行也应受到限制。

梅耶认为解决之道在于所谓"活动货币"，这也与我们所讲的"完全准备金"计划契合。 这种货币不像我们现在的货币建立在债务关系的基础上，而是由中央银行直接发放到国民手中。"乍一看好像央行在凭空生钱，但是这里的'凭空'其实是指凭借国民对货币的信任。 央行的职责是维护国民对货币的信任。 这就使得造钱必须遵循严格的界限。 这些界限可以在与其他国家的货币发行者的竞争中被摸索出来。 竞争让货币发行者不会贸然发放过多的货币，否则他们的钱就会贬值，公民会使用其他货币来取代现有货币。"[126]

"商业银行又做起它们创立最初的老本行：为顾客提供相对安全的投资项目，并扮演着储户和投资者的中间人身份。 为此它们自己划分成信贷和偿付两个部门。 ……偿付部门要负责安全保管储户的存款，因此必须用中央银行的资金确保存款完整不差。 相反地，信贷部门可以取走储户的存款，借给投资者。 通过信贷合同，贷款债权人（储户）暂时放弃使用'活动货币'换取商品的权利，而转让给贷款人。 作为对放弃使用权以及承担信贷风险的补偿，储户将会得到一笔利息。

"为了明确地定义这些钱以防止欺骗行为，这些钱被法律定义为资产。 这意味着使用这些钱进行融资是违法的。 一旦违法，银行的信贷部就不能再凭空创造贷款和货币了。 所有借出的贷款必须完全来自于存款。"

因此，梅耶和沃尔夫一样认为必须进行一场货币革命："这次金融危机是百年一遇的良机，可以用更好的货币体系把我们现有的机能不全的体系替换掉。 如果不把握这次机会，金融危机以后我们又会跌入货币危机的深渊，紧接着社会财富的基础会被破坏。"危险有多真实，我们已经领教过。

可以相信政府吗？

这将是一个无聊的话题——人们总以不同的原因从完全不同的方面去讨论。 德固萨银行的首席经济学家托尔斯滕·波莱特在给《经济周刊》的一篇稿件里这样说："正是国家的中央银行，通过不断降息使贷款和货币量持续不断增长，导致过度负债的困境成为可能。 而现在它们不敢遏止贷款和货币增长。 因为它们'有理由'担心，整个债务高塔可能会崩塌，国民经济也会随之崩溃。"波莱特说："对抗市场经济会使经济走入死胡同，因此真正有效的措施就是坚定地回归自由市场。 结束国家的货币垄断是十分关键的举措，货币的自由竞争正由此开始。 众所周知，竞争能以最低的成本最好地满足市场需求。"[127]

因此我们陷入了两难的困境。 中央银行过去的政策促成了今日危机，现在还应该由央行来解决问题吗？ 一直以来政客们总能想方设法控制央行，我们今天还如何能信赖央行呢？ 选择信任要承担太大的风险，政策极有可能继续一意孤行，造成货币量大规模增多的虚假繁荣，进一步恶化危机。

前面引用过的国际货币基金组织文件的作者们用以下两点来对上述观点进

行反驳。 第一，在完全准备金体系中，货币政策将不会让犯罪分子如约翰·劳（John Law）有机可乘。 1717—1720 年间，苏格兰人约翰·劳在当时的殖民地路易斯安那发行所谓金矿的高价股票，而他口中遍地黄金的地方实际上只有沼泽地和鳄鱼。 第二，完全准备金体系中的人们将不能也不愿进行战争，就更无所谓输掉战争。 两种情况中货币量都会大大增加，因此带来必然的货币贬值的结果。 我想补充的是，正是在福利国家中，政治家才会越来越多地为人民发放福利！

梅耶强调货币间的竞争，认为通过竞争能使中央银行自我约束。 凭借过去几十年的经验，这个希望恐怕不切实际。

况且，"完全准备金"思想以国家垄断货币创造为基础。 但显而易见，这不可能在一个以私有财产为基础的经济体中实现。 私有财产所有者总会找办法签订信贷合同并创造"货币"。 这种货币可能都不是中央银行货币的形式，而是以虚拟货币或其他信贷凭证的形式存在。

冰岛不是唯一想要禁止商行造钱的国家。 瑞士正在就此议题进行全民公决。 支持者有着不同的政治背景，争论的焦点和国际货币基金组织的科学家们以及欧文·费雪的相似：一次性清偿国家债务，提高金融稳定性，将如今主要由私营银行掌控的创造货币所得收益社会化。 在瑞士，经济每增长 1%，创造货币都会带来每年 70 亿瑞士法郎的收益。 在德国，这一数字则是约 40 亿欧元。

不管结果如何，冰岛和瑞士国内的倡议活动或全民公决都是令人鼓舞的信号。 这样基础而重要的经济体系问题能在公众中得到广泛讨论，这种现象是怎样高度评价都不为过的。 德国也是时候将这一主题纳入政治讨论了。

我个人对"完全准备金"思想的感受也颇为复杂。 我理解批评者对国家垄断后可能滥用市场支配地位的担心，同时也和支持者一样希望经济体系更加稳定。 但最主要我还是看重这次绝无仅有的机会可以巧妙利落地解决全球过度负债的问题，缩短经济冰期。 但是希望实现的可能性还是小之又小。

06 冰期中人人自危的你争我斗

全球性的货币战

冰期已将我们牢牢包围。 欧洲、美国、日本、中国等国家和地区正苦于高企的负债、疲弱的增长，并受到通缩的威胁。 冰期的影响也辐射到世界其他地方，尤其是那些过去在由债务支撑的过度投资和过度消费中受益的国家：全世界范围的原材料输出地。 在高负债之外，我们还面临着政府对未来退休和养老未兑现的承诺。 工业国家就业人口停滞或萎缩，生产力的增长下降。而现在人人自危，相互的争斗加剧。 由此，冰期进一步加剧。

如我们所见，日本想通过日元的大幅贬值来活跃经济，克服自身的冰期，作用很明显：出口变得更便宜和容易，进口变贵。 由此，日本趋于在全球市场赢得更多份额——而其他国家的份额减少——从而抽取全球的购买力。

欧洲中央银行则想和欧洲的政客们一道，不惜任何代价地拯救欧元。 在此，一个重要抓手就是削弱欧元，以促进出口，降低进口的吸引力。 这甚至是 2015 年春欧洲央行出台购买国债计划的官方目标。 结果是：欧元区变成一个"大版的德国"。 越来越多国家获得贸易顺差，欧元区整体的贸易顺差前所未有。 由此，欧元区抽走了相当于整个阿根廷国内生产总值的购买力。

中国正忙着将自身经济从投资和出口转到消费上来。 同时，在中国的身上也体现着高达 6.8 万亿美元不当投资的巨大债务潮。 由于过去两年日元和欧元的贬值，到 2015 年夏天为止，人民币显著升值。 尽管中国最后依然能取得占总产值份额 6% 的贸易顺差，但这对政府领导层而言，人民币贬值的时机也出现了。

实质都是一样：通过自身货币的贬值，取得冰期中的相对优势。 在一个经济体中有着四个部门，其能建立储蓄，也能用掉储蓄或负上债务。 这四部门的储蓄负债相加总为零。 一国若要降低债务负担，只能通过取得贸易顺差。 贸易顺差同时也意味着，是别国的需求在推动经济——别国则相应地丢掉了这些需求。

我们可以把促进出口的政策称为"新重商主义"。[128] 其指这样一种政策：国家促进出口，阻碍进口，阻止资本的自由流动或是汇率的自然形成，由此逐步建立起对别国的债权，减少自身债务；而与此相对，在国内推行宽松的货币政策；最后，该国必须额外增发货币，以通过购买别国的货币比如美元，来将本国货币维持在较自由市场条件下为低的水平。

德国在一战前就推行着这样的政策，并由此取得了相较于英、法明显更高的国内生产总值增长。 20 世纪 80 年代以来，亚洲国家也奉行该战略——先是日本，后是 2004 年以后的中国。 这里有着相同的逻辑：通过出口来发展自身经济。

但这一政策有一个副作用。 国内货币量会增长太快，并受到银行系统的进一步推动。 因为银行会将廉价的货币用于增长的放贷，并有着增发货币不受限制的能力。 结果便是：过度投资，投机泡沫，以及最后的崩溃。

只有在存在债务人的情况下，新重商主义才行得通。 明说便是：亚洲人要想创造持续的贸易顺差，承担赤字，或者说负债的就得另有其人。 而这个"人"，主要就是美国。

同样的事在欧洲发生。 德国和另外一些国家取得了顺差，而西班牙、葡萄牙和其他如今的危机国家则创下巨量的赤字。

在全球层面上，顺差是不可能存在的。 正如《金融时报》的马丁·沃尔夫自信满满地讲到的，我们还没将火星开辟成市场。 但同样清楚的是，每个陷在冰期里的国家都将尴尬地注意到，要将购买力留在国内，不让逆差产生。

这显然在 2015 年夏天就能看出，尽管之前官方已有明确的关于提高利率的声明，美国还是会在提高利率面前望而却步。 因为这样会直接导致美元强势，从而使美国的贸易赤字增大，让正在变虚弱的美国经济失去更多的购买力。 由此，通过弱势货币取得优势的尝试，开始进入下一轮。

在此，在金融危机的顶峰，美国清楚地开始寄望于弱化美元，并实践这一策略。 巴西财政部甚至公开谈及货币战。 美国的抓手是极为宽松和激进的货币政策，主要只盯住国内经济。 美联储非常知道这对其他国家的影响，尤其是对亚洲出口导向国家的影响，而在这些国家里，中国首当其冲。 为防止本国货币相对美元的升值，所涉国家必须在本国货币上做更多文章，从而激起贷款热和资产价值飞升。 结果是：物价上涨，相对于美国和欧洲，竞争力下降。

如我们所见，这一策略从美国方面看来是成功的。 事实上中国和其他国家的单位工资成本升高了。 此间，甚至将部分生产移回美国国内都颇为划算。 升高的还有别国的资产价格。 最明显的标志是信贷发放的增长：自美联储意在克服危机的政策开始实施以来，发展中国家经济体的总负债翻了两倍不止，如今总计为 66 万亿美元，是总产值的 250%。 欧洲和美国的债务问题演变成全世界的债务问题。

争取相对优势的游戏将在未来更频繁地上演，不管其持续时间是多么短。一旦有地区借着弱势货币有了好一点的经济数据，就会又有其他地区为削弱自身货币而用尽办法。 这让人痛苦地回想起 20 世纪 30 年代的贬值竞赛。 我们或许觉得政府从历史中学到了教训，但从实际看，它们并没有。

未来若干年的场景

政府和央行在过去数十年进行的是一场规模巨大的庞氏骗局。 不断增高的债务将短期经济问题和全球化进程中的适应过程掩盖。 越演越烈的放贷导致资产价值的飙升。 因为银行越来越愿意为现有资产的购置行为提供资金支持，而资产价值的升高又使更多的举债得以可能。 在此，新债带来的收益不断减少，这意味着，为刺激实体经济，需要债务有越来越强的增长趋势。

系统渐渐来到它的极限。 新债仅能用于维持现有债务尚能得到支付的幻象，于是全世界各个地区事实上的增长率下降。 微弱的增长又反过来对政府和个人的负债能力产生负面影响。 通过储蓄和变卖资产来降低债务负担的所有尝试都进一步抑制着经济活力。 结果便是更低的增长和趋于下降的价格水平，即我们所担心的通货紧缩。 而这又加重了债务人摆脱债务的压力。 经济冰期来临，并由于萎缩的就业人口和降低的生产力增长而进一步加剧。

央行和政府以更加激进的货币政策和进一步的举债来应对。 然而它们只能暂时减轻压力，代价是更高的债务负担。 它们无法结束冰期。 因此，我们得对冰期还将持续经年有心理准备。 如日本的例子所表明的，冰期甚至会持续数十年。

我认为不大可能的是，我们能像日本一样撑过逾二十年的冰期。 债务已然太过庞大，而西方社会与日本相比均质性太低、忍痛力太差。 于是以上讨论过的关于缩短冰期的尝试将会开始。 而没有一个选项是不与痛苦相伴的，每种情况都面临巨量资产损失的威胁。

我的基本场景设想是：出现一场相对较长的、在国家内部和国家之间不断加剧的冰期。 很遗憾，德国将越来越被视为欧元区内的不团结因素，甚至不止于此。 高贸易顺差将越来越不为别国所宽容。 如大众丑闻类的事件给了贸易保护主义采取行动以更好的理由。 作为应对，德国政府将通过妥协，以债务的进一步社会化为方向，尝试维护政治上的安定。 但因为德国也没有拯救欧元的财力，并且问题如我们所见越来越凸显，冰期在基本场景上不会有丝毫改变。

由此，政府将走出最后一招，通过将债务广泛货币化来解围。 其结果可能是由于对货币丧失信心而出现显著通货膨胀。

跟在通缩的冰期之后的，将是通胀性的财富蒸发。

同样可想的是，货币化不会出现或是来得太晚，因而出现停止偿债和退出欧元区的混乱场景。

在所有场景中，我都有着同一个判断，即欧元将不再以今天的形式出现。或许可以期望出现一场有序的解体。 理想的情况是德国退出，但更可能的是个别或若干国家的无序退出。 而我认为意大利最有此可能。

无论如何都存在巨量财产损失的危险。 我们应该以何种策略来应对冰期及其衍生场景？ 在本书的下一部分，我们将回答这个问题。

第四部分

在冰期中幸存

01 冰寒时期

——冷静头脑

到达高峰

2015 年春，传奇的债券市场投资人比尔·格罗斯把金融市场的形势比作攀登一座高峰。 在过去的几十年间，他和其他的传奇投资人见证了金融市场走向繁荣，如同一段攀登高峰的旅程。

起初他们一路走向低谷。 20 世纪 80 年代初，道琼斯指数甚至不到 1000点，市盈率远远低于 10％。 美国经济杂志《商业周刊》（*Business Week*）在一篇封面文章中断言美国股市已死。 当时美国国债的收益率超过每年 10％，资本市场和银行受到严格监管。 自有资本的高比例曾是行业规则，许多金融业务被禁止。

随后崛起的无非是一路高歌猛进的金融资本主义。 对银行和金融业务的监管被放开。 华约集团（Ostblock）分崩离析后，中国和东欧进入世界市场，导致全球性的劳动力成本上升和通货膨胀下降。

婴儿潮时期（1946—1964 年）出生的人开始为后半辈子存钱。 债券市场开始了持续了几十年的牛市。 尽管形势时有起伏，但是利率变化的方向只有一个：一路走低。

各种各样资产的价值——主要是股票和不动产，均大大受益于这样的发展。 在投资者中流行着这样的规则：利息越低，能够用于购买资产要支付的钱就越多。 无论人们曾经采用了什么投资方式，即使考虑其间出现的所有的经济泡沫和崩溃，人们当下拥有的资产明显比 35 年前要多。

正是其间发生的经济危机，让专业人士能够继续扩大收益。 1987 年的股市狂跌，转年就被人淡忘。 对冲基金美国长期资本管理公司走入歧途？ 不过是个令人懊恼的低级错误。 俄罗斯和亚洲经济危机？ 只不过会短暂延缓前进势头。 互联网泡沫？ 是个有可能会发生的问题，不过中央银行会出手解决。如果有人心存顾虑而犹豫，那么胆大的人就会出手，并且把赌注翻几倍。

那些和比尔·格罗斯一样，通过借贷来扩大收益（即利用杠杆效应）的人，都成了亿万富翁。 也难怪全美财富榜上前 400 人中，每 4 个人中就有 1 个人是通过投资资本市场积累的巨额财富。

几十年来人们的认识是：金融业赚钱轻松，不用像实体经济行业一样辛劳工作。 迈克尔·刘易斯（Michael Lewis）在他的畅销书《骗子的扑克牌》中无情地揭发了华尔街的自私自利和肆无忌惮，可这却让一整代的青年才俊更加青睐华尔街。 他们的当务之急是赚钱。

但是，终结在悄然降临。 临近高峰，下坡的路要比上坡的路长。 比起爬到山顶尽享美色，跌落山崖的可能性更大。

71 岁的比尔·格罗斯或许会略带感伤地回想起过去的美好年代。 不管他做什么，他的资产都够他下半辈子花了。 对于普通的投资者来说，重要的是在山顶站住脚并坚持下来，而不是在即将到来的冰期中遭受严重的资产损失。当然他们还希望能够另辟蹊径，赚取额外收益。

我们很难从历史中获取对冰期的了解。 我们回首的“历史”是过去 30年。 但是这 30 年的发展——货币持续贬值、债务增加、监管放松、经济全球化推进和出生率提高，这些现象罕见地在这一时期重合，共同把金融市场价格推到了峰值。 这并不符合常规，属于特例。 现在，这些趋势都要结束。

我们现在身处峰顶，风云即将骤变。 我们无须为冰期感到恐慌，但是这要求我们制定一个全新的资本投资策略。 过去比尔·格罗斯和公司们（Co.*）轻松积累财富的时代已经一去不复返了。

唯一的建议：不要相信任何建议！

咨询行业完全依靠储户对于自己资金的担忧过活。 从业者必须记清楚是谁寻求并遵循了他们给出的建议。 没有人知道事情到底会怎样发展。 如果有人说自己能说得清后续发展，那么他要么能够预知未来，要么就是一个江湖骗子。 我觉得后者的可能性更大。

我们对自己的储蓄心存忧虑。 我们会对危机的起因和现行的救市政策产生不祥的预感，许多商人利用这种心理挖掘新的市场。《明镜周刊》也尝试利用人们对自己资产的忧虑来提高发行量，其 2015 年 2 月刊的封面文章是《如何理财？》。

看到这样的标题，没有人会期待一个简单的答案。 按照一个新闻杂志的普遍套路，文章内容讲了一些人尽皆知的道理，又加了一点独特的建议，从而让读者感到紧张、恐惧，同时给读者传递一些有利用价值的信息，或者说让读者自己相信这些信息是有利用价值的。 内容通常都是威士忌、果园草坪或其他类似的有异域风情的投资项目。

就算是那些拥有一定可观数额财富的人学习了这些建议，他们的投资行为在安全性和回报率上也难以超越过去，就更不要说规避亏损、渡过危机了。不过其中为数不多的赢家是确定的：那就是文章中提到的专家。 有更多人会

---

* Co.此处指 Compagnie,Kompanie 的缩写,意为公司。——译者注

向他们寻求投资建议，至少他们的书会卖得更好。 如果他们真的至少能够兑现自己的诺言，那我倒也乐于看到他们的成功。 遗憾的是，只有很少一部分人做到了这一点。

"崩溃"是那些畅销书中常见的字眼。 不过恰恰相反，崩溃并不是解决方案，而是灾难。 就连那些作者都不会真心期待崩溃的降临。 如果真的到了那一天，尽管他们，也包括我，会自豪地宣称自己此前预测正确；但是到那时，在充满抗拒和抵制的社会环境和国际冲突面前，没有人会再关心这些说辞。这些书和《明镜周刊》刊登的几页文章有着相同的原则：追求销量，而非寻求解决方案。

人们无法计划出一条越过"冰山"的道路，地上的陷阱无所不在。 宏观经济学的推论彰示，保证灵活性和预警性是投资的首要因素，我们也要做好准备，其中包括通货膨胀、通货紧缩、支付违约以及可能出现的欧元体系崩塌。这所有的问题都需要解决方案。 但实际上，各种方案可能会相互冲突。

如果有人承诺能找到解决方案，那他的方案应该是基于指数预测制订的。预测固然有可能得到证实，但可能性并不大。

以下部分的主题是"资产的保值和增值"。 我会尝试系统、通俗地阐述，不局限于某一领域。 关键点是，我们还需要对金融危机以外的话题进行讨论。 未来几十年，投资成败的因素将大大受到人口变化、技术发展和势不可挡的全球化的影响。

同时我也相信利用分析解决问题。 1999 年我在波士顿咨询公司写了一份名为"价值创造者报告"（*Value Creators Report*）的报告。 报告中列明了哪些企业为股东创造了最多的价值，以及这些企业的负责人是如何做到的。 如果你了解价格杠杆，那么你不仅可以回顾历史、解释发展变化，而且可以前瞻未来趋势。[129] 今年以来，《经济周刊》杂志的封面文章几乎都是关于这方面的详细研究。 2000 年，基于我自己在这方面的分析，我在《经济周刊》上刊登过文章，警告过股价过高的风险。 不久之后，最严重的股市崩盘就爆发了。

不过除了这些特殊情况，资产投资中的关键在于为长期运作打下良好的基础。 我只有一个建议：不要相信任何建议。 没有人能确定地告诉你危机将会如何发展、你该如何找到应对方法。 除了这些，总会出现一些预测不到的新情况，例如移民潮。 它的影响就只能靠猜测了。

资产比金钱重要

在我们讨论理财之前，我想提醒你非常重要的一点：除了各种有价证券，还有银行账户和不动产都属于资产，都需要我们管理。 如果我们把未来的收入也算进去的话，那我们都拥有不少资产。 把未来收入按当前水平折算，对我们中的大部分人来说，未来收入是总资产比例中最高的部分。 越年轻的人拥有的未来收入就越高，这部分的比例也就越大。 就算未来收入要扣除税款，按一辈子的总收入估算，年轻人都算得上是身家百万的富翁。

我之所以强调这一点，是因为为了从各种角度让资产保值，持续学习和保持专业素养对保证收入起决定性作用。 在人类的流动性越来越高的今天，这一点愈发重要。 高流动性让人们从世界任意其他地方都有重新开始的可能，持续学习和保持专业素养就成了必需能力或加分项。

在你担心存款之前，考虑一下你是否可以或可以如何为自己和孩子改善职业前景。 在考虑投资前，请先投入在自己和你孩子的教育上。

独立思考

美国石油大亨约翰·洛克菲勒说过："花一个小时理财，不如花一个小时思考资本来得更加有益。"在当今的环境下，人们对这条建议不够重视。 独立思考是非常重要的，不要完全把希望寄托在银行和金融机构的咨询师身上，他们未必有能力为你提出的难题给出答案。

一方面，从现实的角度来看，他们不会以一名投资者的身份来考虑如何理财，否则他们就会失业，或者在温暖的避税天堂国家靠自己资本投资的收益过活了。另一方面，这些金融机构的咨询师，也包括许多独立咨询师，其实并不如他们宣称的那么独立。他们给出的理财策略向各自雇主收益预期过分倾斜，过少顾及顾客的预期。

尽管这样，人们还是假设这些专业人士知道他们要做什么。下面我会用几个例子来证明这个想法是大错特错的。

首先我们把目光投向奥地利。2015 年的春天，奥地利政府紧急叫停对坏账银行赫塔银行的救助。它的前身是有过丑闻的海珀银行（Hypo Alpe Adria）。这是首个按欧盟新规进行清算的银行，也是首个债权人通过所谓的"内部纾困"承担亏损的银行。

现在我们可以说，所有的投资人在经历塞浦路斯经济危机后，都明白投资背负债务的银行是有风险的，更不用说投资一家早已明显身处泥潭的银行了。

另外要考虑的是，赫塔银行还会导致新的亏损。相关措施没有改善整体的框架条件，而且就目前对金融机构会计的经验来看，数据也无法让人特别放心。

同时每个投资人都应认识到，尽管奥地利克恩滕州（Kärnten）愿意给出许多担保合同，但是考虑到金额数量，这些合同在严峻局面下根本不会执行。因为 2015 年春天银行的亏损估值达到了 76 亿欧元，比年度财政预算的 22 亿欧元多了好几倍。担保合同明显是毫无价值的，因为担保人根本无力履行合同承诺。克恩滕州州长皮特·凯萨（Peter Kaiser）也持相同看法："所有人都能估计到，克恩滕州不会为此付息。"

投资人寄希望于奥地利政府在局面不明朗时会出手。鉴于政府已经投入

55 亿欧元援助资金、政府债务高企、各州分担压力产生诸多政治后果，这个希望也是不切实际的。

每个观察者都能看得出，赫塔银行的有价证券风险极高。 风险能控制在合理范围内的前提是，政府在所有局面下都会出手援助。 但是考虑到欧盟出台了新的清算规则，而且奥地利 2014 年通过的《裕宝银行特别法》已经让债权人不堪重负，每个人都应该明白：购入赫塔的债券是投机，并非投资。 每个人都应看清这一点，以保证投资有价值的项目。

看过上述事实，有人又会想，那些有能力通过信托投资为顾客的资产保值，并且获得可观收益的专家，总不会碰那些不良债券了吧。 然而，大错特错。《法兰克福汇报》的一篇报道说："根据彭博新闻社（Bloomberg）的数据，德国慕尼黑的保险企业安联保险（Allianz）是海珀银行最大的债权人。 它旗下的资产公司太平洋资产管理公司（Pimco）投资了 2.92 亿欧元，安联投资（Allianz Invest）又投入 3400 万欧元。 第二大债权人是德意志银行旗下的资金公司德国证券储蓄公司（DWS），持有 2.76 亿欧元债务。 接下来的债权人分别是资产管理企业 Kepler（6700 万欧元）、贝莱德集团（Blackrock）（4200万欧元）和百达资产管理有限公司（Pictet）（3700 万欧元）。"还有："然而在彭博的榜单以外，其他媒体还列举了另外的债权人。 其中最著名的代表是世界银行，据称投资了 1.5 亿欧元用于购买海珀银行的次级债券。 另外德国建设融资促进银行（Förderbank）*北莱茵威斯特法伦州银行也有投资计划，而且额度可观。"[130]

所有上述的金融机构亏损的都不是自己的钱，而是他们投资者的钱。 看看投资金额的数量级，就知道将这些投资行为归为"可忽略不计的失误"的说

---

* Förderbank 是专有概念，参考 http://www.mofcom.gov.cn/aarticle/i/dxfw/jlyd/200705/20070504702906.html——译者注

法是错误的。 尽管这样，在上述这些以倾向于规避风险著称的金融机构的投资组合中，高风险、明显存在亏空风险的有价证券并没有特殊提示。 原因很可能在于，他们认为顾客自己有能力分辨出这些有问题的项目。

这些投资中的伎俩不是特例，而是普遍规则。 银行和投资人利用苦心设计的模型来控制风险和收益。 其中一个重要的原则就是所谓的"风险价值"。它能够计算在特定概率条件下，一笔投资的潜在亏损在一定时间范围内、在最坏情况下有多大。 选取的输入数据首先是过去的数据。 换句话说：投资人企图让未来大致按过去的轨迹前进。

然而发展结构突变是难以预见的。 在长期稳定和金融市场保持平稳的环境下（从波动性的数据定义），风险和亏损概率比预期低。 投资人就可以比之前冒更大的风险，因为亏损会比之前小，至少按照模型推算是这样。

如果发生了发展结构突变，那么实际数据就会和模型计算数据有较大差异。 后面很快我们就会谈到"黑天鹅"现象，指发生预料之外的事件。 这个概念是纳西姆·塔勒布（Nassim Taleb）引入的，形容"发生概率极低、完全出乎意料、事后被简单解释"的事件。[131]

高盛（Goldman Sachs）无疑是世界上金融行业最专业的机构之一。 但据《金融时报》报道，高盛背后同样离不开模型。 2007年金融危机爆发时，高盛宣布，在连续多日内出现了25项偏离标准的事件（所谓的25西格玛事件）。 这意味着，亏损比模型能够计算出的结果还要大。 而且连续几天发生异常，这就更加罕见了。

为了具体说明这个事件，诺丁汉商学院（Nottingham Business School）的凯文·多德、约翰·科特、克里斯·汉弗瑞和玛格丽特·伍兹在名为"25西格玛事件有多倒霉？"（How Unlucky is 25 Sigma？）[132]的文章中进行了分析。

- 每741天发生一次3西格玛事件，约每3年发生1次。

- 每31560天发生一次4西格玛事件，约每126年发生1次。

- 每2483046天发生一次5西格玛事件，约每13932年发生一次。从现在往前推是冰期。

- 每1009976678天发生一次6西格玛事件，约每4039906年发生一次。这可以追溯到现代人类起源的年代了。

- 每3105395365天发生一次7西格玛事件，是地球上出现生命时间的5倍。哇！

发生25西格玛事件中一件偏离期望值的事件的概率已经低到和连续中21到22次彩票差不多。然而这样的事件发生在高盛身上不是一次，而是一次接一次。研究者的结论是："要是奥斯卡·王尔德（Oscar Wilde）来评论这一事件，他会说：'发生25西格玛事件中的一件是倒霉。要是经历超过一次，那就可能是草率了。'"

我将会这样表述：延续过去并加以改进并不能保证未来不出现风险。人们必须独立思考。这也就是银行需要风险管理师的原因所在了。风险管理师负责观察和控制银行面临的风险，既让银行能够盈利，同时避免经济状况陷入崩溃。至少从理论上讲，人们可以期待它们可以突破模型的局限，从更高的层面上分析局面。

之前我因为关于美国房地产危机的观点受到过批评，现在我可以驳斥这些指责了。毕竟迄今为止，美国房地产的价格没有显著下跌，这就证明这是一个较低的风险。尽管也有一些提醒的声音，例如后来的诺贝尔经济学奖获得者罗伯特·希勒（Robert Schiller），他在美国股市危机积累爆发之前的2000年就发出过警告。还有美国的对冲基金经理约翰·保尔森（John Paulson）逆市而上，投机赚取了数十亿美元。不过这确实是一个例外了。

还有这个例子：瑞士2015年1月宣布不再维护瑞士法郎和欧元的汇率下

限。 于是高盛又报告了一起极其偏离常规的事件。 这次是一个大约"超过20西格玛事件"。 我也惊得说不出话了。 这次的瑞士法郎和欧元的汇率解绑事件在计划中是不可能发生的。 这样概率的事件发生一次，要等的年数比整个宇宙所有粒子的数量总和还要多10倍！

高盛不是唯一的受害者。 全世界的银行和投机商的亏损达到了数十亿欧元，仅德意志银行就损失了1.2亿欧元。

这次事件的概率真的如此之低吗？ 如果我们仔细分析一下状况，就会发现其实并不是：

- 为了抑制瑞士法郎升值的趋势，帮助出口经济更好地适应瑞士法郎的强势势头，瑞士国家银行在2011年启动了最低汇率机制。瑞士业界执行了这一政策，实际上，根据购买力平价计算，最低汇率与汇率间的差距缩小了。

- 瑞士中央银行的资产负债表的增速超过了世界任何一家中央银行。瑞士中央银行投入了数十亿瑞士法郎购买欧元。这项投资也越来越困难。

- 瑞士民众产生了不安的情绪，这一点在黄金公投（尽管失败了）中可见一斑。这项公投要求，瑞士中央银行的资产负债表中黄金不能低于一定比例，而且这部分黄金不能出售。很明显，这是瑞士民众出于对瑞士中央银行的不信任发起的一次公投。

- 到了2014年年底2015年年初，已经可以预见，欧洲中央银行将会放开货币政策。这会对瑞士中央银行产生难以抵抗的压力。

- 已经有人提出警告，将欧元和瑞士法郎绑定只是一个暂时的措施，并非一劳永逸。

鉴于以上情况，做出汇率解绑决定的概率远远比一个 20 西格玛事件大。《金融时报》[133]报道，几家银行在进行风险测算时使用的是瑞士法郎波动性的历史数据，有几家用的甚至还是最低汇率政策实行不久时的数据，得出的风险自然是低的。报道中说道："用量化的风险计算模型代替正常人脑思维是这次金融危机的诱因之一，而且似乎两者之间没有什么差异。"还有："2007 年发生的同业拆借市场的崩溃事件是模型无法描绘预计的。在这个事件中，模型也许是可以被原谅的。在瑞士法郎升值的情况下，它无力预见未来走势。"

当然，这类意外事件理论上是有可能发生的。但是如果高盛和其他公司不走运的次数这么多，就要思考一个问题：我们是否可以把钱托付给这些机构呢？换个说法，不走运就是缺乏能力。那么投资人自然面临着两难境地：人们愿意把自己的钱交给倒霉蛋还是无能的经理呢？美国自然科学家本杰明·富兰克林（Benjamin Franklin）说过："谨慎是一切幸运之母。"无能和倒霉有可能也有类似的关联。

银行和许多咨询师并不思考，他们不为客户着想。最主要的是他们的思维不顾及冰期的大环境，而是在自己的世界里续写未来。因此可以留给我们的选择只有一个：独立思考！

降低成本

在冰期有一点是确定的：资本投资的收益会降低。根据国民经济学的理论，利率和资本收益的发展走势会趋同于市值增长趋势。只要中央银行不动摇人们对货币价值的信心，通货膨胀程度就会保持在低水平。在高债务、人口发展形势严峻和生产力增长放慢的影响下，经济实际增速也不容乐观。利率会降到 0，而且如同我们看到的那样，我们还会努力将利率调整为负值。股票、不动产和所有其他形式的资产的价值已经被高估了，即使从当下的水平来看，未来的收益也十分有限，亏损的可能性更大。

当利率在 5％时，托管、基金和交易费用在几个百分点左右，尚且可以承受。当利率在 0 左右时，肯定就无法接受了。再加把劲儿，算一下你理财投资的成本，考虑以下项目：

- 账户和托管的基本费用；
- 有价证券的购入和卖出费用；
- 最高达 5％的投资基金的认购费；
- 按时长累计的投资基金管理费；
- 银行或其他外部管理方有可能收取的资产管理费用。

不及你算完，年均成本就超过 3％。尤其令人气愤的是，银行的资产管理项目不仅定期增加交易费用，而且系统性地购买自家的基金，有意识地收取多级投资项目客户的费用。

我的一个客户在资产托管公司持有 200 万欧元的有价证券。2015 年夏天，一家银行建议他，将即将到期的 10 万欧元分为 5 份继续投资。其中 4 份购入了银行自家的基金。从成本的角度看，这个建议会导致灾难；从投资的角度看，这笔操作也是毫无意义的。即使某一条投资建议可以被证明为明智，它作用于整体的投资组合项目的效果也是难以觉察的。建议做法是：规律性地多样化投资项目，但是也要把数额保持在合理范围内。

冰期理财的第一步就是：降低成本。

放弃成本高的全能银行，选择一家直接银行。避免选择设认购费的基金。理想情况下最好由本人亲自理财，避免把钱浪费在业绩不佳的项目的费用上。也可以寻求外部专家的帮助，这当然会增加花费，但可能也是有意义的。同时要记住：关注成本。

不要怯于协商。 根据我的经验，所有的费用价格都是可以商量的。

钱进钱出，两手空空

另外一个重要的方面是操作。 大多数投资者的操作过多。 理论上，跑赢市场的操作是，专注于长期坚持购进价值被低估的股票。 实际上，主要采取这项策略的股票基金在 1991—2013 年期间每年的计得红利（计算费用前）达到了 9.4％，超过了标准普尔 500（S&P 500）指数。

这些基金的典型投资者的利润只有 8.1％。 为什么呢？ 因为他们没有坚持这项策略。 就算其他人使用各自模式暂时取得更优秀的业绩，投资人也要有观望的耐心。

但是这看上去只是最基础的东西。 投资人倾向于购进价格走势好的项目，卖出亏损的项目。 结果是，当他们购进一只股票或一个基金项目时，其价格已经上涨了一段时间了。 反之同理，当一只股票业绩数年不佳、准备抛出的时候，也经常是走势反弹的前夕。

这是一个很明显的问题：无论股票基金、单只股票或对冲基金，投资者都操作得太多了。 沃伦·巴菲特（Warren Buffett）这样形容这种行为[134]："很久之前，天才的艾萨克·牛顿（Issac Newton）爵士提出了三大运动定律。 但是在理财上，他就不是那么有天分了。 他在'南海泡沫'事件中损失了大量资产，后来他抱怨道，他可以计算出星辰的运动，却无法衡量人类的愚蠢。 如果他在钱财上没有遭受挫折，也许就会发现第四运动定律：所有投资的收益随着操作次数的增加而降低。"

或者，换句大家熟知的话："钱进钱出，两手空空。"

华尔街传奇人物欧文·卡恩(Irving Kahn)一语中的："我建议私人投资者不要听从收音机、电视或者互联网上的意见，它们是没有帮助的。 人们说低买高卖，但如果盲从的话，是做不到这一点的。 人要有抵抗短暂困境的纪律和特质。 面对金融市场，人们会产生错误的直觉。 如果人们意识到了这一点，就可以抵御住在反弹期购入和在下跌期卖出的冲动。"

从美国的企业领导人信托基金（Corporate Leaders Trust Fund）公司的例子中就可以看出立足于长期投资的原则的优越性。[135]这家 1935 年创立的基金公司买入了 30 家美国企业的股票。 创始人宣布，基金公司不允许卖出股票，也不允许购入新的有价证券。 这个策略执行了 80 多年。 在这段时间内，尽管有些企业破产，也有一些企业通过合并或收购改变了业务范围，但是还有一些 1935 年购入的公司股票仍然保留在组合项目中，如化学企业杜邦、混合联合企业通用电气和快消企业宝洁。 到 2015 年年初，基金公司还持有 21 家企业的股票。

我们可以看到这个策略的结果。 在所有 1935 年成立的基金公司中，上述这家公司在过去的 41 年中展现出的价值是最高的。 2001 年 2 月以来，它的增速超过了标准普尔 500。 后者 125％的增长率已令人满足，而前者的增长率达到了 239％。 1970 年以来，它的平均年增长率达到了 11％。 这甚至比指数基金更有吸引力，因为后者总是要跟踪指数的变化。 那些在指数变化期间跟随指数进行调整的公司，它们的业务之前都运营得不错，但大多在下一阶段遭遇增长疲软。

也许下面这个观点是有帮助的：那些做到跑赢市场的人，只是因为他们比其他人坚持得更久。

不要把鸡蛋放在一个篮子里

我们刚才引用的《明镜周刊》文章中的内容也不是全部错误的。 一名受访的投资人建议：投资应当尽可能多样化，投资组合包含的业务项目应当广泛，配有相应的投资纪律。 实际上，任何其他行为都不是理财，而是投机。人们应当把理财交给专家来做。 或者也可以赌一把，这笔钱就算在最坏情况下全部亏损，也是可以负担得起的。 因为就几十年的经验来看，只有极小比例的人能够跑赢市场。

这个规律首先适用于异国风情类别的投资品，如老爷车、艺术品、葡萄酒和刚才提到的优质威士忌和果园草坪。 现在问题来了：如果仅仅考虑流动性，这些东西价值几何呢？ 在通货紧缩时或剧烈的通货膨胀后，即便在征收资产税后，现金也是更加紧缺的资产。

葡萄酒和威士忌有一个好处，在存储良好的状况下，人们至少可以自己喝掉。 也许可以安慰自己，否则这些资产也无法拯救。 有人之所以建议"投资"威士忌，是希望威士忌的价格能够复制过去几年顶级葡萄酒的价格走势。后者的价格飙升主要是由来自中国的需求所导致的。 寄希望于威士忌的人，一定相信：1. 中国的消费者会像热衷于葡萄酒一样疯狂追捧威士忌；2. 中国的经济继续保持良好增长。 前一点是不确定的，后一点也是不太可能的。

只有一个规模不俗、产品质量卓越的葡萄酒窖在刚开张时才能算得上是项有按揭抵押能力的资产。 从金融角度说，酒窖与艺术品的可比性远比生产性资产要高。 果园草坪与生产性资产的类比性最大，但是后者一般指的是持有年限达到或超过 25 年的资产。

因此，我在投资理财这个议题上所考虑的因素就很清晰了，即风险、收益、危机环境下的保值和长期资本持有的可能性。 顺着这个思路，具体操作是将资金分散投入到业务项目广泛的投资组合中，其应包括如下的组成部分：

- *流动性；*
- *危机中保持坚挺的货币；*

- 长期生产性资产；
- 有按揭抵押潜力的自有资产。

另外，投资组合项目应当具备跨地域的特点，绝不应该把自己的投资全部放在所在地。 鲜有迹象证明，德国在接下来的几十年会成为最吸引人的经济区。 影响德国未来的关键因素主要在人口、教育、基础设施、能源转向和欧元拯救（或欧元解体）的成本。

冰期的正确应对措施不是投资异国风情的项目，而是纪律和冷静的头脑。最重要的一点是避免亏损。

02 "亏"者为寇

避免亏损

中央银行的政客在过去几年的目标是明确的：通过越来越低的利率保持债务负担的可控性。 为此，他们也只得承受资产价格的明显上涨，或者干脆将其称为本来目的。 更高的资产价值可以通过所谓的资产效应刺激消费，从而避免经济衰退。

如果投资人和投机者对资本还期待至少赚一点的话，摆在他们面前的选择只能是投向风险越来越大的领域。 他们是在接受越来越少的"风险酬金"，但这并不是与风险大小对等的筹码。 这样的行为会不成比例地提高亏损的危险。

亏损是令人痛苦的。 更加令人痛苦的是在零利率情况下的亏损，所有资产的收益都趋向零发展。 要例子吗？ 2015 年 4 月 17 日购入 10 年期、收益率为 0.05％的德国联邦债券的人，在 3 个星期内就遭遇了剧烈的股价下跌。 按此收益率计算，200 年的收益（税前）才能补上亏空。

价格是人们为了购买某件物品付出的成本，它是投资的重要标准。 比如，一个人为了出租房投入了 25 倍净冷租（不包括暖气费等费用的房租）的成本。 考虑到其他与这笔房产相关的成本，从实际意义上看，这笔投资意味着 2％～3％的利息前收益。 如果投入能够少一点，那么这笔自有资产收益可达 4％～5％。 更高的收益是不可能的，除非资产还有后续增值，因为存在租金或房价上涨的可能。

尽管预期收益高于银行存款利息，但是考虑到与房地产业绑定的风险，差距就不是特别大了。 当然把钱存在银行就高枕无忧的说法也是不对的。 塞浦路斯的经济危机说明，账户里的存款并不是钱，而是银行承担的所有与账户存款相关的风险。

成功理财的最佳方案很简单：低买高卖。 在价格低时购进，如 2009 年 3 月。 那时的股价仅略微低于基本价值，与股价被严重低估的 20 世纪 80 年代初相比，低估程度还远远不及。 相反也有不太建议购进的时期，收益低于平均水平的风险广泛存在。

对股票的评估，也就是股价，在上市时对收益有怎样的影响，下面选取美国股市数据的表格可以说明。

参数 CAPE（cyclically adjusted pricetoearnings ratio，周期调整后的市盈率）并不依靠实时盈利评估股市，而是基于历史盈利的移动平均线。 由此参数，我们可以看出相对过高和过低估值。 2015 年年初，CAPE 值超过了 25。 历史上，这个参数达到 25 的次数只有 12 次。 2000 年年初的 43.77 是历史最高值。

表 1　按照超过 25 的市盈率计算的标准 & 标准普尔 500 指数的利润率

	1 年	2 年	5 年	10 年
平均	6.23％	0.17％	0.27％	3.39％
中等	5.49％	1.03％	0.25％	2.92％
高	33.36％	27.56％	10.70％	8.42％
低	22.10％	26.96％	11.24％	1.38％

历史上，CAPE 值曾 12 次在年初超过 25，最近的一次是 2015 年。 CAPE 在 2000 年达到最高的 43.77。排在其后的几次都与 1997 年相关，因此被视为特例。

数据来源：诺瓦投资，bto 分析，2015 年 2 月 20 日。

表 1 展示了资本投资人在特定股市行情下获得的收益。 在平均水平下，CAPE 值在第二年还有 6.23％，10 年以后就只有 3.39％。 在没有明显受到最佳时期 1997 年影响的中等水平下，收益为 2.92％；在业绩不佳的年份是 1.38％。在高点买入的投资者，面临着股价大幅下跌的风险，在未来 10 年的时间内没有收益——甚至没有考虑同步作用的通货膨胀。 那些看到中央银行不断释放流动性就认定股价不会继续下跌的人，要记住这一点。 尽管我也觉得不太可能会下跌，但是这并不意味着在相反情况下，投资会取得可观收益。

因为股价可能长期处于不合理的状态，因此纪律在投资中受广泛重视。投资者必须在几乎没有人敢买入的时候买入，在别人盈利的时候保持观望，在别人陷入疯狂时保持冷静。

中央银行的政策自 2009 年来不仅导致股市价格过高、降低了收益，而且也波及了其他所有投资类别。 德国的不动产价格提升，艺术品的拍卖反复创下新纪录，债券市场也迎来繁荣。 这一切都归因于尝试利用资产效应达到刺激经济繁荣目的的政策。

其直接后果是，预计资本投资的收益与过去几年相比明显降低——尽管后者受到了债务猛增的影响。 著名的波士顿投资公司每年都基于资产基本价值和实时价格，预计各类资产的期望收益。 图 8 展示了对未来的预测。

显然，无论何种投资类别，由于价格已经大幅提升，未来几年内的收益不可能很丰厚。 一方面的原因是过去几年的货币政策；另一方面的原因在于，目前已经属于"冰期"。 在增长长期缓慢、趋向通货紧缩、面临减债压力的环境下，投资收益与过去几十年相比肯定不能同日而语。 尽管市场上的价格保持较高水平，然而在其他指标增长（通货膨胀、破产、税率）带来的压力下，人们还是不得不选择持有资产。 另外值得提醒的一点是，现金和流动性资产也是一种投资类别。 表面上，通货膨胀带来的损失或负利率会吓退投资者。但是这两个因素带来的亏损与股市大幅调整带来的亏损相比，还是较低的。

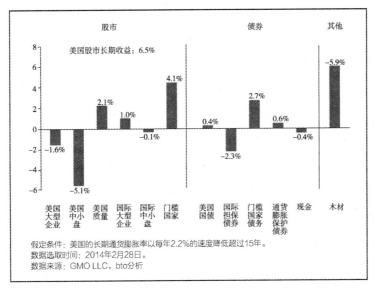

图 8 未来 7 年的年期待财产价值收益

结论：对于已经投入的投资者，考虑到股市行情和未来发展的不确定性，应当提高流动性缓冲。 对于到目前为止只关注现金的投资者，眼下应当暂时缓一缓现金投资，转而关注未来几十年的优质证券。 不过应当充分意识到，理想的入场时机很有限。

有买就有利

前文提到的欧文·卡恩于 2015 年 2 月去世，享年 109 岁。 他也许是世界上最年长的专业投资人。 直到去世前不久，他还每周去由他联合建立的资产管理公司卡恩兄弟公司（Kahn Brothers Group Inc.）上 3 天班，他的儿子和孙子也在此工作。 他在华尔街活跃了 86 年，在此期间经历了许多惊人的发展：1929 年的股市大崩盘（他从中将自己的启动资金翻了倍）、经济大萧条、第二次世界大战、冷战、20 世纪 60 年代"漂亮 50"（50 只人人必买的股票）的繁荣时代、1987 年的股灾，当然还有最近的金融危机。 下面是他 89 年投资经验的精华。[136]

他的投资之路始于一次投资。 他做空了一家矿业企业（卖出不属于自己的股票）。 他向亲戚借钱，用于支付保证金。 后者确信卡恩的投机要失败，毕竟跟牛市对赌是不可能取胜的。 在不久后的 1929 年股市大崩盘中，卡恩赚到了相当于本金一倍的金额，并总结出了一条重要结论："当市场过于大力追捧某个行业或某家公司时，通常意味着存在巨大的风险信号。" 时至如今，基于一般股市的普遍法则，他肯定也会坚持这么看。

不过之后卡恩改变了自己的投资风格。 他的中心不再是下跌的股票，而是转而系统地寻找股价被低估的公司。 同时他也避免用借来的资金进行操作。 促使他转变策略的原因是他结识了哥伦比亚大学教授、资本投资重要原则"价值投资"的创始人本杰明·格雷厄姆。

卡恩将价值投资原则总结为："价值投资是分析性投资行为的蓝图，与投机是相对立的。"通过分析如市盈率或市净率、股息收益、负债程度或收益增长等金融指数，可以调查出一只股票的基础价值。 只有股票基础价格明显高于股价时，才会考虑进行投资。 因此价值投资者只有股价低于基础价值时才会入手。

卡恩回忆起 20 世纪许多严重的股市危机中的许多良机："在大萧条时期我能找到许多大幅贴水的股票。 从格雷厄姆身上我学到了这一点：通过研究金融指数可以找到 50 美分买入、1 美元卖出的股票。 他将其称为'抵押品'，而且这依然是进行风险管理的最佳工具。"

格雷厄姆在他的著作《有价证券分析》（*Security Analysis*）中总结了他的经验。 这本书至今仍被奉为价值投资者的圣经。 格雷厄姆最著名、也许也是最成功的追随者是沃伦·巴菲特，他坚持践行格雷厄姆总结的原则，成为比尔·盖茨（Bill Gates）后的第二富豪。

　　卡恩坚持这一策略到最后阶段。 在每次股票暴跌后，他都会针对性地购买被低估的优质企业的股票。"只要有耐心等待时机，就总会找到这样的股票。 相反，也总有一些优秀企业的股票价格过高。 尽管这样的股票很不错，但是价值投资者不应当买这样的股票，只是因为它们太贵了。"

　　现在人们会想，许多市场参与者奉行价值政策，会导致价格不再与基础价值发生偏离，但现实不是这样的。 效率市场假说可以派上用场，它假定资本市场在任何时刻都可以合理处理可利用的信息，最终不会得出错误的价格。关于这一点，巴菲特曾经表示，他很愿意资助传播这个假说的科研人员，因为它可以为价值投资者创造许多新的机会。

　　另外一个可能的原因是，指数基金变得极为流行。 投资这类基金的费用明显低于主动型基金，而且后者的产品经理很少跑赢市场。 这种越来越注重市场指数的投资策略所导致的结果自然就是一种盲从行为。 资本都流入通常被认为有利的环节，主动型基金也逃避不了这个趋势。 多数经理为了获得更好的结果，尝试与市场指数保持有针对性但又不太大的差距。 但是在考虑成本因素后，这个做法就不太行得通了。 但这也不令人奇怪，因为讲到底，所有主动型基金的总体形势都不可能超越整个市场。 如果扣除成本，剩余的增值就一定低于平均水平。

　　指数基金机械地按照股票在总指数中的比例分配资产，不会分析基础价值的变化。 基金经理就依据过去的增值趋势来制定策略：如果股价朝向指数方向上涨，那么他们就被迫加仓。 结果就是，他们会购进走势已经非常良好的股票，反之同理。 因为主动型基金的经理也将指数作为比较标准，他们的操作围绕着指数进行，操作空间离指数也越来越近——这也解释了为什么考虑成本后的增值情况这么不令人满意了。

　　来看一个例子。 美国股市的罗素 1000 指数追踪的公司范围广泛，在 2014 年增长了 11%。 指数中业绩最佳的 200 只股票平均增幅为 44.3%，而表现最差的 200 只股票平均亏损 16％。 如果主动型基金经理能够做出正确选择，那他们有很大跑赢市场的空间。 但是他们的操作空间与指数越近，跑赢市场的可能性就越低。 2014 年单个股票的增值幅度与历年相比偏低——这要感谢中央银行的政策，让整体形势水涨船高。

对指数的基本面分析是基于收益能力的变化，建立价值的未来发展趋势与当前价格间的关联。 成功的理财肯定不是简单按照基本面分析进行操作。 后者只有在股票形势良好且没有被市场热捧的情况下，才有可能获得出色的增值表现。

基于基础价值的投资有稳定市场的作用。 如果一只股票价格太高了，就会被卖掉；如果价格过分下跌，就会被买入。 若要围绕指数进行操作，那恰恰是相反的：在股价上涨时购入，下跌时卖出。 引入指数投资后，这就没问题了，因为股票的运动是由基础因素推动的。

如果只看市场资本化及其相同变化，那么必然会引发盲从行为，进而导致股价的大幅度上涨或下跌。 从这个角度说，基金经理的操作相似度越来越高和低流动性对于市场来说是个值得警惕的信号。 这意味着发生股价跳水的危险增长。 资产管理者对此却并不在意，比起逆流而上，随波逐流让他们的职业生涯更加保险。

养老基金的总体情况更有问题。 债券情况更差，导致风险性高的债务人占指数的比重趋于上涨。 人们只想着意大利主导的欧洲国债市场。 可是把钱交给负债最多的国家真是个明智的选择吗？ 应该不是。 如果利率上涨，指数基金就会下跌。 没有经理会尝试用对冲或精心选择证券、持有时间来限制股价下跌带来的亏损。

选择投资指数基金的人，也就是选择了必然的亏损，无论是养老基金还是股票基金。 尤其是主动型的基金经理，他们在前一段时间的业绩尤其差，因为他们在流动性投资项目上没有投入足够的规模，而从股价水平看，他们还提高了持有比例。 但在接下来的几年，这个策略会取得成效。 精选优质股票明显会更加重要。

若要说可能的经济发展的形势，我不看好投资指数基金。 从成本的角度说，在财产达到一定规模之前，这是部分资产效率最高的投资方式。 但是，投资者手里也有一些证券，是他们在危机发酵的背景下不愿意持有的。 我认为这包括：

- 某些行业，如银行、保险业和奢侈品业，也包括航空公司（这个行业的结构决定了它不赚钱）；
- 某些国家，处于危机的国家，其资本自由流通状况和税收可能发生变化；
- 商业模式脆弱、现金流波动性剧烈、高负债的企业。

如果资产达到一定规模，那么就可以选择投到追求全球性资产保值（不考虑购买力）的主动型基金中。 如果找不到有资质的机构，那么投资者就要认真考虑自己组合投资项目的可能性了。 这种投资项目组合的管理应当遵从格雷厄姆的原则，将重点放在安全系数高的发展蓬勃的产业，着眼长期投资。

有理未必能赢

那些将冰期的实质理解为巨大财产风险的人，有过早追逐某种趋势的危险。 经验告诉我们，预料中的发展有可能比我们想象的来得更晚。

这样的事发生在对冲基金经理约翰·泰勒（John Taylor）身上。 他的基金 FX Concepts 专注于货币投资赚取外汇。 在 32 年内，他在巅峰时掌管着140 亿美元的资产。 他是华尔街的传奇人物，被人称作"FX 先生"（FX＝外汇）。 他的基金在 2014 年破产。《时代周刊》（*Die Zeit*）幸灾乐祸地评论道：
"他现在必须搬出中央公园 400 平方米的公寓了。"[137]

　　他是怎么走到这一步的呢？ 泰勒是对的，但是他的分析并不完整。 在欧
债危机的一开始，他就开始大肆针对欧元进行投机。 他的想法也许在经济学
上讲得通。 他认为欧元区是一个错误的构架，多数处于危机中的国家负债太
多，这些国家的人民也不会再接受国家制定的财政紧缩政策。 这让他变成了
"欧洲头号恶人"，主要是因为他用数十亿美元赌欧元汇率会猛烈下跌。

　　有几个朋友这样说道：泰勒说欧元就像是一只头被砍掉的母鸡，临死前只
能在院子里蹦跶几圈了。《图片报》（*Bild Zeitung*）抨击他，政客们勃然大
怒，他甚至受到了死亡威胁。

　　正如上面所写，欧元区的问题在欧债危机爆发后的 8 年内没有得到解决。
因此，泰勒的基本分析还是正确的。 那只没了头的母鸡，为了在泰勒的比喻
中活下来，还在原地打转，还在努力奔跑。 在每每要倒下之际，政策和欧洲
中央银行就出手解决。

　　尽管如此，泰勒还是继续他的投机策略。 当 2012 年希腊需要新的救市计
划、西班牙在资本市场上面临明显压力时，他手里的赌注似乎更多了。 但是
欧洲中央银行行长马里奥·德拉吉这时宣布了著名的承诺：用"所有可能的办
法"来维持欧元。 这也就明确了： 任何针对欧元和欧债危机国家的投机者，
都是跟拥有无限弹药的欧洲中央银行对着干。 欧元的价值重新开始上升，欧
债危机国家的债券开始回暖，反弹会持续数年。 出于对欧洲中央银行的承诺
的信任，投资者开始储备欧元，从而避免了汇率和欧元价值的损失。

　　现在我们知道，欧洲中央银行信守了承诺。 尽管欧元利率已经跌到历史
最低，欧洲央行还是通过决议购入国债项目，并且是无上限的！ 这对实体经济
没有影响，却给了投资者一个信号：无论局势如何，他们都可以相信欧洲中央
银行。 这就是一笔上了保险的利润。

这并没有从根本上解决欧元区的问题，泰勒的分析一如既往地正确。 只是针对欧元和陷入危机国家的投机走势糟糕。 越来越多泰勒的基金客户选择放弃，在与欧元的赌局中，泰勒管理的基金一败涂地。 最后只能破产——泰勒自己的财产也遭受巨大损失。

布朗大学国际经济政策学教授、著名欧元政策批评者马克·布莱斯（Mark Bylth）赞同泰勒对经济形势的分析。 但是泰勒没看透的是，欧洲政治家和中央银行用不屈不挠的意志来保卫欧元，尽管他们的做法在经济学上是没有意义的。

对我来说，这个实例可以很好地说明，理财中重要的一点就是设置一个上限。

基本分析并非一定会在资本市场的相应发展中体现出来，就算没有，它也有可能是准确的。

尽管泰勒已经 70 岁了，但是他在有生之年看到了他所预料的发展成为现实——至少有一部分的可能性还是不低的。 政治家只能在一定时间内逆转经济学的法则，影响不可能长久。

现在可能有个别读者会坚持认为，泰勒的分析之所以是不完整的，是因为他低估了政坛维持欧元的决心。 但是若无政治影响，资本市场的不合理现象可能会持续更久。

2000 年互联网泡沫破裂前也是这样的情况。 1996 年 12 月，时任美联储主席艾伦·格林斯潘用"非理性繁荣"评论美国股市行情。 耶鲁大学教授、后来的诺贝尔经济学奖获得者罗伯特·希勒将这个概念作为他 2000 年出版的一本书的标题。 在当时，席勒的想法是正确的——这更像个偶然，而非有所计划。 股票市场在 2000 年春天达到峰值，然后剧烈回落。

那么格林斯潘的分析错了吗？ 并非如此。 早在 1996 年股价就已经超出长期合理水平的 20％。 一年以后，股价水平达到了 1929 年后的最高水平。 关注企业盈利和销售增长等基础因素的人只会得出一个结论：股市中的有价证券价格太高了。 投机者将其视为稳赚不赔的赌局。 股市要经常回到符合其基础的行情水平上去。

好戏还在上演。 卖空者，也就是利用股价下跌投资的人，亏损越来越多，必须放弃这一策略。 人们讥笑预测股市崩溃的人。 那时流传着一种说法：这次情况不同了。 互联网经济的繁荣将会从根本上改变经济，并将引发一场新的没有通货膨胀的繁荣。 这不仅仅证明了股价的合理性，而且对其还有更深的意义。

美国的股价在最高时达到了正常基础价值的 2.7 倍。 1929 年这个数字"仅"为 1.8 倍。 两次都存在长期、明显的股价过高现象，而且引发了针对股价下跌的股票的投机行为。 今天的股价水平同样也远高于正常基础价值水平（见图 9）。 而且时下也有人表示，参照中央银行的政策，可以认为这一次的情况也是不一样的。 并且如果现在有人预言崩溃，那他们同样会在媒体上被人嘲笑。

如市场价值和基本价值间的长期比较所示，在 20 世纪 80 年代债务积累的初期，股价就一路飙升到较高水平。 2015 年夏天，股价平均也远超长期的合理水平。 长期不合理的股价水平，尤其是在货币政策支持下形成的长期不合理股价水平会导致股灾绝非一个无法用事实佐证的理论。

当融资成本超过用信贷交易购买的资产的增值时，市场就进入了崩溃区间。 除了股利等持续性收益外，增值主要在于利用股票差价的买卖盈利。 融资成本中，除应付利息外，也包括汇率变化导致的成本。 如果有人用信贷交易方式用日元购买德国股票，那么当股价下跌或日元相对欧元升值时，就面临压力了。 如果没有信贷交易，那么金融市场就不会产生泡沫。 首先是过于廉价的资金纵容了投机盛行，进而才给过度投机以及随之而来的悔恨埋下了隐患。

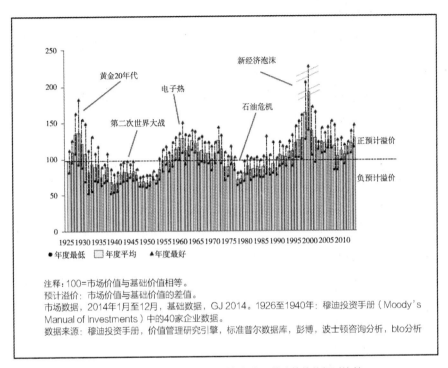

图9　美国股价水平（标普指数）与合理基础价值的相对比较

　　这发展成了灾难性的爆炸式增长。 原本只有少数人从中发现了有利可图的投机机会。 然后，人们谨慎地使用信贷交易，金融市场的价格开始缓慢增长。 之后其他的投资者也注意到了，并且被良好的股价走势动量所吸引。 人们越来越相信这是一场低风险的投机，打定主意借贷进场操作的人也越来越多。 同时也有人开始尝试理性地解释这样的发展："新技术为增长打下基础。"这和今天股票投资的"无可替代性"的说法类似。 越来越多的人赶上这波潮流，行情在上涨，最终广大公众也被吸引了过来。 这时上涨势头进入了后期。 如1999年到2000年的情况，这个阶段进入了最后的加速增长期。 当所有想买股票的人最终出手后，增长就结束了。 股价不再增长，开始回落。投资者开始紧张，第一期的借款还款期到了。 这时增长周期宣告结束。

下跌不是缓慢有序的，而是突然、混乱而剧烈的。 投资者都走进了死胡同，所有人都想着必须从同一出口挤出去。 越往里走，空间越窄，市场的暴跌就会越猛烈。

我们目前在死胡同里走了多远呢？ 2015 年是很大程度上受廉价货币政策推动的股价上升的第六个年头。 我们手上有推动股市繁荣的推进剂，而且在短期内不会被耗尽。

评级机构穆迪的《全球财产价格监测》（*Global Asset Price Monitor*）调查了全球市场 2015 年夏天的过热指标。 他们将当时的市场行情与 10 年平均值做了比较。 尽管全球股市专家认为一切正常——指数恰好在平均值上，但是穆迪认定，全球国债行情具有明显过热趋势。

对工业国家金融市场 2015 年夏天的行情分析结果让人忧虑：根据穆迪的报告，调查中近 50％ 的资产类别至少与历史平均值存在一个标准差。 在德国、日本、美国、丹麦和瑞典，与 10 年间平均值的差距为 1.5 个标准差。 德国的 DAX 指数甚至与历史平均值有 2.5 个标准差。

而中央银行引导的流动性泛滥更是推动了这一发展。 并且银行和媒体将会不遗余力地宣传，如企业债券、实力偏弱国家的国债和股票等这些高风险投资是不可替代的。 事实上，只有以下几个投资领域值得考虑：墨西哥发行了一种为期 100 年的债券；比美国债务更高、人口情况更差的西班牙还发行了为期 50 年、利率极低的债券。

我们在死胡同里已经走得比较远了。 但是历史教导我们，这并不意味着我们会迷途知返。 只有一点是确定的：在当前的价格水平上，债券和股票的收益将会压到最低。

类似 2000 年和 1929 年的情况，这次的过热也会持续很久。 据说凯恩斯曾说过："市场保持非理性状态的时间可能比你保持不破产的时间更长。"他强调，无论金融市场行情是偏高还是偏低，都有可能长时间偏离合理的价格水平。

时机是决定投资成功的最重要因素。 最困难的就是选择正确的时机。
2014 年的标普 500 指数增长了 13.69％，而股票基金投资者的平均收益率为
5.5％。债券市场的情况也半斤八两：巴克莱综合债券指数(Barclays Aggregate
Bond index)增长了 5.97％，而债券基金投资者的平均收益率为 1.16％。[138]基金
成本只是造成低收益率的很小的因素。 主要原因在于，投资者不着眼于长久
周期，而是寻找提升收益的"时机"。 结果适得其反。

那么解决方案是什么呢？ 肯定不是单纯地赌股市暴跌和货币间汇率变
化——也许还是参考一个尚且不错的基本分析更好。 应对资本市场行情扭曲
发展的更好的方法是持有均衡的投资组合项目。 这可以防止大规模的亏空。
而且这本身也是投资中一个重要的原则。 因为在零利率和资本市场长期低收
益的环境内，要赢回失误的投机行为导致的损失可能需要几年的时间。

小心债务

我们已经说明，经济发展前景已经十分危险。 鉴于债务问题尚未解决，
欧元区的紧张局面持续且愈演愈烈，人口条件不利、生产力进步不足导致了中
期增长前景糟糕，以下局面是有可能出现的：

- 冰期。长期的经济停滞、低通货膨胀/通货紧缩、低/负利率,资
产价格趋向下降,但其流动性高且增长。
- 债务削减。资产雄厚的单位参与进行有序的债务再次调整(或
债权直接参与,如塞浦路斯事件;或通过税收方式)。削减后,经济、资
产价格和利率水平会恢复。
- 货币化。中央银行大规模购买国债,然后将其规定为无利率、无
须偿还。乐观者从中看到一条解决危机的"无痛"的方案,质疑者指出

其巨大的通货膨胀的风险。

● 崩溃。发生不可控的债务人破产现象，由此导致债权人的损失。

另外存在一个对欧元区未来的疑问，无论问法有何变化，其本质是：是保持现状，排除个别成员国还是完全解体？

在上述方案中，哪一种是最适合利用借债发展的呢？如果人们可以保持偿还债务，并且通过"剩余产品"来盈利，那么债务是有益的。但倘若人们寄希望于以购买对象的增值来足够支付债务本金和利息的话，就有问题了。这种方法行得通的唯一条件是：另有一位买者愿意用更高的价格购买之前购买的对象。

只有人们相信资产名义价格上升，在上述的方案中，债务才是有意义的。这在几个完成债务削减后的国家是可能的，但是不包括德国。因为在德国，与债务削减相关的损失是由大部分的债权人和纳税人承担的。债务人因此就会希望在可见的时间内出现通货膨胀。如果相反出现了长时间的冰期，那么看上去的低利率实际上是非常高的。资产价格也会骤降，那么就算在零利率条件下，债务本身也会很快变得十分高昂。

严肃媒体也宣扬借贷投机是安全明智的投资策略，这仔细想想也说得通。毕竟债务爆炸以及与之相关的资产价格上涨（后者也受到了低利率的影响）了几十年了。

2015 年 2 月 9 日，《法兰克福汇报》在名为"新投资策略"的文章中推荐道："宁肯借贷买股票，也不要省钱买房。"这个策略明显只有在借贷购买的对象（这里指股票和房产）的增值超过了应付利息情况下才会起作用。初读此文，作者的构想是让人难以抗拒的："长期投资股票的人，比付房贷利息的人明显赚得多。那么为什么要把股票卖掉，投到房产里去呢？更优选的方案是，持有股票，在买房的时候多贷点款。大部分银行都可以做到这一点。之后，股市赚的钱不要用于偿还合同规定应付款外的贷款，而是继续投在股市里。"

《法兰克福汇报》的建议是，在买房时少投资自有资金，之后也不要急于还清贷款，而应当将阶段性的收益同样投在股市里。 比起从一开始投入更多的自有资金、尽可能偿还贷款，这个策略的结果就是借贷的本金更高，在期限到后支付的总额也更高。

原文的解释如下："20 世纪 70 年代以来，德国股票按照 DAX 指数平均每年税前收益为 8.3%。 其间尽管发生数次股市崩盘，投资者还是没有遭受亏损，年收益在最坏情况下为 2%，最高达到了 15.7%。"

但是我们要时刻明白，20 世纪 70 年代以来，出现了有史以来最持久的股市繁荣，但这是基于大规模的债务扩张和股价水平的上涨趋势的。 80 年代初的市盈率还低于 10，在 2015 年春天就高得多了。 我们必须记住，不仅仅是当前超过 15 的市盈率有了明显增长，而且由于会计规则的改变，收益也明显上涨。 倘若我们使用相同的收益定义，那么股价的增长更加明显。 这篇文章的作者和利用风险模型的银行犯了类似的错误：他们使用历史数据推算未来，但未来实际上可能完全不同。

"如果股市的收益能达到 7%，那么就可以一直把钱投到股市，而非减轻还贷的压力。 这笔操作可以带来几千欧元的盈余。"

这时还没有相信借贷投机策略的人，也许会对下面的纳税方面的好处产生兴趣："如果你出租房屋，那么把钱投到股市里是愈发有利的。 因为收入的租金的缴税数额是可以按照贷款利率计算的，理想状况下可以抵消缴税的压力。如果提前还清贷款，那么租金收入缴的税就更高。"

总结一下，严肃媒体《法兰克福汇报》建议读者：如果要购买房产，就借贷尽可能多的资金，然后把买房剩下的钱投到股市里，用"安全"的股利更轻松地还贷。 要到达这个目标，需要满足以下条件：

- 融资成本必须低，这是先决条件。

- 股市的年最低收益率必须达到 4％。之前达到这个数字可能容易些，但是在冰期就不太现实了。股市面临着经济结构决定的低发展速度、债务削减和通货紧缩的不利环境，日本自 1989 年以来的情况就是例证。著名的波士顿投资公司对未来几年的预测是，未来 7 年的股市收益会明显低于 4％，因为股市价格已经在很高的水平。

- 到借贷的偿还期时，股市恰好不在低潮。

- 房产价格至少保持稳定。

在德国房地产价格水平问题上，有人认为与其他国家地产价格比较，德国的房地产价格还算实惠。但是一方面，这样的比较没有任何说服力，也有可能只是其他国家的房地产价格太高了。分析一下负债情况也可以佐证我的说法。另一方面，未来人口可见的发展可能会对德国大部分地区的房地产价格造成压力。增值或保值是难以保证的。

这个例子说明，用任何借贷的方式购入资产的行为都是纯粹的投机。

那么在恶性通货膨胀下的情况是如何呢？资产的实际价格会爆炸式增长，负债会实际缩水。但是必然的发展是，在这样大规模的货币贬值后，国家层面会提高税率。20 世纪 20 年代的恶性通货膨胀后，政府设置了特别的房贷税，导致柏林的房地产价格降低一半。在 1948 年的货币改革中，政府重新调整了债务，设置了战争财产损失赔偿税。

结论：借贷背债不是资产保值的策略。借贷的人应当通过计算，把握好借贷的额度，保证在最严重的动荡中都能操控自如。

投机是过去 30 年的策略，眼下要关注的是资产保值，这就意味着要减小风险。在高估值环境下，最好情况也只是获得低收益，有可能遭受亏损。在行情向好时，背债投资是个有效的策略，但是在下坡路上有可能会导致致命后果。 理论上讲，针对崩溃进行投机是不错的，但是时机是否合适呢？

投资的纪律性更强的原则是更适合的。 我们必须想清楚以下问题：

- 在全球负债过高和欧债危机尚未解决的背景下，各种投资方式的比例应如何理性分配？
- 鉴于现行的货币政策已经导致资产价格严重扭曲，调整结构的最佳方案是什么？
- 如何确定计划的投资尽可能规避成本？
- 如果其他市场持续繁荣，或一种资产价值猛烈下跌，如何确定坚持既定结构？

03 利用纪律越过冰期

资产保值优先

正如上文所示，在如今的估值水平下，资本市场不再需要任何逆向流动。在不断趋近长期估值标准的情况下，仅剩下微薄的利益可以获取。当然，资产还有一定的上涨空间，但这也伴随着一波明显下调的风险。

在零息环境下，收益率预期较低，由此对于所有资产来说，保值必须是一切的前提。这在今时今日，比在从 1980 年起经济腾飞的那些年来得更加重要。如果股票的年上涨率在 6％到 8％之间，而十年期国债利率为 5％，那么损失将是令人恼怒的，但是还能在一定时间内弥补。为了挽回 30％的损失，在一个正常的资本市场环境下需要 6 年；在一个增值率只有 3％的环境下，则需要 12 年！对于资产配置有一条最重要的先决条件：减少损失！

但是，我们不应该出于恐惧就采取消极的态度：将钱全都存在银行账户里，藏在床垫下面，或是挥霍一空。恰恰相反，我们需要进行积极的资产配置，将上述提到的原则内化：

- 不相信任何建议；

- 只在极有前景的情况下才进行负债操作；
- 不受时间段的局限，市场可能在很长的时间都处于错误的状况下；
- 在买入任何资产时关注价格；
- 自己思考；
- 减少交易并降低费用。

资产配置的目标是全球化的，即去除购买力因素后的资产在保值的基础上加上 X，其中 X 须大于零。

在全球化中，重要的是在全球经济繁荣中保持相对比例的安全性。 劳动人口在欧洲、亚洲中的日本和中国都正在面临衰退，而在美国仍有小幅上涨，在亚洲的其他地区、南美和非洲则有明显增长。 人口的明显减少意味着更少的需求，这对于针对国内市场的企业来说，意味着营业额和收益的损失。 同时，对于不动产的需求，不论是商业或是私人住宅目的，都有所减少。 根据实践经验，资产价值与劳动人口同步达到鼎盛，而后下降。 从欧洲人的视角出发，可以很好地印证全球多样化。

去除购买力因素。 通货膨胀导致的贬值必须避免。 此外，这也涉及了全球购买力保值的问题。

资产保值。 保值必须排在利息之前，因为在我们所身处的环境背景下，一丁点的损失都是数年难以追平的。

加上 X，是应当追求的，但前提是在资产配置的其他目标都完成的情况下。

这些目标应通过成本低而多样化的资本配比来实现，我理想的资产组合由以下五种资产种类组成：

● 绩优股。拥有稳定现金流、适当负债、稳定经营模式和连续管理的杰出企业。

● 债券。可靠发行者的债券。此处，持有不同区域的混合债券是至关重要的。

● 流动资金。现金是一种单独的资产类别。为了保持灵活机动，拥有一定的立等可取、不会贬值的流动资金储备是不可或缺的。这里还要考虑到欧洲和美国对于持有一定的资金有限制规定（负利率、现金控制、资金交易控制）以及银行重组的内部纾困风险。

● 黄金。几千年以来，黄金一直是一种坚挺的资产保值方法。在强烈的震荡下，长期来看，黄金始终能保值，但是却不会带来利息。黄金是金融体系内对抗意外的一项保险。因此，黄金只有在它作为直接的实体形式时才是一项有意义的资产。纸黄金不是黄金，它们更多体现的是负债！

● 不动产。不动产也属于国际化资产保值组合中的一种。

这五种资产主要遍布以下地区：北美、欧洲、亚洲及其他地区。

由此，理论上存在以上几种资产和地区的排列组合，但其组合比乍看之下要简单一些。

我们在欧洲投资的太多了

您的资产很可能大部分都投资在了欧洲，而且可能就是在德国。 自住的房子在德国，租住的房子在德国，度假的房子——如果您有的话——在欧洲相对安全。 股票基金呢？ 是根据 DAX 指数或者欧元 STOXX 指数来配置的。您的人寿保险，也主要投资在欧洲的国债。 您的退休养老金呢？ 得由未来几代的德国人来挣得。 而您可能最大的一笔资产，即您将来收入的现值，同样也是在德国挣取的。 您 90％甚至更多的资产由此都聚集在一个区域。

德国是世界上人口问题较严峻的国家之一。 根据评估，德国人口将在 2060 年降至约 1500 万。 更戏剧化的是劳动人口的发展趋势，所有声称难民潮会带来相反趋势的说法基本不成立。[139]

在欧洲的其他国家，情况也只是稍微好一些。 法国和英国是少有的两个人口依然有所增长的国家。 这些折射出的情况虽然随着难民潮有所改变，但是我们的探讨必须采取谨慎的前提，因为这些移民的工作资质是有限的，难以填补劳动力的缺失。

这里出现了两个基本的人口变化带来的趋势。

一个是对资产价格的影响。 很多现象表明，一个老龄化的社会正在将储蓄资产耗尽，并通过变卖资产以覆盖日常的开支。 而这主要指的是与地点相关的资产标的，比如不动产。

另一个是银行针对国际清算所做的调查研究得出的结论：在一个社会里，领取救济金的人口数量比劳动人口数量越多，通货膨胀就越严重。[140]

对于我们来说，这就意味着我们遭受了资产价值下降，且生活成本更高的双重打击。

英国《金融时报》把这称为"三明治困境"。[141]更高的赋税和更多的再分配可能进一步加剧这一现状。

除此之外，世界的其他地区相对来说情况好多了。 正在崛起的亚洲国家站在了双重人口红利的分水岭：增长的人口以及更严格的教育培训标准。 从人口增长的角度看，美国仍然是越发有吸引力的一个国家。 而且美国一直以来锁定着全世界各地的精英人才，并由此获得经济腾飞创新的能力；所有人都只会向硅谷看齐。

多样化是资产安全保障的最佳策略。 这不仅是指资产类别需要多元，而且也是指投资区域分布的多元。 欧洲、美国和其他地区各投资 1/3，这是一个理智的分配办法。 请您看一眼您的资产，您会发现巨大的不平衡性。 不论如何，将来您的资产不会仅仅在欧洲或只是在德国，而是与此相反。

实践中的多元化投资组合

在股票投资上，本书已建议过您从全球股票范围中挑选潜力股。 对于基金，您也要根据管理质量和成本效率来进行挑选。 在实践中，可以挑选两到三只基金组合。 债券的操作也是类似的。

货币头寸实际上是不同货币的组合。 在接下去对欧元区的"救援行动"中，不仅可能会出现对现金的禁止，还有可能对资本交易进行限制，这是一个非常现实的设想。 因此，对于全球的资产保值来说，拥有欧元区范围外和欧洲范围外的账户是很重要的前提条件。 瑞士、美国以及新加坡是在欧元区以外较好的潜在银行开户地及相应的货币分散地。

从定义来说，黄金是一项国际化的固定资产。 对于私人购买黄金，也存在着和针对货币头寸类似规定的潜在限制。 黄金必须在几处不同的地方予以购置。 在黄金市场上也已引进了相关的专业产品。

不动产在当下严格的估值中已是一项实实在在且往往被低估了的重要资产品类。 然而大多数的不动产投资都集中在人们自己居住的区域。 这样带来的后果是基本效益（人口发展）和税收的巨大的、连锁的风险危机。 因此，不动产的比例限制以及地域的分散分布是必不可少的。 由于不是每个投资者都能够支配各类金融工具并且拥有专业知识，因此出现了不动产基金和房地产投资信托基金（REITs，Real Estate Investment Trusts*）的投资方式。 这样的工具在崛起的发展中国家中也是存在的。

> 建议大家将资产均衡有规律地根据资产种类和地区进行配置。黄金可以看作一项跨地区的资产种类。此外，您应该每年进行一次调整，减少发展得较好的资产的份额，并对其他资产部分相应增加资金。

这样系统的资产配置方式在过去始终能取得稳定的较好的收益，而且组合投资也能规避资产价值震荡的风险。 后者非常重要，因为人们作为投资者自身的时间观就有局限。 如果需要用钱了，那么也必须有相应的可用的资金储备。

金融经理人梅班·费伯（Mebane T. Faber）的研究[142]曾表明，对不同种类的资产分布投资真的可以取得预期的成果。 在他的调查报告中，费伯对 1973 年至 2013 年以来不同标准资产投资组合的发展进行了研究。 这段时间让投资者们经历了高通货膨胀、反通货膨胀、股市崩盘、数次泡沫以及最终的金融危机的过程。 结论是：

● 60％股票及 40％债券组合而成的标准投资组合在上述时间段内能带来每年 5.15％的收益率，并有最多损失 39.4％的风险。如果没有选择美国股票，而是选择了全球指数的话，收益会略有提高（5.54％），最大损失也相应低一些。

● 投资家哈里·布朗（Harry Browne）提出了所谓的"永久投资组

＊ REITs(Real Estate Investment Trusts,房地产投资信托基金)是一种以发行收益凭证的方式汇集特定多数投资者的资金,由专门投资机构进行房地产投资经营管理,并将投资综合收益按比例分配给投资者的一种信托基金。

合"，即 25％股票、25％债券、25％短期国库券（treasury bill，即三月期的美国国债，是真的现金资产）和 25％的黄金，这样带来的是 4.12％的年收益率，以及最多损失 23.6％的风险。

- 全球最大对冲基金桥水基金（Bridgewater）的"全天候投资组合"在不论通货膨胀是涨是跌，不论经济是腾飞或是低迷的状况下，都起着相同的作用。这一资产组合由 30％股票、15％的 10 年期美国国债、40％的 30 年期美国国债以及 16％原材料组成，其中原材料一半应是黄金。（这些加在一起超过了 100％，因为桥水基金也使用外来资金来做资金杠杆。）收益为每年 5.04％，最大损失为 28.7％。

- 麦嘉华（Marc Faber）的"末日博士投资组合"由 25％股票、债券、黄金和不动产组成，年平均收益率为 5.26％，同样，最大损失在 28.7％。

由此，所有这些投资组合在 40 年的时间段内不仅收益率极其相仿，而且这些收益和标准普尔 500 指数的收益 5.71％，是几乎持平的，当然这些投资组合震荡的风险更大些（最高损失为 54％）。

同时，麦嘉华也指出，这些资产的成本对于最终的投资结果也至关重要。即使是最好的投资组合在每年 2％的成本下，收益也受到了相应的影响。

在如今高负债以及相应带来巨大资产风险的背景下，这也只能是一个风向标。所以，投资方式偏离本书分析的均衡配比策略也有一定的道理。从 1973 年起至今，我们面临的是资本市场上难得一见的局势：下跌的通货膨胀率，持续走低的利率以及不断上涨的股票价值。在零息甚至负息的情况下，这种情况难以为继。与之相反，冰期的不确定性以及负债危机的潜在解决方案使得利息再次明显上涨成为可能。至于其他资产的价值，我们也必须基于经济发展的基本面以及企业的最高估值，考虑到可能的价值回归。两种情况都不会持续长久的时间。

这也就会带来相应的资产种类的多元化配比。 今天的我会这样投资：

- 购买不同区域的绩优股 ——不是像麦嘉华列出模型的股票指数，因为这往往包含了过多资产，而我认为这些资产在如今的经济形势下太过昂贵，风险过高。
- 重点投资货币和不同区域的国债，选择可靠负债人发行以及相对债务更低的负债。
- 使用现金作为管理外汇风险的手段，例如瑞士法郎、挪威克朗、新加坡元和美元。
- 如前所述的黄金。
- 不动产投资应关注人口发展趋势较好的地区。但是这里我认为应当规避加拿大和澳大利亚，因为那里的市场被估价过高，而且原料价格崩塌导致了持续悬而未决的问题。

多样的分散投资应当会对各种情况产生一定的保护机制，但是却不保证在负债累累的情况下能够没有损失地全身而退。 通过仔细筛选资产组合，可以降低因止付或债务免除而蒙受的资产损失。 如果金融市场上因信任缺失出现混乱，例如由破产引起，那么也会造成一定的损失。

即使能够成功在所有深渊面前掉头，投资者也必须能够考虑到整体有所损失的情况。 对于在最严重区域坚守的人，更高额的税款也无法避免。

尽管如此，这样多元化的策略依然能够保全资产的大部分，由此也为新的开始打下基础，前景依然乐观。

这样的资产组合满足了最重要的条件：保障了潜在的有抵押贷款能力的自有资产。

无论通货紧缩或膨胀，多样化都有用

我们投资的目的是，不论是在通货紧缩还是通货膨胀的情境下，都可以保障资产并可以在清偿危机后拥有重新开始的可抵押自有资产。 那么，这究竟是否可行？

首先，我们要搞清楚定义，什么是通货紧缩和膨胀。

通货膨胀是指货币购买力的迅速贬值。 商品的价格，包括实物资产的价格也上涨了，因为货币的价值下跌了。 即使按照每年2％的较低通货膨胀率计算，50年也会导致近60％的购买力丧失。 而明显高于2％的通货膨胀率并不少见，尤其是在如果政府尝试通过贬值货币来解决多发债务的问题的时候。

通货紧缩则是货币获得更多购买力的过程。 一般要么发生在行业的生产力提高，可以降低商品价格时（所谓良性通货紧缩），要么发生在由于债务人出现流动性短缺，必须不惜一切代价筹措资金，以便能履行其义务，并因此在变卖资产时下调供给价格。 这是经济学家们恐惧的所谓的"恶性"通货紧缩，也是构成我们所谓冰期的基本假设。

面对过多的负债，我们必须对两种情况进行自我调节：一种是债务的公开货币化，伴随着对货币失去信心并带来高通胀；另一种则是信用违约并导致破产以及通货紧缩的发展趋势。 对于资产来说，最危险的就是长期的冰期，并带来恶性通货膨胀。

此外，我们不应当排除另一场半途而废的"混日子"的场景，这一场景的标志就是高通胀、债务重组和更高的赋税。 总的来说，即使是在这样最令人不愿看到的情况下，资产组合也会得到较好的结果。

这三种情景是怎么对我们投资组合中的各个部分造成影响的呢？

1. 现金

正如上文所述，现金是必要的，而且应是储存在不同地区的、不同币种的现金。 这里，在所有币种中，我想到的是瑞士法郎、新加坡元以及美元。

在通货膨胀的情况下，现金显然不是一项好资产。 在 20 世纪 70 年代，持有现金仍是有意义的事，因为银行的利率处于明显增长的状态，由此人们可以大致获取到货币的价值。 未来，我们面对公开的目的导向，债务以及付款请求的实际价值会被贬值，我们不应预期货币还能维持其购买力。 贬值无可避免。

这对于通货紧缩同样适用，这种情况下，政策只会更加严厉地推行负利率。 而且还存在债务重组向银行求助的巨大风险。 因此，部分国家的银行存款，即使是在德国，也是不安全的。 现金在这种情况下，是一个选项。 而与此同时，对于现金的管控正在进一步收紧。 现在人们还可以不受限制地提取并使用现金，在将来，这一自由很可能受到很大限制。

即使在流动性上看起来有"必然的损失"，人们也不可能不持有一部分的流动资金。 通过国家间的银行联系以及在不同的银行分散投资，损失程度可被控制在一定范围内。

2. 债券

现在的债券并不比流动资产好多少，只是利息收入微微高出一些，但在明显通货膨胀，并导致利息上涨的情况下，投资者必须预计到要承受相应的股市损失。 如果后者因为中央银行的政策而没有出现的话，则会导致购买力的明显损失。

在通货紧缩的情况下，债券是一项非常有吸引力的投资品种，前提是债务人可靠，在价格不断下降的情况下依然履行偿还债务的义务。 最好的企业债以及国债发行者可以达到这一水平。 除了信用违约的风险以外，还需要时刻记得，通货紧缩提高了高通货膨胀的概率，因为中央银行总是会采取更激进的措施进行干预，并彻底破坏对货币的信任。

在向冰期不断进一步发展的过程中，债券始终都是一个相对来说较好的投资工具。 投资收益可以维持货币的购买力，而比这更多的获利是不可能的。

再简单多说一句由多国联合发行的防通胀保值债券。 这种债券将偿还额与通货膨胀指数（Inflation Index）进行挂钩。 我个人对此表示怀疑。 在为了降低债务的情况下，我不相信预期的通货膨胀率会和实际相符。 所以，对我来说，这样的债券就像政客们的承诺一样不牢靠。

只有在发行人稳定且货币区域可靠的情况下，发行的债券才可被纳入投资组合范围。 在大多数情况下，债券只是与放在银行账户里保管形式不同的流动资产。 在我不信任银行的情况下，我把债券看作流动资金的替代品。 鉴于风险的考虑，我只会选择期限短的债券。 不管天崩地裂，我都不会有买100年期的墨西哥债券的想法。

3. 黄金

黄金只是防止整个金融系统崩溃的一项保险。 但是，作为黄金的投资者也必须清楚地明白：

- 只有实体黄金才有真正的价值；
- 国家肯定会限制私人拥有黄金的权利；
- 黄金在长期看来是能够保持购买力的资产；
- 相对于效益高的资产标的来说，黄金在债务清偿后会贬值。

在古罗马时期，人们用一盎司黄金可以买一件精良的宽外袍，今天，人们可以买到一套好的西装。 长期来说，我们可以把黄金看作一项保值的工具，而不是一项会受经济增长而获得盈利的投资工具。 因为尽管存在诸多巨大的问题，但一切都表明，全球的财富是处于不断增长中的。

4. 不动产

如之前所述，对我来说，不动产也是多元化的"全天候"资产组合中的一项。 在投资不动产时，尤其重要的就是不要只在德国进行投资。 因为这样的话，会产生因人口发展情况或是政治原因而导致的系统性风险。 德国的人口会在未来的几十年中减少并且老龄化。 这会导致郊区不动产价格明显下降的趋势，而一些城市则会因为人口越来越集中，而带来更多对不动产的需求。

不动产资产是否有价值，只能由手中具体的地产来决定，且取决于许多因素。

最重要的因素是可得到的租金除以售价。 所谓的初始利润总额至少应该达到 5%，因为房东承担了较高的成本和较大的风险。 成本主要有运营费、管理费以及翻新的储备金。 总体来说，应该占到售价的 1‰ 至 1.5%。

如果你的收益率达到了之前提到的 5%，那么要当心了。 如果这已经高于市场类似房产的普遍情况了，那么可能会面临空租或是频繁更换房客的情况。这可能会导致房客违约或是成本更高。

过低的租金无法迅速提高。 当租金低于市场普遍价格时，租客会希望尽可能长时间地从这一状况中受益。 立法者和偏向租客的司法判决会抑制租金过快的上涨，并会以各种方式压低房东的收益。 限制租金上涨的举措已经出台了，同样还有对租客的保护举措。 德国已立法设定租金价格上限，并会继续保护租客的权益。 我能很好地想象得到的情景是，政策限制租金多少，并为多年租房的租客及老年租客创制出社会福利附加条款，该条款预先规定租金支付"要根据经济条件"进行。 最终，老年人将会成为最大、最活跃的选民群体。

对于不动产价值发展的因素，关键在于它的地理位置和出租需求。 而后者会受到如公共交通便利程度等因素的影响。 此外，楼宇的状态也是一个因素。 如果有大量需要翻新修葺的工作，那么在估算租金的时候，也要考虑到必要的成本投入。

持有的外来资金利率越低，投入的本金的收益就越低。 如果短期内大量举债筹措资金，则存在风险，自有本金的获益率在利息上涨的情况下会进一步下降甚至成为负数。 尽管上涨的利息会带来租金上涨的预期，但是实际的上涨过程会十分缓慢。

并不能完全排除居住用的不动产有明显价格下滑的可能性，由此也产生了银行对标的资产进一步估值降低的风险，并要求财产所有人提供额外的自有资金。 而这样的情况，我们已经在西班牙以及其他国家的房地产市场泡沫毁灭时见过了。 因此，建议大家仍然持有足够的流动资产。 在有时间压力的情况下，变卖资产永远会导致巨大的损失。

在我们购置不动产之前，我们应当对所拥有的资产做一个整体的分析。如果你已经拥有了自住的不动产，再加上目之所及的投资标的，这些已占据了你所有财产的大部分的话，那么你就承担了一定的整体风险。

这不是说，只要投资不动产就是完全错误的，而是说，不动产只能作为投资组合内的许多标的中的一项。

关于自住的不动产以及度假的住处，对自己真实是最重要的。 一项不动产首先是一项消费品（即使是在长期居住的情况下）。 尽管房屋所有人确实比租客拥有更多的自有资金，但是这和不动产本身关系不大，而是在于房屋所有人因要购置不动产而省钱的倾向。

不动产能够抵抗通货膨胀已经声名在外。 相对而言不动产稳定的价格是一个原因，因为新房子（包括和新房子有关的所有成本）的机会成本始终跟着通货膨胀率一起上涨。 除此之外，如果市场没有严格的管控，租金的水平会是普通物价水平的两倍。

在通货紧缩的情况下，不动产的价格也会受到一定的压力。 租金会有所下降，甚至跌至冰点。 有负债的房屋所有人必须将不动产售卖出去，才能够还上债务。 因此，不过度负债是十分重要的。

投资不动产还有许多其他的方面需要注意。 此处不过多进行阐述，只简单提以下几处：

- 管理不动产是相当花费时间的，而且往往令人不是太愉快，涉及换房客、修葺，还有法律法规对于租金的约束等问题。

- 不动产需要房屋所有人拥有"强硬手腕"。房东必须时不时关注成本的趋势，定期提高租金并且有效地经营资产。

- 必须购买将来在市场上会有需求的不动产，而不是个人喜欢的不动产。这里主要指的是市中心位置的、负担得起的、便利的房屋。

- 大小效应也适用于不动产。公寓房相较于一整套出租公寓的收益要差一些。原因在于：相对更高一些的购买价格，和其他公寓业主的矛盾，只比一整套出租公寓的管理费略低一些，以及在最终出售给个人时，公寓房不是那么有吸引力。而且，在交租违约和毁坏风险上来说，一整套出租公寓的风险更加分散。

- 最后，人们作为楼层的房东必须明白，作为自住房产的房屋所有人会遵循其他的利益。自住房主的行为不会以获得预期收益为目的，而且会更倾向于很早或是花大价钱进行修葺或投资。这些花费并不能够转嫁为更高的租金并额外减少投资者的收益。

对于不动产，只要不是过量地通过负债进行投资，就可以持续地对抗通货膨胀，并且在通货紧缩的时期依然为资产保值提供保障。 重要的是基于人口发展的直接或是间接后果，而有地区性分布地进行投资。 最后，就像其他的所有资产一样，重要的是，您是以什么样的价格买入的。

2007 年对于美国来说，不是一个好的时间节点，就像 1989 年对于西班牙、爱尔兰或是日本一样。 在德国，经过多年来的持续明显上涨，不动产的价格在国际范围内比较，依然还是便宜。 但是，重要的还是这个问题：互相同化究竟是在怎样起着作用？ 通过这里上涨的价格还是那里下跌的价格？ 很可能这两者都会发生。 因此，多元化才如此重要。

5. 股票

从短期以及中期来看，通货膨胀率对于一个企业的价值有着各种各样的影响：

- 成本会逐渐上升，且根据定价权的不同，成本攀升可能会转嫁到消费者头上。
- 流动资产相对而言会牵制更多的资本。
- 再投资成本更高。
- 资金的成本上升了。外来资本成本会更高，与资产负债表总额和现金流相比，负债能力在下降。
- 未来的预期收益可以通过一个相对高的利率进行贴现，相应会降低收益价值。

事实上，股票在 1970 年的通货膨胀情况下，并不能提供任何保障。 股市真切地陷入压力之下。

但这是暂时的现象。 企业是生产性的资产，会根据环境条件的变化不断做出反应。 正是那些在定价时保留一定上升空间的公司，能够随着时间的推移，将成本的上升转嫁到顾客头上，以保持自身稳定的收益。 利率也不会永久停留在较高的水平，终究会再次回归到正常的水平。

从长远来看，通货膨胀并不会损害到企业。 实践经验也印证了这一点。长期来看，从来没有发生过因通货膨胀而导致的资本崩盘，即使在意大利或是德国这样的在所观察的时期内出现超级通货膨胀和实施货币改革的国家内也没有发生过。 这也再次说明了，不应该过度负债，因为债务可能会在最差的时机迫使企业清偿债务（见图 10）。

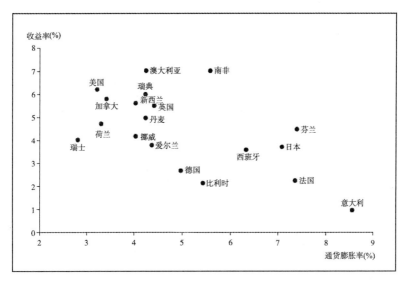

图 10　1900—2013 年股票投资的实际收益率及通货膨胀率（以百分比计算）

通货紧缩给企业带来了一定风险。 通常，企业管理人对于价格水平的回落没有经验。 但是，拥有更少负债、更多灵活性的企业在这时候同样可能很好地应对挑战。 高效的成本结构、较少的资金联动以及适当的负债水平可以使企业在物价下跌、购买力下降的环境下"度过寒冬"。

股票在每一种投资组合中都是不可缺少的部分。。 尽管投资者不可能通过股票毫无起伏地战胜当下我们面临的困局，但是，多元化肯定是面对每一种情境下的正确答案。 因为我们不知道，哪种情景会在什么时候出现。

如果欧元失败，会发生什么？

考虑到欧元未来的不确定，多样化也是正确的答案。 欧元区分崩离析的设想绝对不是错误的。

在西班牙、意大利或者法国出现一股政治势力并获得权力，意图背弃欧元，只是一个时间问题。 意大利或许是最快退回里拉且受益最多的国家。

情景 1：德国退出

这种情况不可能出现，但不是不可想象。 对我来说，德国的退出倒是欧元区有序解体的典范。 意大利、法国、西班牙和葡萄牙或许在没有德国掣肘的情况下能够更轻松地推行共同的经济政策。 但是一夜之间推行德国马克会有哪些影响呢？

显而易见的是，在欧元区边缘国家里的那些有外贸份额的企业的股票行情将会上涨。 这有可能也包括消费类股票和银行与保险公司的股票，因为一方面欧元的对外价值明显下降，而另一方面内部经济的经济贸易比重将获得提高。 同时将会引发通胀预期。 对于用欧元计算的投资者而言，危机国家的股市因此将可能是首选。

从一个德国投资者的视角看，情况将有所不同。 他的债权和资产在导向德国马克的转换中并不会丧失价值。 考虑到欧元针对新的德国马克有可能继续贬值，他或许就得权衡，是将在边缘国家购置的升值的证券出售掉，还是做好应对汇率转换的风险。

德国股票也可能会在欧元计算中陷入压力。 由于新的德国马克有升值的预期，各国市场将会在竞争能力和全球市场份额中有损失。 这种波动应该会是一个突出的买入德国优质资产的机会。

如果有谁在 2015 年 1 月 15 日，即瑞士中央银行宣布放弃与欧元挂钩时，奉行这种算计并在瑞士股市购入股票，几周后就有可能因漂亮的收益而高兴。

德国经济虽然有可能陷入衰退，但是过去的经历却昭示，强势的货币将会促进创新力和生产率的提升。 因此这对德国经济和德国企业的中期影响是积极的。 同时国家可以通过投资项目让经济繁荣。

投资者从其投资组合中应该排除那些还留在欧元区中的国家和企业的债券。 因为直接攀升的通胀预期，德国有股市损失的危险。 或许欧洲央行必须首先证明，没有德国的影响它也不会允许有高通胀。 相反德国的债券应当保留在投资组合中，因为德国联邦银行首先将保持低利率，以限制对经济调整所造成的惊恐以及新的德国马克的升值。

德国的不动产在这种情况下吸引力将更小，因为没有理由往"水泥黄金"（即不动产）中避险。 从以德国马克计算的投资者视角看，同样的策略也适用于黄金。

由于德国的退出，大灾难或许将会避免，而为德国经济继续发展构筑的坚实基础将会呈现。

情景 2：意大利退出，而欧元在混乱中终结

欧元区混乱的解体将可能是一副什么样的景象，可以从 2015 年希腊的夏季剧情中瞥见一二。 只要反欧元的政府上台，所涉及的国家就会出现大规模的资本逃离。 假如这样的事发生在诸如意大利这样的大国，那么其他国家也会迅速引发导向德国的资本逃离。 欧洲央行或许就要通过紧急信贷来弥补，在联邦银行那里将会正式爆发针对其他国家央行的清算索款。

假如最终有国家宣布退出欧元区，那么其他国家跟进也只是时间问题。后果或许就是金融市场非常剧烈的波动。

一种类似的退出可能将总是与对债权国家（主要指德国）巨大的索款损失联系在一起。 在这种情境下，所有的资产都将遭受价值损失。 留在欧元区的国家的股票市场、债券市场、保险公司和银行将可能面临巨大的损失，银行存款可能将不再安全。 不过退出欧元区国家的股市应该会迎来一波上涨行情。但是一定能想得到，自由的有价证券交易将会受到限制。 资本流动限制和股市关闭将会变得常态。

由此，欧洲乃至全世界都将会陷入一场衰退，德国受波及会尤其严重。

出口将会崩溃，尤其在保险公司和银行中会出现针对国外的严重的索款损失。 世界范围内的股市将会下跌。 而被认为是稳定的国家，如美国、瑞士和挪威等国的债券将受益。 德国的国家债券看起来将是危急的，可能有遭受巨大损失的危险。 欧洲央行为剩余的国家放开资金管制将会被认为是稳定的举措。

在欧元区陷入混乱的解体的情景下，很难想象会继续存在某种无损失的投资组合。 中期来看，或许再次在世界范围内购置股票和不动产才是合适的。在这种情形下，黄金或许才是合适的危机货币。 银行存款在此期间或许会遭受巨大的风险。

这所有一切将会以何种结局收场呢？ 首先可以确定的是，应当尽可能少地持有银行存款，或者只是将存款存于那些拥有高额自由资金以及没有活跃于投资银行的机构中。 此时我想到的这种银行机构的例子就是瑞士州立银行。考虑到债务问题，银行存款绝对不是安全的。

此外，我们应该对哪种情形做好准备，目前尚处于完全未知的状态。 从当前情况看，在我们通向后续的危机和一个或者多个国家退出货币联盟之前，还有几年时间"继续照旧"。 德国退出的有序方案，从投资者视角看，或许是受到偏爱的，但却是最不可能的。

因此，在国际的多元投资策略中，我们还要考虑消除混乱场景的一些风险。 不要购置边缘国家的债券，不要有银行存款，不要买寿险，而应购买高质量货币，以其他货币计算的债券，配置流动性资金、黄金和不动产。 这虽然没啥新鲜感，但是却十分实用。

优质资产优先

我在前面的章节里已经指出，在多样化的资产策略框架内，我将股票视为对于意图在所有可以设想到的后续经济发展的三种情景（冰期、债务流动的通货紧缩以及债务贬值的通货膨胀）中确保资产安全的不可或缺的选项。

在股票投资中，和投资组合中的其他部分投资一样，投资者不应该以过高的价格购入，而应该将成本控制在低水平上。同时重要的是将交易活动降至最低限度。

如果奉行这样的策略，那么筛选具有突出意义的股票就显而易见了。投资者投入其投资组合中的资产应该留在那里数年。此时重要的就是交易活动的最小化。

因此，让我搜寻那些我们想要拥有的。

我们所要找寻的企业：

- 一要足够好，即长期看能够从股市上涨和股息红利中有望获得良好的收益；
- 二要足够健康，即不仅能够在艰难度日的场景下带来利好，而且也能在通货膨胀和通货紧缩的情景下满足资产在全球购买力平价后得到保值的目的。

我们所要寻找的就是所谈及的优质企业。优质企业有能力长期实现超出平均水平的利润和超出平均水平的增长。优质企业的背后有哪些标准呢？接下来是从我的视角出发对标准的一小部分进行筛选。

1. 市场吸引力

在一个糟糕的市场领域，即使是得到最佳管理的企业，也不能持续地产生良好的利润。市场吸引力可以通过不同的标准加以判断：

- 市场规模。除了处于明显市场缺口中的企业外，一家企业如果是在大市场中从事经营活动的话会更好。在大市场中从事经营活动会有可持续的增长，但是也存在地区方面的和与顾客有关的多样化。这样，企业就不会受制于单个国家和行业的发展了。

● 市场增长。对于企业而言，在一个增长的市场中，自己增长要容易得多。它们无须排挤对手，而且即使是超出市场增长率的增长都是有可能的，因为竞争对手自己还在增长，往往察觉不到市场份额潜滋暗长的损失。

● 市场结构。让一个市场在结构上或多或少地赢利，有诸多不同的因素。市场进入障碍小，竞争对手又繁多的市场，一般而言吸引力要小。显著的例子就是航空公司。市场进入障碍小，意味着所有人都利用相同的技术，因此都是以相同的成本进行运作。新的商家拥有利用新的飞机更加便捷地飞行的优势，另外能够通过有差异的薪资和工作时间模式与原有的从业者竞争。如果观察航空业超过数十年的话，人们就能发现，这个行业平均而言从来都没有覆盖住资本成本。因此对优秀的投资者而言，这类资产是不可以投资的。

● 国家影响。这样的因素一般都是被负面看待的。监管虽然能够帮助所青睐的行业和企业带来高额的利润，但是只要想一想德国的能源转向就明白了。同样的道理也适用于那些依靠国家补贴过日子的行业。

● 趋势。行业内重要的趋势也需要我们去确认，比如将要出现的技术变革。恰恰这里存在着危险，原有的从业者没有能力与这样的技术变革同步。核心是市场定义的终极问题：市场就像我们今天所看到的这样保持不变呢，还是在未来不再有这样的市场呢？或许邮政马车和打字机的最后制造者可以提供同类的历史经验。

● 利润。所提到的因素应当在相应的市场利润中反映出来。这里

人们要分析最重要的竞争对手的收益能力。通过周期来观察的话，这
样的收益能力必须超过资金成本。

结构上有吸引力的市场是完全存在的。 比如我想说的工业气体的市场，
它在世界范围内由为数不多的供应商所主宰，并显示出有非常严格的准入
限制。

这些行业为高额的差价而欢呼，这样的差价即使是在 2009 年危机的高峰
时期也还坚持在相对偏高的水平。 其他案例还有为企业提供商业软件的供应
商等。

2. 竞争位置

优质企业不仅要在有吸引力的市场中显露身手，还要在这样的市场中拥有
领先的竞争位置。 对此所具有的标准有以下几条：

（1） 市场份额。 没有争议的是，较高的市场份额通常与较低的市场成本
和因此所带来的较高的赢利差距有关。 背后是形式差异极大的规模效应。 在
很多行业甚至只有领先的三家供应商能够挣钱。

（2） 市场份额变化。 市场份额的变化是一家企业发展的重要指标。 此时
所涉及的不是某一年基础上的变化，而是三到五年的一个较长时段的变化。
市场份额的损失是一个需要极其认真对待的危险信号。

（3） 创新能力。 即企业通过新产品所实现的营业额比例有多高，与其竞
争对手们比较起来，用于研发的支出有多少。

（4） 赢利性。 创业的市场地位应当建立在一个超出平均盈利的基础上。
这里同样重要的还有，要注意赢利的可持续性水平，因为完全可能出现暂时的
偏差。

3. 管理

作为咨询专家，从我的咨询实践中，我十分清楚地知道，管理的质量和内

部管理过程的质量有着重要的意义。 成功的企业比稍逊一筹的企业拥有明显更为良好的团队。 这与真正优秀的管理者在进入行业和企业时谨慎的态度有关。 有些行业和企业的市场结构十分糟糕，即使其拥有最好的管理，也只能是杯水车薪。 通过对著名案例的分析，我们得到以下对管理质量起着决定作用的标准：

（1）连续性。 一个稳定具备系统接替计划和系统筛选过程的管理团队通常伴随着领先的业绩。 这里著名的例子就是 BASF 公司。 这家企业在人员接替方面做得特别成功。

（2）纪律。 好的经理人遵守已经决议和公布的原则。 如果存在空间上的合并和并购的话，这一点尤其重要。 众所周知，并购在最罕见的情况下对于并购的企业而言是会创造价值的。 但经常出现的是所支付的价格过高，以及战略性的逻辑缺失且收购后的融合并未得到足够的执行和控制。 对此有许多著名的案例，就像它不应该被收购一样。 从德国的角度看，戴姆勒公司收购克莱斯勒公司明显就惹人注目：太过昂贵，错误的逻辑策略和完全没有融合。不过也有并购的成功范例，其成功可以追溯到这些企业对于并购和融合的严格过程。 相应的案例有来自的美国的丹纳赫公司*和思科。 一般来说，试图通过收购将一家弱势的企业变得强壮，很少能够奏效。 相反，强势的企业与强势的企业强强联合的话，则会取得超出平均水平的成功。

（3）管理过程。 那些重视管理过程质量的企业，同样拥有满足我们优质企业要求的工具。 这里拿墨西哥的水泥制造商 Cemex 来作为案例。 Cemex 在全球范围内将其过程标准化，并严格地监管这些标准的遵守。 这样的严格帮助 Cemex 从一家地区性小型供应商崛起为全球领先的行业玩家。（在读者向

---

　　* 丹纳赫公司（Danaher Corporation）成立于 1984 年，是美国领先的制造商之一，也是一家年销售额超过 80 亿美元的快速成长的世界 500 强公司。公司在全球拥有 3.7 万名员工。丹纳赫在专业仪器、工业技术以及工具和部件领域处于领先地位，并对知名且活跃的国际工业企业进行长期投资。——译者注

我指出问题——在金融危机中 Cemex 由于之前所做的过于昂贵的收购而陷入深深的危机——之前，我想在此处有个说明。 这表明，所列举的标准并不具备一般的说服力。）

（4）反应能力。 良好的管理者能够在问题显露出来前采取行动，防患于未然。 在某些行动是否要继续推进的决策中就是如此。 在企业层面上活跃的和有预见性的投资组合管理就位列其中。 行业中的危机应对也是同样的。 比如，2009 年 BASF 迅速决定，停止资产投资并控制生产。 该公司以此减轻了危机对自身的冲击。 拥有这样的历史的企业在应对未来危机时要比那些在危机应对时优柔寡断的企业更能够得到我的信任。 此时，我想到了 2008 年秋天曾和一家 DAX 企业的金融董事的讨论，当我指出一场巨大的崩溃近在眼前时，他回答："我们也已经预计会有一场巨大的崩溃——概率是 3％。"后来事实是朝 30％ 的方向发展的，这家公司深深地陷进赤字之中。

（5）资产结构和公司治理。 这里所谈及的是公司治理的良性过程，即监事委员会的组成和会议的频率。 另外的因素有企业与企业股东的利益导向，而不是企业内部权力斗争的导向，尽管这些因素对局外人而言并不是可以轻易判断的。 同样的导向也适用于所有权结构。 这一条可能非常积极地发生作用，就像在宝马汽车的案例中所看到的那样；或者也可能产生消极的影响，就像在另外一家大型的汽车制造商的案例中所看到的那样。

一家能够在如此有吸引力的市场中大显身手并且还占有如此良好的品牌地位的企业，一旦负债太高且在资金使用中没有纪律，那么这家企业就不是一家优质企业。 就像分析所展示的一样，在考虑通货膨胀场景时，这一点恰恰也适用。 在 20 世纪 70 年代，那些在通货膨胀盛行时高负债的企业明显比拥有较低负债的企业表现得更糟糕。

较高的通货膨胀导致攀升的利率，攀升的利率减小负债的容量，同时投资的价格将升高。 因此，高负债的企业在它们能够投资前，在应对通货膨胀中首先要降低债务。 它们由此损失了部分竞争能力。

不过在筛选优质企业时，并非只有负债是重要的标准。 由于人们在世界范围内的股市上没法以品质分析开始，那么金融分析的意义就凸显出来了。只有当金融分析带来所预期的积极结果时，做根本性的分析才是值得的，目的在于

——检验基于金融分析所获得的评估并在理想的情况下支持这些分析；

——对后续发展做出预测。

最终，金融数值将一直会是"尾随而至"的指标。

接下来会介绍一些在金融分析中意义重大的标准。

1. 透明度

数年前有一位顾客来找我，他对于股票市场对其公司的估值并不满意。他在印象中认为，投资者似乎不公正地以某种折扣忽视了这家企业。

我们分析了这家企业并认识到，虽然较低的估值完全有根本性的原因（具体说就是过高的负债和不充分的收益能力），但是它们只能部分解释估值损失。 与投资者们的访谈很快就把事情弄明白了。 投资者们不信任这家企业，因为这家企业经常修改账目报告。 这家公司的业务几乎每年都会被重组并被汇总进重新设定的账目圈中。 这一点使得超过数年的比较即使可能，也是异常困难。 另外，投资者们有理由怀疑，这家企业的管理层以这种方式意图隐藏招致损失的因素。 改善透明度在具体的场景中就是改善企业估值的基本手段之一。

对于寻找优质资产同样适用类似的道理。 如果人们不能信任企业的账目报告，如果账目数据在年度之间有过多的断裂且标准经常修改，那么就表明是有问题的。

2. 诚信的财务报告

不仅透明性是重要的，诚信也同样重要。 大学期间我曾学到下面的格

言：超出常规的支出要比人们想象的更合理，超出常规的收益要比人们想象的更不合常规。

这些格言的背后有一个非常简单的思考。 至关重要的是，管理能尽可能好地展现企业可持续的收益能力。 因此管理者倾向于将开支加以特别呈现。于是，支出被特别标记并年复一年地出现，并不是罕见的现象。 今天，人们或许能够从这个视角来批评银行的账目报告。 但如果账目上几乎每年都有数十亿的罚款支出，那么这应该被人们更严肃地看待——也许是出现了经营的作风问题。

反过来，一项收益必须真正地不同寻常，这种不同寻常的收益也就是其特征。

3.稳定的收益能力

如果账目报告是透明的和可以理解的话，下面的问题就是企业的收益能力了。 有吸引力的市场必须在超过平均水平的利润中表现出来，良好的市场地位则要在超出该行业平均水平的业绩中表现出来。

重要的是，不要仅仅注意单个利润数据，因为这些关键数值根据行业不同，其说服力不尽相同。 零售中营业利润可能会有一个合适的大小，而在资本密集型的行业中却会更小。 因此，必须选择一个关键的考虑到资本投入的数值。 理想状态下这就是总体的资本利润，因为自有资本利润要相应地受到负债的"操控"。 在资产有非常长的使用期限的企业里，还要另外清除掉折旧效应。 这种效应持续地影响攀升的利润，但是其中却反映不出必要的再投资。 有一个核心数值，计算出这种数值，折旧效应就会消失掉，它就是所谓的现金流投资回报（CFROI）。

重要的是，人们引进一系列不同的参数并对结果刨根问底。 我所想到的一个案例中，有一家独特的企业因为很高的资本利润脱颖而出。 在更细致的分析中，我们发现，这家企业在产品最终离开工厂的时刻，就将它们交给了一家没有合并的子公司。 这样一来，那些库存似乎"消失了"，而数字就相应好看了。 指出这样一家企业在透明性和诚信的标准上脱轨，似乎已经是无益的了。

收益能力不应该仅仅局限于一年的分析，而是要跨越一个较长的必须包括2009年的时间段。 最终，至关重要的就是筛选出我们的"全天候投资组合"。只有在整个时间段内都实现了积极的现金流的企业，才是可以考虑的。

4. 营运效率

通过金融分析的方法，一家企业的营运效率也许能给我们留下良好印象。像资本周转率和债权范围等表征数值是管理质量的良好参数。 这一方法适用于总在行业内做同样事情的企业。 那些保持较大库存、债权引入较慢、投资过多但没有获得相应更多收益的企业，需要审慎看待。 反过来，如果在这些行业中有良好业绩的话，就能拥有推动后续升值的巨大按钮。

收益的简单类比在这里也不够。 我曾在案例中将上述企业与高收益行业中的高收益企业（如医药）做了联系对比。 股市曾给这家企业估值打了折扣，因为所谓的营运成本，即营运支出（比如外勤，核心的非生产费用）比其他竞争者高。 一位投资者给出的理由是：在类似高昂的营运成本中盈利，崩溃的风险会一直存在，因为这说明管理层掌控不了成本。 优质企业无论多能赚钱，都应该能掌控得了成本。

5. 筛选优质资产

按照这种分析——比这里所阐述的要全面得多——有一个重要的问题：买还是不买？ 做这种决策的时候有两个标准至关重要：价格和区位。

前面已经说过了，即使好股票也应该以一个理性的价格购买。 接下来就剩区位的问题了。 我们能够在每个国家都买到优质股票吗？ 不能。 假如投资分析——有很好的理由可以在全球范围内开始——导向的企业位于那些私人财产保护总体上并不能得到保证的国家，尤其是针对外国投资者的投资得不到保证的话，投资就是不可行的。 这并不是说，资产的某个部分也不能投入这些企业。 不过必须意识到，这样的投资非常有风险，因此更具有投机性。

现在并非每一个投资者都有时间和能力来自己做这里所阐述的分析。 然而有专门研究这种方法并提供分析的人。 如果分析是好的，成本可以接受，并且在基金中的大宗额外交易有清晰的额度范围的话，那么可持续的良好发展就是可以实现的。

利率可能上升，或者下降

如果你有当前利率似乎非常低的印象，那么你的印象是对的。 英国经济学家们曾试图理解自公元前 3000 年以来的世界利率发展过程。 虽然他们的研究借助了许多简化的假设，但是却获得了一项清晰的结果：历史上各个时期的利率似乎还从未像今天这么低。[143]

这项结果之所以清晰，是因为在早期，国家对一个经济体的利率水平只拥有较小的影响力。 利率在那时是由私有经济的共识产生的，并且顾及诸多风险，总是处于适宜的高位。 恰恰是在原始时期，在信贷另外还常常需要实体商品担保的时候，对于信贷发放者而言，在发放信贷时通过转移资产获得足够的风险差额是生死攸关的。

从投资者的视角来看，关键的问题是：利率会如何继续发展呢？ 利率的发展不仅仅对债券和信贷的价格有着巨大的影响。 就像我们在过去 35 年所正面经历过的一样，利率还影响着所有资产的价格。

造成低利率的原因有哪些？ 我们在本书的第一部分已经部分论证过了这个问题，其中我们描绘了我们经济冰期的核心景象。

议题 1：政治和中央银行压低利率，以防止债务之塔崩溃
对低利率的一个可能解释是试图将利率压制在经济增长率之下，即所谓的

金融压制。

世界各国央行，尤其是美联储、欧洲中央银行和日本银行，曾大规模地购买债券，并一直还在这么做。同时，银行、养老基金和保险机构在促进金融稳定的托词下，都被迫在其投资库存中增加国家债券投资。按照新近的理论，这一步是通过大量新的监管规定实现的，并导致当前的低利率和金融市场的扭曲。[144]

明确地说，这就意味着我们所有人都将面临越来越低的利率，我们的财富将会悄悄地贬值。同时避开更具风险的资产的压力提高了，或者资金最好立即花出去。

议题2：低利率是经济冰期的直接后果

冰期本身就会导致低利率。低增长、通货紧缩、债务大幕和伴随而来的储蓄高峰都在压迫利率水平。新增债务中，越来越多的部分被用于清偿现有债务或者装装样子要清偿这些债务。

因此，刺激的效果就分摊到了实体经济头上，所导致的结果又是一次利率水平更明显地下降。低利率激化了经济停滞，因为它阻碍了"创造性毁灭"的进程。病态的和无创新能力的企业还继续留在市场上。只有当债务大幕被清除了，利率水平才能正常。

明确地说就是：在给定的范围内，低利率是债务大幕和储蓄大幕以及外贸不均衡的必然后果。从根本上看，利率绝不能如此低。

议题3：低利率是投资者恐惧的直接后果

在2008年几乎遭遇灭顶之灾后，鉴于越来越具有攻击性的经济政策措施，人们对金融系统稳定性的质疑声越来越大。

"即使债券不是应对当前风险的理想工具，一般来说，它在应对风险方面也已经超过了股票。一份新近的研究显示，即使是相对细微的灾难风险的变动都有可能导致世界范围内实际利率的大规模下降，并且这些变动甚至可能导向明显被动的境地。"[145]

鉴于世界上的诸多问题，更谨慎地行动以及敢于实施低利率政策，才是理性的。

明确地说就是：由于恐惧金融系统中的灾难，在政策中我们宁愿将更安全的债务人的债券视为风险价值。即使我们为此必须接受以负利率形式出现的债券价格也在所不惜。

议题4：社会的过度老龄化导致更低的需求以及因此造成的过度储蓄

对其他的观察者而言，低利率水平有着结构性的原因。老龄化社会就会导致储蓄和消费行为的改变，对此，日本是一个先例。在日本，利率与老龄化人口的数量一致性地下滑了。

储蓄得越多，储蓄的供应就越大，而需求则越小。其后果就是，资金的价格即利率下降。但是也不能笼统地断言，年龄较老的人总体上会更多地储蓄。人们更多地储蓄直到其退休，并开始依靠其储备的资产生活，慢慢地耗光它们。

不过，日本央行也看到了另外的联系：经济增长已经变弱，因为劳动人口在萎缩。这将降低实际利率，因为这个实际利率总是反映了预期的经济增长率。

这种论证并不是完全有说服力的。从出生高峰的年龄段的人的储蓄存款中，如果我们看出过去数十年利率下降的根本原因以及资产价格攀升的趋势的话，那么当发展趋势逆转，并不会再次出现与人们预期同样的效应。事实上存在相关的研究，根据这些研究，一旦劳动人口开始萎缩，利率水平的攀升是可以预期的。

贝克莱银行的分析正是如此计算的[146]，出生在婴儿潮时期的人的储蓄狂潮解释了过去30年利率下降最高至两个百分点。因而大约2%的"自然"利率就降到了0。但是这将无法继续。进入退休年龄时，婴儿潮时期出生的人开始削减储蓄，而同时就业者（他们可能储蓄）的人数在下降。 贝克莱银行在其分析中写道："1980 年以来的人口数据有力地支持了世界范围内的储蓄行为，尤其是在过去 20 年内的储蓄。 而现在这种'储蓄过剩'的长期趋势要走向终结了。 因为在最重要的经济体当中，除了诸如印度一样的少数国家外，将会出现越来越多的退休者和更少更年老的就业者。"

根据这项研究，经济增长——如果有的话——反而只是实际利率偏弱的一个解释因素。 更重要的则或许是储蓄行为。"过去超过 20 年里，储蓄率之间的联系和较年长就业者的份额与退休者之间份额的差额是可以识别出来的。 就不同的时间段和经济体来观察的话，带有较高储蓄群体份额的储蓄率在攀升。 当前世界上储蓄过剩的一个重要理由是中国人口的老龄化。 ……世界重要经济体总额中，退休老年人的比重在不断增加，而倾向于储蓄的就业者的比重在下降。 储蓄的就业者比重每增长一个百分点，实际利率下降幅度就是 0.75 个百分点。 进入退休年龄的老年人的比重每增加一个百分点，实际利率的上升幅度则达到 1.15 个百分点。"[147]

新兴国家将不会帮多少忙。 虽然到 2030 年，将有大约 3.3 亿的人口会储蓄，但是其储蓄将更可能被投资进入其家乡地区。 而这意味着，相应的资金将会支撑那里（而不是我们这里）的资产价格。 影响是难以预测的。 贝克莱银行预期未来 5 年自然利率的上升幅度为 1 个百分点，20 年的视野内最高升幅为 3.5 个百分点。 由于长期债券——也由于各国央行的干预——目前以远低于自然利率来报价，此处或许还有一次明显的上浮可以预期。 就像一个气球被按在水下，一旦松开，就会跃出水面。

但是资金供应扩大是否真的是储蓄行为的问题仍然是未知的。 在我们的金融系统中，银行也可以在没有储蓄的情况下发放贷款并因此创造资金。 任何情况下所适用的是：谁如果相信这些分析，谁就得相信资产价格的下滑。

明确地说就是：人口发展对利率水平的影响并不明确。 更有力的论证支持的假设是，不再能就业的人与就业人口之比的较高比值将会导致更高的利率。

长时间低利率，进而很高利率，然后正常化。

根据这里关联的论证的权衡做出利率发展的预测也应当是不容易的。 根本的问题是各国央行具有攻击性的政策，它们试图确保债务大厦免于崩塌。

货币本来应该是保值的手段。 取而代之的是，它反倒成了国家政策的工具。 2009 年以来，各国中央银行所创造的数字化货币价值超过 10 万亿美元。谁今天如果购买债券，虽然可能会欣喜于增长的行情，但却忘了关键的问题：等到这些购买的债券偿还回来的时候，这些钱还值什么钱呢？

债券不过就是承诺，是支付货币。 但是当政府能够随意操控货币的数量和质量时，这种承诺的价值如何兑现呢？ 还没有人如此恰到好处地提出这个问题呢。 这些附在国家债券上的低利率所强调的是什么？ 这特别适用于欧洲的边缘国家，比如葡萄牙。 鉴于其持续低迷的增长前景，它压根不能偿还债务，意大利、西班牙或许还有法国也同样如此。

美国国债的利率下降至今已超过 33 年。 19 世纪英国的债券利率下滑了连续 80 年，却仍然没有达到 2015 年夏季时的低点。 1891 年时，人们将拥有 2.5％利率的长期国债视为稳定的投资，毕竟那种债券是可以兑换成黄金的。仅仅过了一个世代，金本位就成了历史，相互竞赛的货币贬值就成了常态。对于英国 1946 年所发行的长期债券的购买者们而言，事情并没有什么两样。债券以 2.5％的利率计息，行情崩溃直到 1975 年。 另外，英镑自 1917 年以来丧失了其 98％的购买力。

今天投资者们的继承人的处境将不会有什么不同。 他们将会震惊地读到，他们的先辈怎么会这么愚蠢，听凭那些毫无资格的政府们以微薄的利率处理他们的存款。 激进的金融政策干预的病毒在今天已经被普遍接受了并且成了正常状态。 但是，一旦经济再次陷入衰退，将会发生什么呢？ 如果股票行情下跌，将会发生什么？ 两者的发生不过就是时间问题。 到那时各国央行又将如何应对呢？ 如果他们仍然具有侵略性地开动印钞机，对于我们手里的钱将意味着什么呢？

我所推测的核心场景仍然是：首先是通货紧缩性的冰期，因为基本趋势将会继续，紧接着由于推行具有侵略性的货币政策，事态发展将会骤变，价格水平将会攀升。 经过与之相连的债务问题的清偿之后，经济将会回归到一种较弱增长的"正常路径"上来，未来的利率上升同样将回归。 多元化配置资产此时也就是正确的答案。

黄金在任何一种投资组合中都有一席之地

业界有许多黄金投资的批评者。 早在 2011 年，沃伦·巴菲特就在一封给股东的信中称这种黄色贵金属为"非生产性的资产"，是一种投机资产，创造不了什么价值。 另外一些人的批评更严厉，像花旗银行（Citibank）首席经济学家威廉·布依特（William Buiter）就把黄金称作 6000 年来"最大的泡沫"。他认为，黄金的价值，就像所有纸币的价值依赖于尽可能多的经济参与者对其价值的认定一样。"简单来说，如果没人再相信黄金有价值，那么这种贵金属就会变得毫无价值。 因此，黄金作为保值工具，其实并没有比雅浦群岛（Yap）将石头片作为货币要好多少。 黄金只有在它尚有价值时，才具有吸引力。"对布依特来说，这还没完："一旦社会否认贵金属的价值，那它就玩儿完了。 倘若黄金或任何一种纸币的价值能够保值这种说法传开，那么人们就会更偏爱其他的保值工具。 其流通与价值就这样慢慢下降，直到降为零。"[148]

我要就此唱唱反调。 6000 年是相当长的一段时间，与纸币不同，黄金供应的增长率较纸币明显要更小。

而近期，知名经济杂志《经济学人》也对黄金投资发出警告。[149]它的核心说法简单明了：在现如今的时代和世界里，已不存在购买黄金的理由。《经济学人》分析的核心要点如下：

- 本来以下的几种情况都是有利于黄金上涨的：债务攀升、央行货币过剩、政治不稳。但是黄金价格与 2011 年的水平相比差了 1/3。
- 美国上涨的利率可能还会进一步压低黄金价格，因此机会成本上升了。一旦利率增长停滞，就有可能出现黄金的短期上涨，尤其是负债累累的金矿主会对此拍手叫好。
- 黄金的追捧者强调，尽管美元完成一轮升值，黄金的相对强势意味着以欧元与日元计算的价格上涨。
- 中国和印度市场对于黄金的需求依然稳定。

尽管如此，《经济学人》却认为，黄金似乎"陷于一场危机中"（in a rut）。 原因是，如果一个人对于国家货币一直不信任（谁又不是呢），那么他会将他的资产以其他的方式保护起来，如在国外进行投资，或将资产投入股市、不动产或艺术品市场。

这是惊世骇俗的说法，尤其是当人们考虑到，这些观点是出自像《经济学人》这样专业而声誉卓著的媒体。

帕特·特内布拉鲁姆（Pater Tenebrarum）[150] 在其博客中用一种就像我认为的一样有趣的方式与《经济学人》的论据展开了辩论。 以下是其反驳的基本要点：

- 《经济学人》过去恰恰都在错误的时间点发表观点。像 1999 年《经济学人》预测石油价格会从每桶 10 美元下降到每桶 5 美元。不久之后,石油价格飙升了 1400%。无论如何,每桶 5 美元的价格从未出现。

● 事实上,直到 2015 年发生中国股灾,金融市场都出奇地平静。比如圣路易斯联储的金融压力指数显示了这一点。很显然,金融体系中不存在"压力",这就导致了为什么黄金报价还是稳定在每盎司 1200 美元的问题。

● 尽管自 2000 年开始,美国央行的货币发行量增加了 265%,却没有出现通常意义上的通货膨胀。考虑到全球性的产能过剩和不断增加的劳动力供应,超级通货膨胀并非不可预见。但我们正往这样一条路上行进:只要负债一直居高不下,就会通过央行形成债务"货币化"。这种"货币化"最初不会产生通货膨胀效应,一段时间之后,物价上涨会从金融投资转移到实体经济。那时政府和央行自身仍可以阻止通货膨胀。但可以看得出来,它们并不会这么做,这样就会导致人们对货币的信任丧失。随之而来的是对货币的逃离和超级通货膨胀。后者会一直持续数月。魏玛时期的超级通货膨胀就是一个先例。

● 利率变动对黄金价格的影响无疑扮演着重要的角色,主要是因为机会成本。另外,人们必须知道,这里至关重要的是实际利率,而不是名义利率。物价一旦下降,由于通货膨胀无法预期,所以,无论名义利率是多少,实际利率都会降到 0 以下。

● 主要原因可能仍然在于市场是放眼未来的。那时,"今天的"利率就仅仅扮演次要角色。所有对股票这样的所谓风险投资不利的,从定义上说都对黄金有利。很多人觉得黄金就是"保险",甚至成功的投资者如瑞·达利欧也这样认为。他们不依赖于对黄金市场的实时行情来购买黄金。作为购买黄金的理由,只需要看一眼现今的经济政策即可:用越来越多、越来越不值钱的钱和债务来解决债务危机。西方资本主义世界正处于"口头偿付能力"的境况，我是指破产。

● 一个巨大的"信任游戏"正在进行。多数人参与其中，并且仍然相信国家金融和银行体系坚不可摧。我们知道，这并不符合实情。不过，多数人不再相信，或者说不能再相信的时刻，将会到来。到那时，我们面临的不是"塞浦路斯疗法"（即没收银行存款），就是超级通货膨胀，最终结果都一样。我们能对此有所防备吗？黄金看上去是一个不错的选择。

● 涉及黄金的替代品问题，就理所当然地会产生疑问。股票的确不再便宜；根据市场看来，房地产也是如此；至于现代艺术品，它可能是依赖于超级富豪财力而存在的投资种类，并与金融市场紧紧地联系在一起。如果这种资产一直被弃之不顾，那么黄金就很有可能成为新宠。黄金就是金钱，不是商品。如果存在货币竞争，那么黄金必然会赢得胜利。

在任何一种投资组合中，黄金都属于保险。太多人不希望黄金过于强势。每一次金价的上涨都像世界金融体系的地震预警。倘若《经济学人》将黄金终曲作为扉页标题，那或许就是大肆购进黄金的信号。不过即使如此，我的建议仍然是：谁要是还没持有黄金，谁就应该开始建仓投资了；谁要是已经持有黄金，则需要真的将黄金看作一份资产保险。或许应该宣布解除你的火灾保险，因为已有 5 年没有发生火情了。

宁要劳力士手表，不要斯沃琪股票？

"宁要劳力士手表，不要斯沃琪股票？"这是《新苏黎世报》2015 年 4 月份刊登的一则头条标题。[151]有关异国风情价值这一方面的"投资"，如威士忌、钟表及其他收藏物品，我早在"在冰期中幸存"这一章的导言中就已表明了我的怀疑态度。 我的逻辑很简单：虽然，投资人想要通过这种方式长期地使资产保值，又或者将这类投资对象作为交易物品来获取利益，但是，当涉及在危机中可用财产的持有问题以及紧接着可用于抵押贷款的自有资产的使用问题时，这些投资项目就不再适用了。 尽管如此，相关报道还是为此大费笔墨宣传了一番，正如《新苏黎世报》中一篇文章所撰：

"持有固定利率的项目在危机发生期间几乎毫无利润可言，部分甚至会出现负利率的情况。 在这样一种形势下，公众的财产被无声息地剥夺。 此外，许多国家还出台了多项法律与措施，借此将危机引发的国债和资金支出转嫁到公众身上。 大量供应的纸币将会引起通货膨胀，这一忧患也在暗中滋长。 历史表明，在通货膨胀或通货紧缩状况下，（商品）名义价值将会一下子快速贬至一文不值。"

这一分析显然是精准的。 正如我们在上文中所读到的，面对这些情况，不同的投资种类所做出的应对是有相当差异的。

"许多投资人的行为是出于对日后各种利润与多重保障的向往，他们认为，实物投资具有更多他们所向往的东西。 实物，即人们手中捏得牢、握得住的东西；票面，就是印刷在纸面上的价值：这两类价值可谓大相径庭。 实际价值包括公司股份、不动产与贵金属。 股票持有者拥有股票所属公司的部分资产价值。"

上述言论也是有理有据的。 因为在我提出的应对冰期有效的经典投资组合中，国际性的优质资产相应占了较大份额，同样具有全球分散性的不动产也占据相当的位置。

"股票的海量发售抬高了许多典型实体有形资产的价格，众多观察人士已经谈到了股票市场或不动产市场的泡沫化现象。 因此，大批的投资人继续前进着，为自己发掘出更多具有'异国风情'价值的有形资产，包括首饰、钟表、老爷车、瓷器、古玩、艺术品、红酒及名贵的打字机。 比如据银行职员称，顾客或许在保险柜中存放了新的劳力士手表。"

所有这些"投资"只在通货膨胀时无根本性财产损失的情况下发挥作用。上文《新苏黎世报》提到的那些投资人，在他们所畏惧的通货膨胀状况下，由于只涉及财产损毁这一方面，这些投资只在长时间跨度的前提下得以物尽其用。 如果人们考虑到他们的后代，这也是可取的，他们理应着手进行此类投资。 而在涉及那些自己人生中至关重要的事物时，那就另当别论了。

"在过去几年中，梅摩艺术品指数（Mei-Moses-Art-Index）以两位数呈有序增长趋势，该指数用于反映艺术作品在拍卖市场上的价格走势。 据德国老爷车指数（Deutschen Oldtimer-Index，DOX）显示，近年来，最受欢迎的 SS 老爷车（SS Oldtimer）的增值速度要比以往慢，但仍保持在每年 5％。 那些富有异国情调的投资物项，如精品红酒、名贵威士忌或稀有邮票，它们通过专业指数所反映出来的价值蕴含量被人们拿来与股价走势做了比较，尽管近几年证券市场繁荣发展，后者还是在这一场较量中落了下风。"

上文所要表明的并非此类投资在危机中的稳固特性，而是它们所触发的资金流动狂潮。 一旦人们不再投入资金，它们的价格将一落千丈。

"一般情况下，人们建立起来的固定资产能够在危机期间保持价值稳定。如此一来，老匠人的画作也会在经济萧条的时候惨遭殒没。 裘德·维尔德（Junde Wilde）时代曾经历过短暂的辉煌，几年之后便如过眼云烟，这一时期的油画几乎变得一文不值。"

危机末期唯一不足的物资就是货币。 投资人必须考虑到这一点。 基本原则是：别人没钱时，我们得有。

"为非常富裕的顾客管理资产的瑞士家族理财机构证实，他们的顾客寻求多样性并更多地将这种多元化融入实物投资，即使他们在第一时间想到的多是进驻农业国家或公司参股。"

我完全同意这一说法。深入公司内部的直接投资在赋税审查上也会得到一定的放宽待遇。

由此可得出中间结论，能够适用于资产庇护的实体价值必须具有下列特性：

- 能够在严重危机期间提供足够的收益，以实现资产保值（即其持续性收益足够支付开销）；
- 经过债务危机清算之后能够为新生活起航提供基础。

企业与不动产在其中并列首位，黄金由于其同质性与稀有性位列第二，其他种种与一二位相比则有着明显的差距。

艺术界人士在最后位置发出不满的喊叫声，他们呈上五花八门的研究报告，不厌其烦地指出，艺术作品的投资有着压倒性的利润值。此外，拍卖会上的最新成交纪录额也被他们一一甩出。不久前，毕加索名为"阿尔及尔的女人"的画作不正是以 1.7940 亿美元的天价被拍卖了吗？

《金融时报》针对这一话题展开了深入的探讨。《金融时报》首先联系了拍卖商，他并不怎么惊奇地强调，那些有购买兴趣的人处在与多个出价人的竞争之中，他们非常乐于对这样一幅画作进行一定的了解。竞拍者们十分看重作品质量，出价则十分谨慎地控制在每次 50 万美元的递增水平。艺术作品愈发被视为金融资产的一种。私人银行建议他们比较富有的顾客选择艺术品投资，亿万富翁们穿梭于世界各地的艺术展会，因为那些艺术巨作多被妥善保存在免税仓库，平日难得一见。

在上文提到过的毕加索画作案例中，自 1997 年那场拍卖会以来，其竞拍价至少上涨了 1 亿美元，行情不错。

然而，艺术品并非一张明码标价的有价证券，其所蕴含的价值正如蒙娜丽莎的微笑一般捉摸不定。 艺术品的定价来自其未来需求量的假设，而这一假设又来自于其本身的循环往复。 对那些想要购置实际价值的人，《金融时报》建议他们放弃艺术品方面的投资，转而另辟蹊径。

2014 年，世界范围内的艺术品交易额达到了 510 亿欧元，超过了于 2007 年达成的最高额，即 480 亿欧元。 这一数值相较 294 万亿欧元的财政收入而言不过是九牛一毛。

尽管如此，此数额虽然表面上云淡风轻，但它还是有一定的经济意义的。 梅摩艺术品指数反映，2003—2013 年，艺术作品的拍卖价格每年上涨 7%。 当然，这一指数遗漏了那些在拍卖会上被循环购入与兜售的作品。

这还只是市场的一部分。 若是对所缺少的那些部分进行定义，那就是不再出现在市场上，或者一直停留在拍卖台的那些艺术作品。 除此之外，拍卖交易市场也是十分碎片化的。 每一件艺术品，抑或出自同一艺术家手笔的众多作品中的随便一个，都是独一无二的，必须受到特殊的保护待遇。 交易成本因此居高不下。 拍卖公司为获取盈利，每成交一笔就要从中赚取 20% 的中间费用。

即使是大师级作品也无法提供保障。 人们的鉴赏品味变化太大。 特定时间段的商品催生盛极一时的画作创作，时代更新了，作品风格也随之有了变化。 这一现象将导致艺术作品价格的下降，其可交易性也将荡然无存。 因此，《金融时报》推测了艺术品购买者一些其他的动机：他们所购买的画作是全球大型博物馆都想要收入囊中的馆藏品，于是购买者们便能将其视为自身地位的象征。 他们给周围发出的信息表明，自己终于拥有了真正上流的东西并且有能力豪掷千金。 这些人心里想的是：在我的竞争对手拍下这件作品之前，让我来把它带走吧。 因此，艺术作品价格的不断攀升背后多要归咎于总人口中最富有的那 0.01%，他们有目共睹的财富累积在其中起到了最重要的推波助澜的作用。

同样重要的是参加与之相关的"艺术演出"，它在超过 60％的艺术品购买者那里扮演重要的角色。 这意味着他们拿到了各大博物馆和美术馆的邀请并在人前拥有了高品位的形象。 而这些都会在经济动荡时期不复存在。 冰期到来之际，这些艺术作品绝对没有人会出售，除非卖方甘做亏下血本的买卖。

最终结论如下：除了长期的资产保值，人们进行投资的目的是保证严重危机期间其投资的可用性，并使其作为能够用于抵押贷款的自有资产来开始新生活。艺术作品并不符合这两个标准，相反的，它是一种顺周期的"投资"。

如何开始？

当然我并没有要求拥有在这些时期中确保资产保值、可以发挥作用的方案。 不过我认为，多元化投资并注意购入的价格和成本才是正确的路径。 有谁要是用更安全的建议向您承诺"拯救（资产）"以及明确的资产配置，那么他可能更关心的是他自己的佣金而已。

任何时候我阐述自己的策略，总是会正视以下四个问题。

其中，第一个问题是：为什么尽管风险攀升，黄金和白银还是一直如此廉价呢？这些贵金属不是应该明显更值钱吗？

这是个极其吸引人的问题。 欧元和日元计价的行情发展明显优于以美元计价的行情。 事实上以美元计价的黄金价格明显低于所应达到的高价，并且有不少观察家预计会有后续的行情衰退。 如果将黄金价格的发展与过去数年的通货膨胀联系起来的话，那么黄金不是便宜了，反而是相对贵了。

与各国央行的资产负债表相比较，黄金反而真的是便宜了。 不过现在人们必须考虑，中央银行货币的这种增长没有导致广泛的信贷和货币数量增长。要是出现这样的情况，那么后果或许就是一场明显的通货膨胀和因此同时到来的更高的黄金价格。

负利率会使得黄金以及其他投资形式相对更具吸引力。 持有黄金，机会成本低且比较而言更有回报。 即使我不是阴谋论者，在黄金期货市场上的这种行为也是非常突出的。 由于黄金的报价是由期货市场决定的，至少很容易猜测到，有人能够用相对低的花费实施价格维护，禁止出现每一个黄金价格攀升的"危机信号"。

黄金作为避险品，在任何一种投资组合中都要有。 谁要是没有持有黄金或者持有黄金现货的比例低于15％的话，或许就要被好好建议在当前黄金价格弱势时进行投资。 不过黄金价格还可能出现下降，并且这种趋势将有利于后续的购入。 这里反映出来的是投资组合理念。 其他的资产在这种情景下或许能够相应地赢利。

对于那些意图投机的人，矿业公司的股票是个机会。 但是在这种情况下，我之所以要明确地谈及投机，是因为这些企业传统上经营恶劣，且多数位于政治上不稳定的地区。 它们无论如何都不符合我的品质标准。

第二个问题是：鉴于在负利率和现金禁令以及可以预见的在下一场危机中充当债权人，我能利用手中的流动性做些什么呢？

这个问题肯定是最难的问题。 对于小额到中等额度的款项，政策和银行试图避免使用负利率。 对于大额款项而言，惩罚性利息袭来不过只是时间问题。 另外，银行账户上的资金，尽管存在所有政策上的对立的声明，仍然不是安全的。 在下一场危机时（考虑到没有解决的抵押物问题，这场危机终将来临），债权人将会在所谓的"内部纾困"框架内承受大量损失。 至于款项的界限值是否在10万欧元，会自己揭晓的。 我推测，人们这里也将会尝试，绕过存款数额小的储蓄者。

存款高于10万欧元的账户将会因此暴露在巨大的风险之下：负利率、与在西班牙一样的征税和在整顿银行中的被波及牵涉。 第一个推论是，尽可能少地持有流动资金。 着手点可以是迅速和提前支付账单，削减债务。

另外，现金比例要提高，当然同时也要划出界线。 一方面有现金禁令的危险或者至少有使用现金的限制；另一方面存储现金本身并不是没有风险的。存款的存放应当是在银行的保险库里，这再次抛出了在危机情况下查阅别人账户权的问题。 现金因此并不是现金管理问题的答案，至少在本来要求的数量级中不是。

现在我们似乎可以这样推荐，宁可将现金重组转成其他的投资类别，也不要放在银行或自己手中。 但是却会出现债券已经非常昂贵且股票同样不再利于购入的问题。 与这里可以想象的损失比较起来，负利率似乎损害更小，但是在下一场银行危机中可能的损失问题却并没有得到解决。

对于这种进退两难的情况，最好的答案应该是各种不同的举措组合在一起。

- 通过快速偿还所有的债务减少当前的现金存款。
- 将现金存款分散储蓄于不同地区的不同银行，并一定是在欧元区以外的。这里也包括以其他货币的形式存储，比如新加坡元或者挪威克朗。
- 续购投资组合中低体量的投资，同时考虑其在当今的估值，也就是黄金和跨国的不动产，而这些投资同样可能继续坍塌。我预期股票或许会继续稳固下来。谁如果还没占有有品质的资产，谁就要有目的地、系统性地打造这些资产并牢记，这里所牵涉的资产都是长期的投资。

我们来看第三个问题：由于价格已经高得令我没法遵从优惠购置的重要原则了，我如何能实现目标投资组合？

将投资组合的结构过渡到期望的状态，需要一步步地来。 一方面这牵涉到整体结构，另一方面还牵涉到各个投资类别的组成。

第一步是要摸清当前投资组合的库存：总资产究竟有多大？ 配置情况如何？ 各个资产比例多高以及地区分配如何？

在这种清点中自用不动产一定也要考虑进去，不过要打个折扣。 请你不要被当前的市场环境所迷惑。 一旦你想出售不动产，比如你即将退休时，想要出手自用不动产，但市场需求发生了变化，这一不动产并没有显露出那么多的价值。 这样的情况在郊区尤为显著。

一旦你清楚了当前的投资状态，你就能确定其与理想投资状态的偏差。根据我的经验，德国投资者过于重视德国的不动产、债券和流动性资产。 股票和黄金则通常位于次要地位。 在股票上，通常都是购买基金，这些基金并没有按照品质标准被加以投资，且同样将重点放在了德国，甚至欧洲。

对此，首要的就是减少过度的风险。 尽管存在纠正的可能，但是在股票那里却并不会出现，更多的是在债券领域。 2015 年夏季的发展态势不过只是后续震荡的开胃菜而已。 这样首先债券要减少，流动性就像上文已经谈到的，要按照货币品种和账户类型进行多元化配置。 然后在各个资产类别范围内做后续改造之前，应该首先让目标地区与投资组合相符。 国际不动产证券和房地产投资信托基金，比如来自新加坡的这类资产，一定要进入投资组合。在当今的时间节点上，在估值尚且理性之时，这些资产可提供固定的股息收益。

在这种改造中我们必须一直考虑到，我们处于临近资产价格顶峰的位置。"债券导师"比尔·格罗斯曾明确地总结说：似乎嗅到了盛宴终结的气息。

1981 年曾开启了股票、债券（假如补充的话我要说还有债务）史无前例的大牛市。 那时道琼斯指数在 900 点左右，长期的美国国债所带来的利息达到 14.5％。 谁如果超过 30 年一直满满地投资，其投入已经增加了 20 倍。 我们不能再期待重复辉煌。 相反，未来数年，诸多迹象都表明收益将更低。 我们已经相当接近资产价格的顶峰了。 越来越多的专业人士认为转折点即将到来并发出警告。 除了格罗斯，持这种观点的还有斯坦利·德鲁肯米勒（Stanley Druckenmiller）、乔治·索罗斯（George Soros）、瑞·达利欧、杰里米·格雷厄姆（Jeremy Grantham）等知名人士。 35 年的超级（繁荣）周期终结了。未来更低的收益就是后果，而各种不测事件的危险在增加。

在纽约的一次会议上，格罗斯曾说："我们建立在债务基础上的金融系统何时会崩溃？ 当所有的能够购买的资产所带来的收益少而风险过多时，金融系统就会崩溃。 到那时投资者将开始往枕头下面藏现金而不是股票和债券。"[152]

根据格罗斯的观点，债券利率、风险附加和股票行情在今天反映出的其未来价值的节点正在向我们靠近。 每一个理性的投资者因此必然感受到某种末日情绪。 随之而来的不一定是一场崩溃，但是长期的乐观情绪可能将会终结。

对我们而言这就意味着：我们临近峰顶，我们前面的路不多了。 在这个峰顶之上我们必须重整我们的投资组合，以便我们不会在冰期中被冻僵，同时也要非常谨慎地做这件事。 这就是说：我们要逐步朝资产应态结构的方向调整，同时离开最明显的问题区域，即债券、欧元区的银行存款和带有超高点位的品质可疑的股票。

如果我们不想与上面讨论的风险有关系，流动性或许是最好的答案。 如果想谨慎从事，就去购买稳定的国家的短期债券，将负利率产生的费用当作支付的保险费。 这样就有一个针对负利率的逻辑，即作为货币的保险费。 不过这只是针对短期的证券。

第四个也即最后一个问题是：如果我的资产相对规模较小，且我没法进行资产的全球多元化配置，我要如何实施应对呢？

可以通过某种有限的投资组合来遵守准则：低成本、智能多样化和不过多交易。 积极管理的投资在一个这样的出发点上就是不可能的。

幸福并不仅仅是金钱

如果人们写作与投资相关的内容的话，自然一切都应该围绕钱来转。 但是在这个地方要提及米尔顿·弗里德曼的智慧。 弗里德曼根据 20 世纪 70 年代的通货膨胀断言，"美好的生活"是对抗资产流失的最好保险产品。 恰恰是鉴于每个人不可避免的生命的有限，我们应当提醒自己，在生命当中有比金钱重要得多的东西。

经济学家和哲学家托马斯·赛德拉切克（Tomáš Sedláček）恰到好处地做了概括："消费使人上瘾。 我们拥有的越多，我们就越想要更多额外的东西。 相比于 20 年前，我今天想拥有更多的东西。 20 年前我没有手机，没有笔记本电脑，没有网络连接。 我今天拥有了所有这一切，而我却还想拥有更多。 我们期望从消费中获得拯救，但是消费却无法给我们提供它。""重要的不是我们是否富有，而是我们是否满足。 而满足很大程度上并不取决于我们有多富有。 当然，富裕且健康总比贫穷和疾病缠身要好。 问题只是：我们的经济在我们内心创造了更多我们难以满足的愿望。 满足了其中一个就会蹦出来三个新的愿望。"[153]

当然这种欲望更多的是现存制度固有的，因为只有当我们更多地负债和消费，对于债务人而言，履行其义务才是可能的。 不过赛德拉切克的说法却是有道理的：幸福就取决于我们的态度。（Das Glück sitzt zwischen den Ohren.）我们对发生在我们周围的事物的看法决定了我们是幸福还是不幸福。

虽然幸福并不取决于账户的状态，但是关注自身资产的获得仍然是自然的和重要的。 如何获得资产的问题，我在上文已经讨论过了。 此外，我们也必须意识到，财富的定义应该比人们通常所认为的更宽广和多元。

大多数人在其资产报表中忽略了未来工作收入的当前价值。 尽管有征税和购买力损失，多数情况下这种态度都是最普遍和最重要的。

其中，后果就是：在你关注合适的基金选择前，请你想一想，如何增加自身的市场价值，比如通过继续教育和特别的投入。 同时请不要忘记，确保为不可预期的但却不是想不到的丧失劳动力的情况做好准备。

请你在定义"财富"时不仅要考虑自身，也要考虑你的伴侣和孩子。 恰恰是在孩子身上，教育投资将会产生远超平均水平的收益，虽然糟糕的人口形态可能会落到我们的孩子身上，因此他们在良好教育偏少的情况下也将会找到良好的生计。 但是所受的培训程度越高，由于自动化和工作岗位迁移到国外而造成的失业的危险就越低。 就如同你的资产价值一样，你的孩子也将会拥有机会，移居到世界其他地区，进而将德国，乃至欧洲的发展继续往冰期的方向推动。

财富也是为了能够享受生活。 这就是说，人可以按照他所想的那样与家庭一起、与朋友一起或者也可以单独度过。"《圣经》超过100遍地训示我们应当遵守安息日。 在努力工作的同时，我们也值得享受自己的劳动成果。 我们工作得太多太辛苦。"[154]

无论是从理性分析还是从情感方面，你都要做好应对冰期的准备。 请你预先做好防备，遵守本书所陈述的基本原则。 据此，你将拥有良好的机会，在某种程度上毫发无损地度过艰难时段。 此外，请你专注于生活的美好方面，因为金钱并非一切。 真的不是！

参考文献

1. Lansing, Kevin J. und Pyle, Benjamin: *Persistent Overoptimism about Economic Growth*, Federal Reserve Board of San Francisco, 2. Februar 2015, abrufbar unter http://www. frbsf. org/economic-research/publications/economic-letter/2015/february/economic-growth-projections-optimism-federal-reserve/

2. Òscar Jordà, Moritz HP. Schularick und Alan M. Taylor: *Sovereigns versus Banks. Credit, Crises, and Consequences*, NBER Working Paper No. 19506, Oktober 2013, abrufbar unter http://www. nber. org/papers/w19506

3. *The world economy as we know it is about to be turned on its head*, The Telegraph, 23. September 2015, abrufbar unter http://www. telegraph. co. uk/finance/comment/ambroseevans _ pritchard/11882915/Deflation-supercyle-is-over-as-world-runs-out-of-workers. html

4. *Money in the modern economy. An introduction*, Bank of England, *Quarterly Bulletin 2014 Q1*, abrufbar unter http://www. bankofengland.co. uk/publications/Documents/quarterlybulletin/2014/qb14q101.pdf

5. *The reality gap in the role of banks*, Financial Times, 8. Juni 2015, abrufbar unter http://www. ft. com/intl/cms/s/0/e336ea7e-0d33-1le5-a83a-00144feabdc0.html # axzz3jODAHOmy

6. Jakab, Zoltan und Kumhof, Michael: *Banks are not intermediaries of loanable funds-and why this matters*, Working Paper No. 529, Bank of England, Mai 2015, abrufbar unter http://www. bankofengland. co. uk/ research/Documents/workingpapers/2015/wp529.pdf

7. *Counting the cost of finance*, The Economist, 21. Juni 2014, abrufbar unter http://www. economist. com/news/finance-and-economics/21604574- new-paper-shows-industrys-take-has-been-rising-counting-cost-finance

8. *Big finance is a problem*, *not an industry to be nurtured*, Financial Times, 3. November 2013, abrufbar unter http://www. ft. com/intl/cms/s/0/10c43a5a- 4300-11e3-8350-00144feabdc0.html? siteedition＝intl♯axzz2ji5IxgXg

9. Rognlie, Matthew: *Deciphering the fall and rise in the net capital share*, Brookings Papers on Economic Activity, March 19, 2015, abrufbar unter http://www. brookings. edu/about/projects/bpea/papers/2015/land-prices- evolution-capitals-share

10. Zu Deutsch:» Der große Crash «. Margin Call ist ein sehr sehenswer-ter Thriller aus dem Jahr 2011, in dem gezeigt wird, wie das Management einer Bank erkennt, dass die Immobilienwertpapiere nicht so viel wert sind wie zuvor gedacht. Um den Konkurs der Bank zu verhindern, wirft es die papiere in einer Hauruck-Aktion auf den Markt.

11. Cecchetti, Stephen, und Kharroubi, Enisse:*Why does financial sector growth crowd out real economic growth?*, Working Paper No. 490, Februar 2015, Bank for International Settelements, abrufbar unter http://www. bis. org/publ/work490. htm

12. *Counting the Costs of Finance*, The Economist, 21. Juni 2014, abrufbar unter http://www. economist. com/news/finance-and-economics/21604574-new-

paper-shows-industrys-take-has-been-rising-counting-cost-finance

13. *A handy tool-but not the only one in the box*, Financial Times, 4. Januar 2015, abrufbar unter http://www. ft. com/intl/cms/s/0/0d3f41dc-86bf11e4-8a51-00144feabdc0. html

14. *Geld ist im Überfluss vorbanden*, Die Zeit, 13. Januar 2015, abrufbar unter http//www. zeit. de/wirtschaft/2015-01/griechenland-euro-ezb merkel

15. *Iceland Imprisoned Its Bankers and Let Banks Go Bust. What Happened Next in 3 Charts*, Zero Hedge, 11. Juni 2015, abrufbar unter http://www. zerohedge. com/news/2015-06-11/iceland-imprisoned-its-ban-kers-and-let-banks-go-bust-what-happened-next-3-charts

16. *Island hebt die Kapitalkontrollen schrittweise auf*, Frankfurter Allgemeine Zeitung, 8. Juni 2015, abrufbar unter http://www. faz. net/aktuell/finanzen/anleihen-zinsen/7-jahre-nach-der-finanzkrise-island-hebt-die-kapitalkontrollen-schrittweise-auf-13635497.html

17. *Iceland Imprisoned Its Bankers and Let Banks Go Bust*, a. a. O.

18. *Die Ursünde der Eurozone*, Finanz und Wirtschaft, 26. Juni 2015, abrufbar unter http://blog. fuw. ch/nevermindthemarkets/index. php/37409/alles-was-man-zur-misere-des-euro-wissen-muss/?utm_source=-FuW+LIVE+Mail+Versand&utm_campaign=0e8d951672-UA-7448503&utm_medium=email&utm_term=0_5811b63fd6-0e8d951672-62108945 und: Wynne Godley, Maastricht and All That, London Review of Books, 8. Oktober 1992, abrufbar unter http://www.lrb.co.uk/v14/n19/wynne-godley/maastricht-and-all-that

19. Ebenda.

20. Dieses Kapitel beruht auf meinem Beitrag für den ifo Schnelldienst mit dem Titel *Zehn Gründe*, *warum die Deutschen nicht die Gewinner des Euro*

sind，ifo Schnelldienst，9/2015，15. Mai 2015.

21. *The Conference Board Total Economy Database*，January 2014，http：//www. conference-board. org/data/economydatabase/

22. *Gross domestic product per capita*，*constant prices*；OECD World Economic Outlook，October 2014.

23. *Reallöhne 2000—2010 Ein Jahrzehnt ohne Zuwachs*，DIW Wochenbericht 45/2011，abrufbar unter http：//www. diw. de/documents/publikationen/73/diw_01. c. 388565. de/11-45. pdf

24. *Ein Grossteil des DAX-Gewinns geht ins Ausland*，Die Welt，21. April 2015，abrufbar unter http：//www. welt. de/finanzen/article139870262/Der-Grossteil-des-Dax-Gewinns-geht-ins-Ausland.html

25. Bundesministerium der Finanzen：*Investitionsschwäche in Deutschland？*，Februar 2014，abrufbar unter https：//www.bundesfinanzminis-terium. de/Content/DE/Monatsberichte/2014/03/Inhale/Kapitel-3-Analysen/3-3-investitionsschwaeche. html sowie DIHK Schlaglicht Wirtschaftspolitik，*Investitionsschwäche in Deutschland*，*Sommer 2014*，abrufbar unter www. dihk.de/.../dihk-schlaglicht-investitions-schwaeche-2014. pdf

26. *Verluste auf das deutsche Nettoauslandsvermöge—wie sind sie entstan-den？*，DIW Wochenbericht 49/2013，abrufbar unter http：//www. diw. de/sixcms/detail. php？ id＝ diw_01.c.432808.de

27. »Bei den Target-Salden，die in den Bilanzen der Notenbanken ausge-wiesen sind，handelt es sich nicht nur，wie manchmal gesagt wird，um Symptome einer Verzerrung im EZB-System，sondern tatsächlich um einen Überziehungskredit zwischen den Notenbanken«，ifo Schnelldienst，68. Jahrgang，Sonderausgabe，29. Mai 2015，S.4.

28. *Deutsche Sparer verlieren 190 Milliarden Euro*，Frankfurter Allgemeine Zeitung，9. April 2015，abrufbar unter http://www. faz. net/aktuu/finan zen/meine-finanzen/sparen-und-geld-anlegen/private-sparer-verlie-ren-190 -milliarden-eu ro-in-vergangenen-fuenf-jahren-13528997. html

29. *The Global Workforce Crisis，10 Trillion at Risk*，The Boston Consulting Group，Juni 2014.

30. *Spanish Property Advise from the Plague*，Financial Times，2. Mai 2014，abrufbar unter http://www.ft.com/intl/cms/s/0/fa99f4d8-d1eb-11ne3-8-b5b-00144feabcdc0. html # axzz3fV0iW6aj，und *The Drain from Spain*，Financial Times，20. Februar 2014，abrufbar unter http://www. ft.com/intl/cms/s/0/f7bdd5ce-995e-11e3-91cd-00144feab7de. html ♯ axzz3fV0iW6aj.

31. *Deutschland braucht Flüuchtlinge*，Spiegel Online 27.April 2015，abrufbar unter http://www. spiegel. de/wirtschaft/soziales/deutschland-braucht-fluechtlinge-kolumne-von-henrik-mueller-a-1030657.html

32. *Bildung：Menschen ausländischer Herkunft haben häufiger Abitur als Deutsche*，Spiegel Online，8. September 2015，abrufbar unter http://www. spiegel.de/schulspiegel/einwohner-mit-migrationshintergrund-haben-häufiger -abitur-als-deutsche-a-1051979. html

33. Statistisches Bundesamt，Daten abrufbar unter http://www. destatis. de/DE/ZahlenFakten/GesellschaftStaat/BildungForschungKultur/Bildungsstand/Tabellen/BildungsabschlussAS. html

34. 》Ihre Botschaft ist fatal 《，SPIEGEL Streitgespräch zwischen Marcel Fratzscher und Daniel Stelter，SPIEGEL Nr. 47,13.11.2015，Seite 70ff.

35. Daniel Stelter，*Warum der Regierungsberater DIW bei den ökonomischen Folgen des Flüchtlingsstrom irrt*，Manager Magazin Online，abrufbar：http://

www. manager-mgazin.de/politik/artikel/oekonomische-fol-gen-der-fluechtlingspoli-tik-der -diw-faktencheck-a-1062607.html

36. *Hälfte der syrischen Flüchtlinge schlecht ausgebildet*，Die Welt，27. 10. 2015，abrufbar unter http://www. welt. de/wirtschart/article148098162/ Haelft-der-syrischen-Fluechtlinge-schlecht-ausgebildet.html

37. ifo Institut erhöht Schätzung der Flüchtlingskosten auf 21，1 Milliar-den Euro allein für 2015，10. 11. 2015，abrufbar unter http://www. ce-sifo-group. de/de/ifoHome/presse/Pressemitteilungen/Pressmittiei-lungen-Archiv/ 2015/Q4/press_ 20151110 _ fluechtlinge. html. « IfO > ：% 20ifo% 20Institut% 20erhöht% 20Schätzung% 20der% 20Flüchtlings-kosten% 20auf% 2021，1% 20Milliarden% 20Euro% 20allein% 20für% 202015

38. » 70 Prozent der Flüchtlinge brechen Ausbildung ab «，Frankfurter Allgemeine Zeitung，15. Oktober 2015，abrufbar unter http://www. faz. net/ aktuell/wirtschaft/wirtschaftspolitik/handwerkskammer-in-bay-ern-70-prozent-der-fluechtlinge-brechen-ausbildung-ab-13857887. html Leider wird im Artikel nicht gesagt，wie hoch die Gesamtzahl der Flüchtlinge aus Syrien，Afghanistan und dem Irak war，die im Jahr 2013 eine Lehre in Bayern begonnen haben.

39. Die 25000 Euro kommen so zustande：Die durchschnittlichen Kosten für Hartz IV Leistungen im Jahr 2014 lagen bei rund 9000 Euro. Die durchschnittlichen gesamtstaatlichen Aufwendungen bei rund 16000 Euro pro Kopf. Letztere beinhalteten neben den Sozialleistungen-die ja durch die zusätzliche zu unterstützende Person steigen die Kosten für Infrastruktur，Justiz，polizei，Verteidigung，Verwal-tung，etc. Kosten für die Gesundheitsversorgung sind hierin nur unvollständig erfasst. Letztlich können die Gesamtkosten nur geschätzt werden.

40. Bundesagentur für Arbeit, Analyse des Arbeitsmarktes für Ausländer, September 2015, abrufbar unter https://statistik. arbeitsagentur. de/Statisch er-Content/Statistische-Analysen/Analytikreports/Zentrale-Analytikreports/ Monatliche-Analytikreports/Generische-Publi-kationen/Analyse-Arbeitsmarkt-Auslaender/Analyse-Arbeitsmarkt-Auslaender-201509.pdf

41. DIW Wochenbericht Nr. 43, Arbeitsmarktintegration von Migranten in Deutschland, 2014, abrufbar unter http://www. diw.de/documents/publikationen/ 73/diw_01.c.485479.de/14-43.pdf

42. DIW Wochenbericht Nr. 43, Arbeitsmarktintegration von Migranten in Deutschland, 2014, abrufbar unter http://www. diw. de/documents/ publikationen/73/diw_01.c.485479.de/14-43.pdf

43. Was zu tun wäre, um die Migration erfolgreich zu gestalten, habe ich unter anderem hier zusammengefasst: *Eine ehrliche Rechnung zu den Flüchtlingen*, Manger Magazin Online,3.Septemper 2015, abrufbar unter http://www.manager-magazin.de/ politik/deutschland/oekono-mischetr-10-punkte-plan-zu-fluechtlingsstrom-a-1051166.html

44. Jagadeesh Gokhale, *Measuring the Unfunded Obligations of European Countries*,National Center for Policy Analysis,Januar 2009,abrufbar unter http://www.ncpa.org/pdfs/st319.pdf

45. Cecchetti, Stephen G., Mohanty, Madhusan und Zampolli, Fabrizio: *The real effects of debet*, BIS Working Paper No. 352, Septmber 2011. abrufbr unter hetp://www. bis. org/publ/work352. pdf

46. Genannt sei zum Beispiel die Analyse von Andrew Smithes: *The post-recession slowdown is structual*, Financial Times, 10. Dezember, 2014, abrufbar unter http://blogs.ft. com/andrew-smithers/2014/12/the-post-recession-slowdown-is-structural/

47. *Poor productivity in developed economies appears to be structural*, Financial Times, 17. Dezember 2014, abrufbar unter http://blogs. ft. com/andrew-smithers/2014/12/poor-productivity-in-developed-economies-appears-to-be-structural/

48. *Human nature means financial crises are the cost of progress*, Financial Times, 27. April 2014, abrufbar unter http://www. ft. com/intl/cms/s/0/473a1a4a-cde9-11e3-9dfd-00144feabdc0. html#axzz31P2ydRsp

49. Siehe dazu auch meine Ausführungen in: Stelter, Daniel, et al.: *Die Billionen-Schutdenbombe*, Weinheim 2013.

50. Gordon, Robert: *Is U. S. Economic Growth Over? Faltering Innovation Confronts the six Headwinds*, NBER Working Paper 18315, abrufbar unter http://www. nber. org/paper/w18315

51. *US Economy, the productivity puzzle*, Financial Times, 29. Juni 2014, abrufbar unter http://www. ft. com/intl/cms/s/2/c1149cda-fd39-11e3-8-ca9-00144feab7de.html#axzz3jODAHOmy

52. Der Bildungsstand ist in den asiatischen Ländern durchgehend höher als in den westlichen, wie die alle drei Jahre durchgeführten PISA-Tests der OECD zeigen. Klassische OECD-Länder wie Japan und Korea liegen historisch gesehen im oberen Drittel, Festland-china (Schanghai) erzielte bei der ersten Teilnahme am bisher letz-ten PISA-Test im Jahr 2009 sofort den ersten Platz. OECD, *PISA 2009 at a glance*. 2010, abrufbar unter http://www. oecd. org/pisa/46660259.pdf

53. *Die Zuwanderung macht die Differenz*, Frankfurter Allgemeine Zeitung, 17. Oktober 2012, abrufbar unter http://www. faz. net/aktuell/Feuilleton/forschung-und-lehre/deutscher-grundschulvergleich-die-zuwanderung-

macht-die-differenz-11927910. html

54. *Deutschland im Akademisierungswahn*, Neue zürcher Zeitung, 3. November 2014. abrufbar unter http://www. nzz. ch/wissenschaft/bildung/ deutschland-im-akademisierungswahn-1.18416948

55. *Madoff-Opfer bekommen viel von ihrem Geld zurück*, Frankfurter Allgemeine Zeitung, 13. Dezember 2013, abrufbar unter http://www.faz.net/ aktuell/finanzen/fonds-mehr/anlagetrug-madoff-opfer-bekommen-viel-von-ihr-em-geld-zurueck-12709342.html

56. Dieser Prozess wurde schon in den 1930er-Jahren von Irving Fisher in seiner *Debt-Deflation Theory of Great Depressions* eindrücklich be-schrieben. Der Text ist im Internet frei abrufbar, u.a. hier:http://fraser. stlouisled. org/ docs/meltzer/fisdeb33. pdf

57. *Debt and（not much）deleveraging*, McKinsey Global Institute, Februar 2015,abrufbar unter http://www.mckinsey.com/ insights /economic_ studies/debt_and_not_ much_deleveraging

58. Reinhart, Carmen,und Rogoff, Kenneth: *Dieses Mal ist alles anders. Acht Jahrhunderte Finanzkrisen*, München2010.

59. *The Real Effects of Debt*, BIS Working paper, No. 352,September 2011, abrufbar unter http://www. bis.org/publ/othp16. pdf

60. Daten des McKinsey Global Institutes, *Debt and（not much） deleveraging* Februar 2015, abrufbar unter http://www. mckinsery. com/ insights/economic_studies/debt_and_not_ much_deleverging

61. *China：Fear of a deflationary spiral*. Financial Times, 30. November 2014, abrufbar unter http://www.ft.com/intl/cms/s/0/7a0e882e-700b-11e4-bc6a-00144feabdc0. html # axzz3isgn4CE5

62. *Die unsichtbare Mauer zwischen Arm und Reich*，Die Welt，3. April 2014，abrufbar unter http：//www. welt. de/finanzen/geldanlage/article126499688/Die-un-sichthare-Mauer-zwischen-Arm-und-Reich.html

63. *The really worrying financial crisis is happening in China，not Greece*. The Telegraph，abrufbar unter http：//www. telegraph. co. uk/finance/china-business/11725236/The-really-worrying-financial-crisis-is-happening-in-China-not-Greece. html? WT. mc_id＝e_DM29893&.WT. tsrc＝email&.etype＝Edi_Cit_New_Tue_9Sections&.utm_source＝-email&.utm_medium＝Edi_Cit_New_Tue_9Sections_2015_07_08&.utm_campaign＝DM29893

64. *Germany Showing ›Lack of Solidarity‹ over Greece：Stiglitz*，Common Dreams，12.Juli 2015，abrufbar unter http：//www. commondreams. org/news/2015/07/12/germany-showing-lack-solidarity-over-greece-stiglitz

65. *Vom Zuchtmeister zum Bittsteller*，Daniel Stelter，Manager Magazin Online，26. oktober 2015，abrufbar unter http：//www. manager-magazin. de/finanzen/artikel/fluechtlingskrise-fuehrt-zur-umkehrung-der-machtverhaeltnisse-a-1059613-3.html

66. IWF，*An Update of IMF Staff's Preliminary Public Debt Sustainability Analysis*，14. Juli 2015，abrufbar unter https：//www.imf.org/external/pubs/ft/scr/2015/cr15186.pdf

67. Varoufakis，Yanis：*Bescheidener Vorschlag zur Lösung der Eurokrise*，München 2015.

68. Piketty，Thomas：*Die Schlacht um den Euro*，Frankfurt 2015.

69. Acharya，Viral V.，und Steffen，Sascha：*The »Greatest «Carry Trade Ever? Understanding Eurozone Bank Risks*，NBER Working Paper No. 19039，Mai 2013，abrufbar unter http：//www.nber.org/papers/w19039.pdf

70. *Adding a Greek chapter to Connolly's rotter heart of Europe*, Financial Times, 10. Juli 2015, abrufbar unter http://www.ft.com/intl/cms/s/0/c5da21d8-26ee-11e5-bd83-71cb60e8f08c.html? siteedition =-intl # axzz3g IBUAYg5

71. Eurozone: The case against › cash for reform ‹, Financial Times, 18. August2015, abrufbar unter http://www.ft.com/intl/cms/s/0/9ef2a034-458b-11e5- af2f-4d6e0e5eda22.html? siteedition=intl # axzz3jS3tIPpq

72. *Spain's beautiful deleveraging*, Financial Times, 11. Juni 2015, abrufbar unter http://ftalphaville.ft.com/2015/06/11/2131302/spains-beautiful-deleveraging-shows-euro-areas-limitations/

73. *Fiscal union will never fix a dysfunctional eurozone, warns ex-IMF chief Blanchard*, The Telegraph, 10. Oktober 2015, abrufbar unter http://www. Telegraph. co. uk/finance/economic/11919355/fiscal-union-euro-zone-emu-olivier-blanchard-imf. html? WT. mc _ id = e _ DM54522&WT. tsrc = email&etype-Edi_FAM_New&utm_source=email&utm_medium=Edi_FAM_New_2015_10_11&utm_campaign=DM54522

74. *Mario Monti's exit is only way to save Italy* The Telegraph, 10. Dezember 2012, abrufbar unter http://www.telegraph.co.uk/finance/comment/ambroseevans-pritchard/9735757/Mario-Montis-exit-is-only-way-to-save-Italy.html

75. *Italien macht Deutschland zum Sündenbock*, Frankfurter Allgemeine Zeitung, 8. September 2014, abrufbar unter http://www. faz. net/ak tuell/wirtschaft/wirtschaftspolitik/rezession-italien-macht-deutsch-land-zum-suenden-bock-13140482.html

76. Sicherlich nicht ohne Grund warnten vier der fünf Mitglieder des Sachverständigenrats der Bundesregierung in einem Beitrag für die *Frankfurter*

Allgemeine Zeitung unverblümt vor einem solchen Szenario:》›Derartige kurzfristig wirksame Integrationsschritte würden Gefahren in der längeren Frist bergen‹, schreiben die Ökonomen. ›Das gilt insbesondere für jüngst diskutierte Vorschläge wie die Einrichtung einer Fiskalkapazität, einer europäischen Arbeitslosenversicherung oder einer Wirtschaftsregierung für die Währungsunion. Solche übereilten Integrationsschritte verletzen den Leitgedanken der Einheit von Haftung und Kontrolle. Mit dem von den Präsidenten der EU-Kommission, des Europäischen Rates, des Europäischen Parlaments, der EZB und der Eurogruppe vorgeschlagenen europäischen Schatzamt könnte es zu einseitigen und dauerhaften Transferleistungen kommen, ohne gleichzeitig die demokratische Kontrolle auf die europäische Ebene zu verlagern‹, stellen die Ökonomen fest.《, Frankfurter Allgemeine Zeitung, 27. Juli 2015, abrufbar unter http://www. faz. net/aktuell/wirtschaft/wirtschaftspolitik/sachverstaendigenrat-warnt-vor-einem-europaeischem-finanzministerium-13722329. html

77. *Will central banks cancel government debt?*, Financial Times, 14. Oktober 2012, abrufbar unter http://blogs.ft.com/gavyndavies/2012/10/14/will-central-banks-cancel-government-debt/

78. *Companies: The Rise of the Zombie*, Financial Times, 8. Januar 2013, abrufbar unter http://www. ft. com/intl/cms/s/0/7c93d87a-58f1-11e299e6-00144feab49a.html # axzz3nkuEAyoY

79. Summers, Lawrence H.: *U.S. Economic Prospects. Secular Stagnation, Hysteresis, and the Zero Lower Bound*, Business Economics, Vol. 49, No. 2. Februar 2014, abrufbar unter http://larrysummers.com/wp-content/uploads/2014/06/NABE-speech-Lawrence-H.-Summers1.pdf

80. *The Danger of a Japan like Generation of Secular Stagnation*,

Beyond the Obvious, 24. November 2013, abrufbar unter http://think-beyondt-heobvious.com/stelters-lektuere/the-danger-of-a-japan-like-generation-of-secular-stagnation/

81. *Deflation and Depression. Is There an Empirical Link?*, NBER Working Paper 10268, Januar 2004, abrufbar unter http://www.nber.org/papers/w10268.pdf

82. Fisher, Irving: *The Debt Deflation Theory of Great Depressions*, 1933, abrufbar unter https://fraser.stlouisfed.org/docs/meltzer/fisdeb33.pdf

83. *Why public investment really is a free lunch*, Financial Times, 6. Oktober 2014, abrufbar unter http://www. ft. com/intl/cms/s/2/9b591f98-4997-11e4-8d68-00144feab7de.html#axzz3hIxz1Mzy

84. *Britain can afford to live with high debt ›forever‹*, says IMF, The Telegraph, 2. Juni 2015, abrufbar unter http://www.telegraph.co.uk/finance/economics/11644471/Britain-can-afford-to-live-with-high-debt-forever-says-IMF.html? WT.mc_id = e_DM22169&WT.tsrc = email&etype = Edi_Cit_New_Tue_9Sections&utm_source=email&utm_medium=Edi_Cit_New_Tue_9Sections_2015_06 03&utm.campaign=DM22169

85. Wolf, Martin:*Wipe out rentiers with cheap money*, Financial Times, 6. Mai 2014, abrufbar unter http://www. ft. com/intl/cms/s/0/d442112e-d161-11e3-bdbb-00144feabdc0.html#axzz3hIxz1Mzy

86. *Rogoff on negative rates, paper currency and Bitcoin*, Financial Times, 20. Mai 2014, abrufbar unter http://ftalphaville.ft.com/2014/05/20/1856082/rogoff-on-negative-rates-paper-currency-and-bitcoin/

87. *Attacke auf das Bargeld*, Beyond the Obvious, 25. März 2015, abrufbar unter http://think-beyondtheobvious. com/stelters-lektuere/attacke-

auf-das-bargeld/

88. *SNB sollte Gebühr auf Bargeld einführen*，Finanz und Wirtschaft，17. Februar 2015，abrufbar unter http://www. fuw. ch/article/snb-sollte-gebuhr-auf-bargeld-einfuhren/

89. *Attacke auf das Bargeld*，Beyond the Obvious，25. März 2015，abrufbar unter http://think-beyondtheobvious. com/stelters-lektuere/attacke-auf-das-bargeld/

90. *Attacke auf das Bargeld*，Beyond the Obvious，25. März 2015，abrufbar unter http://think-beyondtheobvious. com/stelters-lektuere/attacke-auf-das-bargeld/

91. Wolf，Martin：*Radical cures for unusual economic ills*，Financial Times，25. November 2014，abrufbar unter http://www.ft.com/intl/cms/s/0/62f9f198-73ce-11e4-92bc-00144feabdc0.html#axzz3hIxz1Mzy

92. Siehe ausführlich meine Ausführungen dazu in Stelter，Daniel，et. al.：*Die Billionen-Schuldenbombe*，Weinheim 2013.

93. *Stephen King Warns » The Second Great Depression Only Postponed，Not Avoided «*，Zero Hedge，16. Mai 2015，abrufbar unter http://www. zero-hedge. com/news/2015-05-16/stephen-king-warns-second-great-depression-only-postponed-not-avoided und HSBC fears world recession with no lifeboats left，*The Telegraph*，24. Mai 2015，abrufbar unter http://www. telegraph. co. uk/finance/economics/11625098/HSBC fears-world-recession-with-no-lifeboats-left.html

94. *Larry Summers warns of epochal deflationary crisis if Fed tightens too soon*，The Telegraph，22. Januar 2015，abrufbar unter http://www.tele-graph. co. uk/finance/financetopics/davos/11362699/Larry-Summers-warns-of-epochal-deflationary-crisis-if-Fed-tightens-too-soon.html

95. *Friedman hatte recht*, Die Zeit, 30. Juli 2015, abrufbar unter http://www.zeit.de/2015/31/waehrungsunion-euro-europa-krise

96. *Taxing Times*, IMF Fiscal Monitor, Oktober 2013, abrufbar unter http://www. imf. org/external/pubs/ft/fm/2013/02/pdf/fm1302. pdf und *Einmalige Vermögensabgabe als Instrument zur Lösung nationaler Solvenzkrisen im bestehenden EWU-Rahmen?*, Deutsche Bundesbank, Monatsbericht, Januar 2014, abrufbar unter http://www. bundesbank. de/Redaktion/DE/ Standardartikel/Themen/2014_01_28_monatsbericht_kasten.html

97. Fischer, Malte: *Bundesbank auf Irrwegen*, WirtschaftsWoche, 29. Januar 2014, abrufbar unter http://www. wiwo. de/politik/europa/ver-moegensabgabe-bundesbank-auf-irrwegen/9399492.html

98. Acharya, Viral V., und Steffen, Sascha: *The Greatest Carry Trade Ever? Understanding Eurozone Bank Risks*, 14. Januar 2014, abrufbar unter https://www. esmt. org/sites/default/files/digital-measures/carry trade_jfe_v10June2014-1.pdf

99. Stelter, Daniel und Rhodes, David: *Back to Mesopotamia. The Looming of Debt Restructuring*, The Boston Consulting Group, September 2011, abrufbar unter http://think-beyondtheobvious.com/referenzen/back-to-mesopotamia-the-looming-of-debt-restructuring/

100. Die Mesopotamier und Babylonier waren der Wahrheit sehr nahe: Die heute berechnete Umlaufzeit beträgt 29,457 Jahre. http://de. wikipedia. org/wiki/Saturn_(Planet)

101. Hudson, Michael: *The Lost Tradition of Biblical Debt Cancellations*, abrufbar unter http://michael-hudson.com/wp-content/uploads/2010/03/Hudson-LostTradition.pdf

102. *Die griechische Schulden-Weisheit*，Finanz und Wirtschaft，9. Februar 2015，abrufbar unter http://www.fuw.ch/article/nmtm-die-griechi-sche-schulden-weisheit/

103. Banken und andere Finanzdienstleister sind hier nicht berücksichtigt，da die Kreditinstitute Schulden aufnehmen，um Kredite zu vergeben. Es käme also zu einer Doppelzählung der Schulden. Von der Höhe der Schulden der Banken eine Überschuldung abzuleiten ist darüber hinaus nicht so eindeutig wie bei anderen Unternehmen，da mehr Geschäft automatisch mit mehr Schulden einhergeht.

104. Daten vom Statistischen Amt der EU，kurz Eurostat.

105. *Forgive the debt or earn the wrath of its victims*，Financial Times，29. Dezember 2014，abrufbar unter http://www.ft.com/intl/cms/s/0/51990d4c-7f92-11e4-b45-00144feabdc0.html#axzz3hrMMin6N

106. What St Luke would say to Schäuble，Financial Times，28. Juli 2015，abrufbar unter http://www.ft.com/intl/cms/s/0/96f2f2a0.3454-11e5-bdbb-35e55cbae175.html#axzz3hrMMin6N

107. *Die diskrete Superbank*，Frankfurter Allgemeine Zeitung，21. Dezember 2013，abrufbar unter http://www.faz.net/aktuell/wirtschaft/wirt-schaftspolitik/bank-fuer-internationalen-zahlungsausgleich-die-diskrete-superbank-12722457.html? printPagedArticle=true#pageIndex_2

108. Bank für Internationalen Zahlungsausgleich：*Central banks and the global debt overhang*，20. November 2014，abrufbar unter http://www.bis.org/speeches/sp141120.htm

109. *Bad advice from Basel's Jeremiah*，Financial Times，1. Juli 2014，abrufbar unter http://www.ft.com/intl/cms/s/0/bf235058-00fc-11e4a938-

00144feab7de.html#axzz3iDBQeMrn

110. Bank für Internationalen Zahlungsausgleich: *84. Jahresbericht*, S. 73, abrufbar unter http://www.bis.org/publ/arpdf/ar2014_4_de.pdf

111. Ebenda.

112. *Lagarde: Global economic recovery could be ' less robust than expected ',* The Telegraph, 6. Juli 2014, abrufbar unter http://www.telegraph.co.uk/finance/economics/10949394/Lagarde-Global-economic-recovvery-could-be-less-robust-than-expected.html

113. *Schwere Konflikte in der Geldpolitik*, Blog der Frankfurter Allgemeinen Zeitung, 7. Juli 2014, abrufbar unter http://blogs.faz.net/fazit/2014/07/07/schwere-konflikte-der-geldpolitik-4247/

114. National Bureau of Economic Research: *Leveraged Bubbles*, Juni 2015, abrufbar unter http://conference.nber.org/confer/2015/EASE15/Jorda_Schularick_Taylor.pdf

115. Centre for Economic Policy Research, *Bubbles and Central Banks. Historical Perspectives*, April 2015, abrufbar unter http://www.cepr.org/active/publications/discussion_papers/dp.php? dpno=10528

116. *Ultra Easy Monetary Policy and the Law of Unintended Consequences*, Federal Reserve Bank of Dallas Working Paper No. 126, August 2012, abrufbar unter https://www.dallasfed.org/assets/documents/institute/wpapers/2012/0126.pdf

117. *Companies: The rise of the zombie*, Financial Times, 8. Januar 2013, abrufbar unter http://www.ft.com/intl/cms/s/0/7c93d87a-58f1-11e2-99e6-00144feab49a.html#axzz3jODAHOmy

118. *Printing money to fund deficit is the fastest way to raise rates*,

Financial Times，10. November 2014，abrufbar unter http://www.ft.com/intl/cms/s/0/8e3ec518-68cf-11e4.9eeb.00144feabdc0.html # axzz3iDBQeMrn

119. Diese Ausführungen basieren auf dem Beitrag von Schulz，Justyna：Ungedecktes Versprechen，WirtschaftsWoche，9/2015

120. Ebenda.

121. *A better Monetary System for Iceland*，März 2015，abrufbar unter http://www.forsaetisraduneyti.is/media/Skyrslur/monetary-reform.pdf

122. Nachdem ich bei Cicero Online einen Beitrag zum Thema Vollgeld veröffentlicht hatte (*So lösen sich Schulden in Nichts auf*，8. April 2015，abrufbar unter http://www. cicero. de/kapital/vollgeldsystem-holt-is-lands-monetaere-revolution-nach-deutschland/59091)，kam es in einem Internetforum zu heftiger Kritik an meiner verkürzten Darstellung des Bankwesens. Diese habe ich dann auf meiner Website erörtert，siehe http://think-beyondtheobvious. com/stelters-lektuere/so-glaubt-der-oekonom-loesen-sich-schulden-in-nichts-auf/

123. *Financial reform：Call to arms*，Financial Times，3. September 2014，abrufbar unter http://www.ft.com/intl/cms/s/0/152ccd58-3294-11e4-93c6-00144feabdc0.html # axzz3isgn4CE5

124. *The Chicago Plan revisited*，IMF Workingpaper 12/202，abrufbar unter. https://www.imf.org/external/pubs/ft/wp/2012/wp12202.pdf

125. *Strip private banks of their power to create money*，Financial Times，24. April 2014，abrufbar unter http://www.ft. com/intl/cms/s/0/7f000b18-ca44-11e3-bb92-00144feabdc0.html # axzz3isgn4CE5

126. *Nach der Finanzkrise droht die Geldkrise*，WirtschaftsWoche，9. Oktober 2014，abrufbar unter http://www. wiwo. de/politik/konjunktur/thomas-mayer-nach-der-finanzkrise-droht-die-geldkrise/10807526.html

127. *Schluss mit der Regulierungsorgie*, WirtschaftsWoche, 21. April 2014, abrufbar unter http://www. wiwo. de/politik/konjunktur/denkfabrik-schluss-mit-der-regulierungsorgie/9769508.html

128. *Neo-Mercantilism and Monetary Policy*, Zero Hedge, 6. Dezember 2013, abrufbar unter http://www. zerohedge. com/news/2013-12-06/hugh-hendry-throws-bearish-towel-his-full-must-read-letter

129. *The* 1999 *Value Creators Report*, The Boston Consulting Group 1999, abrufbar unter https://www. bcgperspectives. com/content/articles/value_creation_strategy_corporate_finance_value creators_study_of worlds_top-performers/

130. *Deutsche Gläubiger sollen für Skandalbank bluten*, Frankfurter Allge-meine Zeitung, 6. März 2015, abrufbar unter http://www. faz. net/ak-tuell/finanzen/fonds-mehr/hypo-alpe-adria-deutsche-glaeubiger-sol-len-fuer-hypo-skandalbank-bluten-13468200.html

131. Taleb, Nassim N.: *Der Schwarze Schwan. Die Macht höchst unwahr-scheinlicher Ereignisse*, München 2015.

132. Kevin Dowd, John Cotter, Chris Humphrey und Margaret Woods: *How Unlucky is 25-Sigma?*, 24. März 2008, abrufbar unter http://arxiv. org/pdf/1103.5672.pdf

133. *The financial dangers of swapping common sense for risk models*, Financial Times, 17. Februar 2015, abrufbar unter http://www.ft.com/intl/cms/s/0/5a06efl6-b5e4-11e4-a577-00144feab7de.html#axzz3TpH0QerS

134. Berkshire Hathaway Investorenbrief 2005, abrufbar unter http://www.berkshirehathaway.com/letters/2005ltr.pdf

135. Ich nehme diesen Fonds hier als Beispiel, was nicht bedeutet, dass

ich ihn zum Kauf empfehle！

136. *Irving Kahn*，*the world's oldest investor*，*dies at 109*，26. Februar 2015，The Telegraph，abrufbar unter http://www.telegraph.co.uk/finance/personalfinance/investing/11437697/Irving-Kahn-the-worlds-oldest-investor-dies-at-109.html

137. *Er legte sich mit Merkel an-und verlor*，Die Zeit，05/2015，13. Februar 2015，abrufbar unter

138. Quelle：21. Ausgabe der *Quantitative Analysis of Investor Behavior* des Analyseinstituts Dalbar.

139. Wir werden leichter an eine Putzkraft kommen，Die Zeit，8. Oktober 2015，abrufbar unter http://www.zeit.de/2015/41/hans-werner-sinn-fluechtlinge-deutschland-folgen

140. *Can demography affect inflation and monetary policy ?*，Bank for International Settlements，Working Paper No 485，Februar 2015，abrufbar unter http://www.bis.org/publ/work485.pdf

141. *Sandwich casualties of the pensions time-bomb*，Financial Times，4. Oktober 2015，abrufbar unter http://www.ft.com/intl/cms/s/0/928beef0-6786-11e5-a57f-21b88f7d973f.html # axzz3oFSqiKzM

142. Faber，Mebane T.：*Global Asset Allocation. A Survey of the World's Top Asset Allocation Strategies*，April 2015

143. Eine Grafik zur Entwicklung der Zinsen seit 3000 vor Christus findet sich im UK Business Insider vom 23.Februar 2015，abrufbar unter http://uk.businessinsider.com/interest-rates-since-3000-bc-2015-2? r＝US

144. *Die Abkoppelung von Aktien und Anleihen*，Finanz und Wirtschaft，17. März 2015，nicht mehr abrufbar

145. Ebenda.

146. *Global savings glut suppresses bond yields*, Financial Times, 17. April 2015, abrufbar unter http://www.ft.com/intl/cms/s/0/fda6e646-e4d1-11e4-8b61-00144feab7de.html#axzz3rIK4NfFF

147. *Demografie treibt bald Zinsen in die Höhe*, Finanz und Wirtschaft, 20. März 2015, abrufbar unter http://www.fuw.ch/article/demografie-treibt-bald-zinsen-in-die-hohe/

148. *Gold-die grösste Blase aller Zeiten?*, Finanz und Wirtschaft, 27. November 2014, abrufbar unter http://www.fuw.ch/article/gold-die-grosste-blase-aller-zeiten/

149. *Buried*, The Economist, 2. Mai 2015, abrufbar unter www.economist.com/news/finance-and-economics/21650189-russia-buying-gold-few-others-are-buried? fsrc=rss%7Cfec

150. Acting Man Blog: *Economist on Gold-A Dissection*, 16. Mai 2015, abrufbar unter http://www.acting-man.com/?p=37453

151. *Lieber eine Rolex als Swatch-Aktien?*, Neue Zürcher Zeitung, 20. April 2015, abrufbar unter http://www.nzz.ch/finanzen/aktien/lieber-eine-rolex-als-swatch-aktien-1.18525628

152. *A Sense of an Ending*, Janus Investment Outlook, 4. Mai 2015, abrufbar unter https://www.janus.com/bill-gross-investment-outlook/may

153. *Der Kapitalismus darfuns nicht beherrschen*, Interview mit Tomáš Sedláček in IdeaSpectrum, 46/2012, S. 20ff.

154. *Der Kapitalismus darfuns nicht beherrschen*, Interview mit Tomáš Sedláček in IdeaSpectrum, 46/2012, S. 20ff